民國歷史與文化研究

初 編

第 **29** 冊

民國時期中國考試制度的轉型與重構(上)

胡 向 東 著

花木蘭文化出版社

國家圖書館出版品預行編目資料

民國時期中國考試制度的轉型與重構（上）／胡向東 著 -- 初
版 -- 新北市：花木蘭文化出版社，2015〔民 104〕
序 4+ 目 6+188 面；19×26 公分
（民國歷史與文化研究 初編；第 29 冊）
ISBN 978-986-404-165-7（精裝）
1. 考試制度 2. 民國史
628.08   103027677

ISBN- 978-986-404-165-7

9 789864 041657

民國歷史與文化研究
初 編 第二九冊   ISBN：978-986-404-165-7

民國時期中國考試制度的轉型與重構（上）

作 者	胡向東
總 編 輯	杜潔祥
副總編輯	楊嘉樂
編 輯	許郁翎
出 版	花木蘭文化出版社
社 長	高小娟
聯絡地址	235 新北市中和區中安街七二號十三樓
	電話：02-2923-1455 ／傳眞：02-2923-1452
網 址	http://www.huamulan.tw 信箱 hml 810518@gmail.com
印 刷	普羅文化出版廣告事業
初 版	2015 年 3 月
定 價	初編 32 冊（精裝）台幣 56,000 元

民國時期中國考試制度的轉型與重構(上)

胡向東　著

作者簡介

胡向東，1966 年出生於湖北老河口。湖北省教育考試院研究員，華中師範大學歷史學博士，省政府津貼專家。主要研究方向為教育、考試管理和考試史等。已出版著作有：《考試的實踐與探索》（2002）、《湖北考試史（上、下編）》（2007）、《民國時期中國考試制度的轉型與重構》（2008）、《高考試題分析與評價》（2004-2008）《高考命題的理論與實踐》（分語文、數學、英語三冊，2011）等。曾獲湖北省社會科學優秀成果一等獎。

提　　要

　　中國進入近代以來，綿延幾千年的考試文化也與其母體——中國傳統文化一同開始了近代化的艱難轉型。1862 年近代學堂及學堂考試的創辦，標誌著以科舉為代表的傳統考試開始向近代考試轉變。而 1905 年科舉的廢除和 1912 年中華民國的建立，則為中國傳統考試的近代轉型提供了必要的政治、經濟和社會發展環境。當然，由於民國時期動盪複雜的時代背景和傳統考試文化的作用等因素影響，這一時期的中國考試雖完成了近代化的制度重構，卻並未完全實現真正的轉型。

　　本文首先分析了民國時期考試制度轉型的歷史文化淵源和思想基礎。延續 1300 年的科舉考試制度，選拔官吏，溝通社會，統攝教育，獎學勵才，也促使「學而優則仕」的儒家思想制度化，形成中國社會「官本位」傳統，扼殺人才個性和創造性，並在中國民族文化心理中留下了「戀考情結」。這些傳統考試文化的豐厚積澱，既為中國考試在近代的轉型提供了傳統文化資源，也成為其努力向近代考試演化過程中的沉重負擔。對中國傳統考試文化情有獨鍾的孫中山先生，批判繼承了中國傳統考試文化遺產，科學取捨西方資本主義國家公務員考試的觀念和方法，提出了獨特的考試權獨立學說，並在南京臨時政府和廣州革命政府時期對實施文官考試制度進行了全面構劃，為民國考試的轉型提供了思想基礎和制度藍圖。而戴季陶等人對孫中山考試思想的闡述和發展，又直接指導了民國考試制度特別是文官考試制度的構建和發展。

　　民國考試制度轉型的一個重要標誌，是文官考試和教育考試的判然兩分。本書在對民國考試轉型的傳統文化淵源和思想根基進行分析的基礎上，以民國考試的制度構建為主線，分別對民國時期的文官考試和教育考試的制度演變、實施情況進行了全面的分析和評述。就文官考試而言，經過北京政府、南京政府等幾個歷史時期的建設與發展，形成了中國歷史上最為完備的考試體系、法規體系，建立了人類歷史上第一個在行政權之外，獨立行使文官考試選拔、任用、考績、獎懲等權力的專門考試和人事管理機構，並由此形成民國文官考試一整套組織機構體系，使中國傳統考試制度文化在民國時期得到延續和發展。通過實施文官考試，選拔出了一批批建設人才並進行了分發任用，為民國文官隊伍輸送了新鮮的血液。但是，由於政局動盪、戰亂不斷，國民黨政權缺少必要的權威，各種派系勢力對考試制度肆意破壞，以及傳統用人思想的慣性影響，民國文官考試制度實施情況遠未達到其制度設計的效果，通過考試選拔的文官數量十分有限，發揮的作用則更有限。相比較而言，民國教育考試的制度轉型則要徹底得多。由於建立了近代學制，放寬了辦學管制，考試權下移到學校，相對軟弱的政府對教育界的思想箝制也力不從心，民國時期的教育特別是抗戰前的教育發展很快，教育考試也隨之得到很大發展，種類繁多，制度完備，在考試理念與技術方法方面更是有了長足的進步，中學畢業會考、學業競試等統一考試制度的創建，在合理繼承傳統考試文化基礎上，更使中國考試文化在民國時期有了一個創造性的發展。

民國時期考試制度的轉型與重構基於社會發展的根本要求，也受到考試內在發展規律的影響。本文從四個方面對轉型的外部因素進行理論分析，即：民國經濟社會轉型對新型人才的要求、民初「國家危機」對恢覆文官政治的呼喚、近代城市變革與職業發展對職業分類和社會分層的要求、知識階層的形成對自身價值實現渠道的渴望。而在考試文化內部的轉型發展過程中，民族戀考心理的慣性影響爲之打下了深厚的文化基礎，考試觀念的更新成爲其變革的前導，考試管理體制的改革和創新成爲推動轉型的關鍵因素之一，考試內容的轉化則擔負著轉型的核心任務。在眾多的社會因素和內在因素影響下，民國時期的考試發展形成自己的文化特色：守本開新，立法行考，雖已走上法制化軌道卻依然被專制統治的人治因素所困擾。

　　中國考試制度的現代轉型要走的路還很長，而我們可以從民國考試轉型的過程中得到一些考試與社會發展關係的規律性啓示：考試是促進社會發展和人的發展的重要機制，它可以促進社會政治、經濟和文化環境的優化，但若統治者背離社會發展方向，考試又會對社會政治經濟和文化發展產生消極影響，考試的成敗不僅與自身的設計和執行密切相關，而且更取決於是否具備適宜其運行的客觀條件和文化環境。在考試與教育的關係方面，考試可以促進教育發展價值取向走向科學化，但放大考試對教育的督導作用又會反過來戕害教育。考試又是一門科學，它有著自身的發展規律，必須加強考試科學化建設，防止放大考試功能，保證考試實施與其目的的高度一致。民國考試制度轉型過程中的諸多經驗和教訓，對當今中國社會建立眞正意義上的公務員考試制度、理順教育與考試的關係、實現傳統考試文化在當代的轉換和創新，有著重要的借鑒意義。

序

嚴昌洪

　　「戀考心理」，是本書作者胡向東在一篇題爲《傳統考試文化在當代傳承發展的原因與啓示》的文章中首先提出，而在本書中加以生發的一個概念。這一概念一針見血地反映了中華民族文化心理結構中所存在的對考試的一種既恨又愛、難以割捨的情結。

　　中國考試制度的出現，從漢武帝舉行文學賢良考試算起，已有二千一百多年的歷史了。從隋代開科取士算起，也有一千四百多年了。胡適曾引述《金玉奴棒打薄情郎》的故事說明這種「只問能否及格，不問出身來歷」的、「公開的客觀的文官考試制度」是中國文化對世界的一大貢獻。這種考試制度打破了階級觀念，影響了社會心理，吸引了一大批人投入到考試中來，從「耕讀傳家」的農家子弟，到世代弦誦的詩禮之家，無不把考試作爲改變人生命運和家庭際遇的一條必經之路，其戀考情結在 54 歲才中舉的范進身上體現得淋漓盡致。清末停止科舉以後，不知使多少人失魂落魄。民國實行文官考試制度和教育考試制度，考試又牽動著更多人的神經，爲獲得體面的職業，甚至躋身於官僚階層，人們奔走於各種考場之間。到如今，教育普及，人事制度改革，在校學習時的各種考試不算，升學考試、求職考試、留學考試、晉級考試、職稱考試、資格考試等各種考試如影隨形般伴隨著千萬人的一生。升學的激烈競爭，求職的「殘忍廝殺」，確實使人對考試「既恨又愛」。

　　考試對國家來說也是「難以割捨」的一個有效的工具。選拔任用官員需要考試，在各級各類教育中實行分流也需要考試。晉代之前實行察舉制度，爲什麼晉代要對察舉人員一律加以考試，「孝廉試經，秀才試策」，自有它的道理。清末廢除了科舉，卻引進西方的學校及其考試制度，入民國後更引進西方文官考試制度，這也有其必然性。「文化大革命」中不用考試推薦上大學，

「文革」甫結束一年，在 1977 年秋高考就迫不及待地被恢復，更有它的必要性。「劍不試則利鈍暗，弓不試則勁撓誣，鷹不試則巧拙惑，馬不試則良駑疑」，同樣，「天下之士，非舉無以知其賢，非試無以傲其實」，只有通過考試，才能公平地選拔人才，得天下英才而舉之，因為公正的考試可以繞過門閥，割斷裙帶，拒絕庸才，切實實現龔自珍所提倡的「不拘一格降人材」的理想。

國家需要考試，民眾需要考試，使得千百年來考試成為全中國都關注，全社會都為之動員起來的一件大事。誠如本書作者所指出的：「在中國大眾心理中，考試對政府來說是選官和教育分流的工具，對個人來說則是改變人生道路的途徑，若選拔人才的考試被廢止，不僅社會人才結構會因此失去後繼之源，整個社會心理系統也要失衡。中國考試文化的長期發展，使中國社會民眾心理中產生一種『戀考心理』」。

然而「法久必弊」，再好的制度實行久了以後，弊端必然顯露出來，更何況考試制度本身已在公平有效中隱含著許多缺陷，科舉考試固然有「錮人心智、牢籠英雄的負向功能」；新式教育中亦有以應付考試為目的的「應試教育」，使學校教育中出現某些偏枯現象，產生許多只會死記硬背、不能動手創造的「書呆子」。而且考分決定一切，難免有片面性，甚至不能保證錄用的人才不是薄情郎、負心漢或腐敗分子。於是，考試制度要因時制宜，不斷根據變化了的形勢進行調適、重構，最大限度地發揮它的積極作用，遏制它的負面影響。

本書作者作為教育考試院的工作人員，意識到自己肩負有推動考試制度改革、完善與發展的歷史使命，因此做博士學位論文便選取了民國時期考試制度研究這個選題，試圖通過對科舉制度廢除以後考試制度轉型與重構問題進行系統探討，力求對中國考試制度文化發展演變的規律的認識有所深化，以便尋求對現今考試制度與社會發展的有益啟示。讀過本書後，我覺得作者的這一目的基本達到。

作者從科舉制度的功能和效應、科舉制度所面臨的危機和自身的僵化以及晚清對科舉制度的改革與停廢、新式教育考試的興起等角度，系統闡釋了中國考試制度從傳統向現代轉型的歷史文化淵源；又從近代人才觀、考試觀的演變，特別是孫中山、戴季陶等人的新型考試思想及其影響等方面，深入剖析了民國考試制度文化創新發展的思想基礎；作者還在論文的主體部分分別論述了民國文官考試制度的重構和教育考試制度的演變與革創，並從中總

結了這種轉型與重構的特徵。這些都在一定程度上反映了作者對中國考試制度文化發展演變規律的認識，而「戀考心理」的提出正是他這種認識深化後的個人感悟，其他諸如把民國考試文化特色概括爲「守本開新」、「立法行考」、「黨化軍治」幾個方面也是頗具新意的。

作者從對中國傳統考試制度發展演變歷程的回顧和民國考試制度轉型的歷史經驗的總結中，得出了對現今考試制度與社會發展有益的若干啓示，指出考試是促進社會發展的重要機制，考試制度需要與之相宜的運行環境，我們應該加強考試科學化建設，防止放大考試功能，尊重考試發展規律。

作者的這些觀點不啻是對過去的回顧與總結，更是針對時弊提出的良方，我完全同意。現在我們強調堅持科學發展觀，構建和諧社會，但在考試方面違背科學發展觀的要求，不利於構建和諧社會的問題太多了。比如，這幾年高校擴大招生規模，具有讓更多的人得到深造的機會，爲國家培養更多的高級人才的積極意義。但一些地區、一些學校盲目追求擴招的數量，既無視生源的品質下降問題，又忽視畢業生求職的困難，培養出了一些不夠水準的學士、碩士、博士，也使得求職道路壅塞不堪，謀職無門的畢業生苦不堪言。人才的培養有其自身的規律，高級人才的成長更是按一定比例梯次上昇的，盲目擴招打破了人才的生態平衡，使一些人得到揠苗助長式的「深造」，畢業生品質的下滑是必然的。同樣，社會上每年對各種層次人才的需求有一個大致的比例，盲目擴招導致這一比例的失衡，造成求職困難和「大材小用」的人才資源浪費。這就違背了科學發展觀。古人說得好：「教之、養之、取之、任之，有一非其道，則足以敗亂天下之人才。」所以我以爲作者提出「尊重考試發展規律」是適時的。再比如，多年來，在全民「戀考心理」的籠罩下，在千軍萬馬過獨木橋，競爭十分激烈的情形下，在黨風和社會風氣沒有得到根本好轉的環境裏，考試受到的干擾太多了。考試以外的不公平使得考試的公平性受到破壞，更使考試作爲構建和諧社會的重要機制的功能削弱。所以作者提出「考試制度要有與之相宜的運行環境」是十分必要的。

我期待著本書在推動當前考試制度改革與發展方面發揮其應有的作用，更期待著考試制度日益完善，考試環境日益淨化，全民「戀考心理」也隨之日趨淡化。

2007 年 5 月於武昌桂子山

目
次

引　言

一、問題的提出

　　一個社會，應該建立怎樣的秩序和怎樣建立這樣的秩序，才能保證人的全面發展和社會的和諧進步？又由誰來建立和主持這樣的秩序？建立和維護這樣秩序的人又如何選拔出來？這些類似於「雞生蛋與蛋生雞」的問題，無疑是關係到社會、國家和個人生存與發展的根本問題，是人類發展面臨的至關重要的問題。古今中外的哲人賢達，很早就重視和思考著這些通俗而難解的問題，也做出了各自不同的答案，但探索至今並未止步。在中國，以選拔官員爲目的的科舉制度的設立和發展，就可以理解爲千百年中國人爲解題所付出的努力。但是，在君主專制的國土上的考選實踐，特別是隋代以後的考選實踐，也似乎並未能給出一個讓近代中國人滿意的答案。中華民國建立前夕，科舉被廢，但問題並未也不可能同時消除。於是重立考試制度，再行「掄才大典」，卻又備受詬病，在政府更迭的混亂和外族侵略的戰火中運行得踉踉蹌蹌。人們發現，科舉形成的中國考試文化已潛入中國人的民族心理深處，經過千百年的醸造似乎變成了杯杯濃鬱的烈酒，中國人雖不勝酒力，卻也難以停杯。力圖擺脫「酒癮」的中國人也曾試圖以他種制度和辦法來實現科舉已實現和未實現的目標，民國時候有人選擇把考試當作擺設；中華人民共和國建立後，更走上了徹底廢除考試選拔官員、更之以「群眾推薦和組織考察任命」的選官之路，連選拔大學生的高考制度也一度被廢，上大學靠所謂的推薦。但效果似乎不僅不如意，而且在國家選才、用才方面造成了難以彌補的損失。高考早就恢復了，近年又開始層層公開選拔黨政領導幹部，核心方法仍是考試。

　　沒有人懷疑，以科舉制度爲代表的中國傳統文官考試制度，在中國古代社會政治制度中佔據著重要地位。錢穆先生在總結中國政治制度時說：「中國歷史上考試與選舉兩項制度，其用意是在政府和社會間打通一條路，好讓社會在某種條件某種方式下來掌握政治，預聞政治，和運用政治，這才是中國政治制度最根本問題之所在」〔註1〕王亞南先生在其名著《中國官僚政治研究》中，則將科舉制度列爲支撐封建官僚政治制度的兩大槓杆之一。其實，科舉制度承擔著整合傳統社會生活、維繫社會內部的文化生態平衡的功能。美國學者吉爾伯特‧羅茲曼在其主編的《中國的現代化》一書中，乾脆將科舉制視爲「傳統中國的社會和政治動力的樞紐」，認爲「終止科舉制度的行動，斬斷了 2000 多年來經過許多步驟而加強起來的社會整合制度的根基。這個行動逐漸呈現出來的事與願違的後果，遠比推行這一改革的士大夫在 1905 年所明顯預見到的那些後果來得嚴重」〔註2〕。他認爲中國科舉之廢，其重要性相當於俄國的廢奴和日本的廢藩〔註3〕。誠然，經歷1300 年發展變化的科舉制度對維護君主專制統治和文官政治的作用自是不可小覷，但是，其「考試內容與科舉制宣揚的選拔人材的目的完全不相符合」〔註4〕，考試管理與整個君主專制統治一樣衰敗腐朽。加之進入近代以來，國家外侮內患，連綿不絕，勵新圖強之士反省國弱民孱的原因時，對日益僵化的科舉考試制度，發出了激烈抨擊，科舉制度終究不能支撐住封建帝制的危樓，伴著中國封建社會一起走上了窮途末路，於 1905 年被廢止。但是，科舉雖然被廢，科舉創造的中國考試文化卻並未消亡。民國考試制度的繼之而起，當代中國考試的蓬勃發展，都充分說明，作爲社會人才選拔機制和人員分流機制，一種考試制度消亡後，必有新的考試制度起而代之。考試制度所彰顯的公開平等、競爭擇優的本質精神，在人類社會發展機制中具有無可替代的功能，它和考試文化的發展慣性形成合力，會使考試在新的社會形態下，又以新的存在形式、新的發展模式出現，繼續在社會發展中扮演著重要角色。

〔註 1〕 錢穆：《中國歷代政治得失》，三聯書店 2001 年版，第 8 頁。
〔註 2〕 吉爾伯特‧羅茲曼主編：《中國的現代化》，江蘇人民出版社 2003 年版，第 229 頁，第 434 頁。
〔註 3〕 吉爾伯特‧羅茲曼主編：《中國的現代化》，江蘇人民出版社 2003 年版，第 229 頁，第 434 頁。
〔註 4〕 王亞南：《中國官僚政治研究》，中國社會科學出版社 1981 年版，第 110 頁。

　　民國考試制度的創建，幾乎與民國的建立同步。深識考試制度重要性的孫中山先生認爲，「得人之道，莫優於客觀公正之考試制度也」，「無論平民貴族，一經考試合格，即可作官，備位卿相，亦不爲僭，此制最爲公允，爲泰西各國所無」〔註5〕。故孫中山先生在「建國大綱」中提出政府應設立考試院，與行政、立法、司法、監察各院共行五權之治。在孫中山先生考試思想指導下，民國時期形成了較完整的考試思想體系，建立了以《考試法》《公務人員任用法》等爲主體的一系列考試法律法規體系；創建了公務員考試、學校考試、留學考試等相當完備的考試制度體系；構建了從中央考試院到地方考銓處一整套獨立的考試組織管理系統。由此，中國的國家考試制度在近代科舉被廢不久後又獲新創，中國傳統考試文化在民國經歷了轉型、重構和發展。

　　新中國成立後，我國的考試制度又一次廢舊立新，尤其在自 20 世紀 80 年代到本世紀初的 20 多年裏，考試制度建設和考試事業發展成就顯著。教育考試、公務員考試、黨政幹部選拔考試、職業技能考試、司法考試五大考試制度初成體系，中國考試制度文化在當代又進入了一個蓬勃發展的新時期。

　　歷史證明，考試作爲社會發展的機制之一，其存在與否，是不以人的意志爲轉移的。問題的關鍵在於，怎樣設計和利用考試，使之更好地服務於社會發展和人的發展，怎樣爲考試提供良好的運行環境，以保證考試的效度和信度，達到設立考試的目的。中國是考試的故鄉，中國的考試制度曾給包括近代西方發達國家在內的許多國家以借鑒，民國時期做出的重建國家考試制度體系的努力，使傳統中國考試制度文化在民國時期走向轉型和重構。那麼，傳統中國考試制度文化在近代是如何轉型的？怎樣看待民國時期的考試制度，如何評價民國考試制度在中國考試發展史上的作用和地位？這種轉型和重構今天停止了嗎？它對當今中國考試的制度創新又有什麼啓示？以公務員考試爲代表的一系列現代社會選拔考試制度究竟需要怎樣的運行環境？考試制度的發展演變與社會政治、經濟、文化、科技有何關聯？這些問題的意義，遠遠超出了民國考試制度本身。

　　本書試圖對上述問題進行較爲系統的探討，力求對中國考試制度文化發展演變規律的認識有所深化，以便尋求對現今考試制度與社會發展的有益啓示。

〔註 5〕《以五權分立救三權鼎立之弊》，孟慶鵬編：《孫中山文集》，第 523 頁。

二、學術史的回顧

清末民初，隨著科舉考試制度的廢除，中國先後建立了教育考試制度和文官考試制度，實現了從科舉制的政治與教育合一、學子奔競於仕宦一途，向考「官」與考「學」分開、文官考試與教育考試分途的轉變。民國考試制度體系建立伊始，緣於濃厚的中國考試文化傳統，社會各界尤其是知識界對中國考試制度的走向表示了深切的關注。在教育考試方面，五四前後和抗戰勝利後，曾有過兩次關於考試問題的論爭。五四新文化運動中，在自由和民主的大旗下，在杜威等西方教育理論的影響下，中國教育界對當時考試制度的批判十分激烈，高等學校和中學甚至掀起了一起轟轟烈烈的「廢考運動」。當時報刊上發表的《我們對於廢止現在學校考試制度的意見》〔註6〕，《廢止學校記分考試議》〔註7〕等，較爲系統地評價了北京政府時期的考試制度，並針對當時學校考試制度存在的考試方法死板、考試繁多、考試負擔重等弊端，提出了改進意見。抗戰期間，學校招生考試曾由分散歸於統一，又走向單獨招考、統一招考、聯合考試、保送免試等多元化招考辦法並存；政府還發揮考試的指揮棒作用，主導開展了會考和學業競試，對這些考試的新探索，當時都有一些學者和專家發表評價意見。這些文章中，不僅有對當時考試制度設計和實施的議論與建議，還有少數專門研究民國考試的學術文章。這些「昔議」，在當時現實性和針對性都很強，對研究當時考試觀的演變有重要的參考意義。

文官考試方面，也有一些書籍和研究文章，對民國文官考試進行介紹和評價。其中，鄧定人著於 1929 年的《中國考試制度研究》，出版時間雖早，但構架上已較爲系統。這本小冊子，問世於「訓政伊始，五院成立，考試權即將實之時」，可謂應時而作。該書對中國考試制度的起源、發展沿革進行了介紹，並討論了考試制度廢止原因，對國外特別是英、美、法三國公務員考試進行了介紹，並與中國的科舉考試進行了比較研究。該書還專刊一章介紹孫中山先生的考試思想。該書雖篇幅不長（僅有 3 萬餘字），但對我們瞭解當時的知識界是如何看待考試制度提供了有價值的文本。錢端升的《民國政制史》，對文官考試的構成和運行也作了介紹。由於孫中山提出考試權獨立的思想是前無古人的，南京國民政府成立後按照孫中山的政制思想建立了五院制

〔註6〕《北京大學日刊》，1920 年 1 月 21 至 23 日。
〔註7〕《教育雜誌》第 11 卷 12 號，1919 年。

政權，對考試院是否該成爲五院之一，它的獨立設置是否達到預想效果，當時和現在一樣是存在著爭議的。上個世紀的三四十年代，在《獨立評論》等報刊上，曾就考試權獨立和考試院的設置進行過廣泛的討論。進入 20 世紀 90 年代，我國臺灣地區也有一些文章和學位論文討論考試院的去留和考試權的設置。而大陸學術界，在 20 世紀 70 年代以前，並未對民國考試制度給予多少關注，少有的一點評價，只在報刊上零星出現，似無專著論述。

在 20 世紀 70 年代中期興起的中華民國史研究的熱潮中，大陸學人專門對中華民國考試制度進行系統研究者，也並不多見。民國考試制度總體上被認爲是影響不大，徒有制度而遭冷落。在臺灣，「考試院」於 1983 年組織專家對 1949 年以來的考試制度進行了全面的介紹和研究，編成「考銓叢書」問世，計有《中華民國考選制度》、《中外考試制度比較研究》、《高普考試制度》、《特種考試制度》、《公職候選人考試制度》、《律師考試制度》等 10 餘種，除前兩種爲總論外，其餘皆爲據考試類別而分類述論。這批研究成果，按各種考試制度發展之淵源及其特性的線索進行研究，但均以介紹「現行制度」即臺灣當局實行的考試制度爲重心，對 1949 年以前的民國考試，一般都列有專章論述，但不是敘述的重點。其中《中華民國高普考試制度》〔註8〕一書，對民國高普考試的時代背景、理論基礎提出了一些觀點，進行了一些闡述，史料詳備，闡述較爲客觀，在同類著作中可稱佼佼者。

民國時期是中國考試文化的一個重要轉型期，也是飛躍發展的一個時期，有非常重要的研究價值。但是，相對於科舉研究的火爆，其研究則顯得比較平淡。不多的研究成果主要集中在民國考試思想——主要是孫中山的考試思想，以及民國考試與科舉考試的淵源關係等方面。前述臺灣「考試院」的「考銓叢書」對民國考試有較全面的論述，但重心又在所謂「現行考試制度」即臺灣實行的考試制度。對 1912～1949 年的民國考試，鮮見全景式深入研究。

民國考試研究成果相對較少，究其原因，一是資料相對缺乏和零散，二是重視不夠，研究積累不夠。民國考試法規全面、系統、詳盡，首開中國考試先立法後行考之先河，但是，這些法規背後的思想是什麼，法規執行情況如何，考試選拔出的人員使用情況怎樣等，由於戰亂和重視程度等原因，卻鮮有資料系統介紹，完整的資料更少。加之人們對國民黨政府用人制度的黑

〔註 8〕臺灣正中書局 1984 年版。

暗似乎已成定論，在研究上也就不予重視，人們關注的焦點，多集中於政治鬥爭，戰爭發展和新舊文化之爭。即使是考試研究方面，也在清以前的考試中著墨較多，而對民國考試少有顧及。

近年來，隨著我國公務員考試制度的建立和推行，高校招生考試制度的改革和發展，社會科學工作者開始對科舉考試進行重新評估和研究，同時對民國考試制度研究也給予了一定的關注。關於民國考試制度的評價，近年來的研究多按文官考試、招生考試、留學考試等類別分別予以評論。進入 20世紀 90 年代，對民國考試的研究形成了一個小小的熱潮。其中，廖平勝《論中國古代文官考試制度的演變和中國現代公務員考試制度的形成》（上、下）〔註9〕，著重從縱的發展方向，從考試學的角度系統地論述了中國科舉考試的文官考試性質，闡明了現代公務員考試與科舉考試的淵源關係，並對民國公務員考試制度的創建與實施過程進行了述論。馮敏等撰有《孫中山的考試思想與民國文官考試》、《從兩次高考看國民黨政府的文官考試制度》等論文，指出了孫中山的考試思想對民國文官考試的指導意義，通過對民國文官考試情況的描述，討論了文官考試的資產階級文官考試的性質。在教育考試方面，房列曙等對民國高校考試、抗戰時期的招生考試及留學考試等的舉行情況進行了整理和研究。近年出版的中國考試通史類著作，也一改止於清末的寫作範圍，對民國考試也給予角度不同、較為詳盡的介紹。一種是將民國文官考試制度作為政治制度的一部分，如孔慶泰等著的《國民黨政府政治制度史》，白鋼主編的《中國政治制度史》，林代昭主編的《中國人事制度史》等，從政治史角度對國民政府時期考試院的沿革、公務員制度作了介紹。另一種是從考試制度史的角度介紹，謝青、湯德用主編的《中國考試制度史》，劉海峰等著的《中國考試發展史》等。2003 年，教育部考試中心組織有關專家編寫了一部《中國考試通史》，其中民國考試專列一卷，該書在《中國考試制度史》基礎上，不僅史實收羅更為豐富，而且對民國考試制度作了一些深入的評析，是目前所見民國考試研究著作中材料較為詳細、有史有論的一部作品，代表了當前民國考試制度研究的最新成果。

當然，這幾部著作均為通史性質，史料性強，內容比較全面，而對於一些考試歷史中發生的具體問題，還有待進一步研究。

〔註 9〕《華中師範大學學報》1991 年增刊。

三、研究思路

民國時期考試制度體系的創建和發展，有其深刻的社會歷史背景。封建帝制消亡了，新生的資產階級在半殖民地半封建社會的政治經濟文化基礎上開始了政權建設，而科舉廢除後出現的士人社會地位急劇下降和文官政治後繼人才的缺位，又是導致軍人地位進一步上昇、近代軍閥政治崛起的重要原因之一。科舉可以被廢掉，但科舉承擔的選拔人才、凝聚人心、貫徹統治意志等職能卻無法廢掉，必須建立新考試制度來承擔。深刻認識到考試對人才育、選、用和對國家政治的重要性的孫中山先生，提出並確立了考試權獨立的思想，對近代考試制度的建立，在觀念上起到了導航作用。而20世紀初新的教育制度的建立，也必須有相應的新的考試制度與之並行。加之西方近代考試文化在20世紀20年代的傳入，和近代科學技術發展對中國近代考試制度的廢舊立新產生的巨大影響，使民國時期考試觀念、考試行政管理體制、考試管理機制都發生了巨大變革，考試制度的轉型和重構也成爲社會發展的必需。

民國考試的產生和發展，既有其產生的淵源，也有其發展歸宿，從19世紀下半葉科舉改革和廢除，到20世紀初文官考試的推行，教育考試的發展，經歷了劇烈的變化。科舉考試平等競爭原則的推行，科舉體現出來的對教育的重視、對知識文化的崇尚和對貴族的排斥，對政治組織完善所起到的推動作用，都相當接近於近代社會的價值取向，它們與民國考試在考試觀念、考試功能的認定、考試管理體制等方面有著淵源關係。民國考試制度體系確立後，又不斷地向現代公務員考試、現代教育考試制度演變。「人才恒倚考試而振興，政治尤賴人才以推動。考試對政治之偉大功能，未因時代之遞嬗而稍有貶損」〔註10〕。民國考試在近代社會發展過程中，擔負著人才育、選、用的中樞作用，其中所包含的歷史和社會變遷，政治制度、教育制度的演化等重要內容，其意義十分深遠。

創建於20世紀初葉的民國考試制度，與古代的科舉制度相比較，大致有下面幾個不同點：

第一，科舉制是一種入官資格考試，入仕與銓選有明確區別，取得了資格後須經吏部銓選才能任官；而民國文官考試則與任用相結合，考試合格人員按其考試種類以及科別，直接分發相當官署使用，考用一致，即考即用（對

〔註10〕考銓叢書委員會編：《中華民國考選制度》，臺灣正中書局1983年版，第1頁。

於擬任職務但無相當資歷者，先分發學習）。雖然經考試錄用的文官數量較少，並且由於種種因素的干擾，任用艱難，在整個公務員隊伍中處於次要地位，但從制度構建上講，民國文官考試制度仍以考用結合而異於科舉。

第二，考試內容和選拔標準發生了重大變化。科舉以經術取士，儒家經典是主要內容，民國考試內容則向近代文化科技知識轉化。在考試要求、入選標準方面，由文化知識掌握數量多寡、熟練程度，向應用所學知識，分析解決實際問題的現實能力和技能轉化。

第三，在考試管理體制方面，科舉實行的是「部內制」管理體制，而近代文官考試是向獨立的部外制考試管理系統演化，考試管理體制從「依附型」轉化為「獨立型」。科舉部內制管理，即在各級政府行政部門附設機構進行考試管理。民國則以考試院為國家最高考試機關，直接「掌理考試、使用、銓敘、考績、級俸、陞遷、保障、褒獎、撫恤、退休、養老等事項」。民國時期，以孫中山五權分立思想為基石，建立了人類歷史上第一個集國家考試行政、考試業務、銓敘任用、考試研究於一體的獨立考試機構。

第四，科舉制下，科舉的「科目必由學校」（制舉另當別論），大體上，學校與科舉制相互配合，最終並為一途，因而學校考試與科舉考試也合而為一。這種情形在近代發生了質的變化，學業考試與人才選拔考試逐步分離。在明清兩朝，地方學校就是科舉教育和考試系統的組成部分，辦學的全部目的就是「儲才以應科目」。鴉片戰爭後，中國固有的「學校──科舉」培養選拔人才模式，受到外來文化的猛烈衝擊，西方文化和教育制度對中國進行了強有力的滲透和移植。19 世紀 60 年代，伴隨著新式學堂的創立，近代學校招生考試、學業考試由此產生。此後，新式教育的發展進一步推動了學校考試制度的發展。科舉廢止後，學校推廣速度加快。新學制頒行，促使新的學校考試制度最終確立，並與文官考試並行不悖。

第五，較之科舉，民國考試種類增多，構成一個龐大的考試制度體系，法規建設較為完備。民國的社會選拔考試分為 4 類：（1）公務人員考試，包括 3 種，高等、普通和特種考試；（2）各類專門職業及技術人員考試；（3）資格考試，包括公職候選人資格考試及檢定考試；（4）公務人員在職升等考試與考覈。民國教育考試分為 3 類 7 種：（1）招生考試：各級各類學校招生考試；（2）在學考試：包括學業成績考試，畢業會考，復學、轉學甄別考試，學業競試；（3）留學考試：公費留學考試，自費留學考試。

　　民國建立了較爲詳備的考試法規體系，先立法後行考，是民國時期推行考試制度的一個基本特點。雖然如同柳詒徵先生在其所著《中國文化史》中所指出：「民國草創，百度更新。官有一制，事有一法，規程條例，日出不窮。有經國會議決者；有未經國會議決，但以命令頒佈者。雖曰法制萬能，實多軼出法制之外……」〔註 11〕民國考試制度特別是選官制度，尤其存在著法律是法律、實施是實施的「兩張皮」現象，但民國畢竟創建了迄今爲止中國歷史上最爲完整的國家考試法規體系，其法規體系本身及實施實際情況對今日考試制度建設和實施的借鑒意義，應是勿庸置疑的。

　　第六，從考試實施角度看，民國考試也呈現出與科舉考試截然不同的面貌，帶有明顯的現代考試特徵。其一，與清代科舉的分科設考徒具其形式相比，文官考試實行分層次分專業設考。其二，考試評判標準由模糊到精確，廣泛使用百分制計分法，各種評卷標準和辦法都更爲詳細和周全；其三，考務組織分工清晰，從機構設置、人員配置到各種職責、任務，都依法規設計實施，科學化、規範化程度有所提高。

　　總之，民國考試的發展，促進了中國封建文化向現代世界文化的轉軌，促進了中西考試文化的交流。從大的範圍講，更推動了中國民族文化與人類文化的溝通和融合。民國考試體系的構建又是繼承中國傳統考試文化的過程，考試權獨立既脫胎於傳統考試管理體制，又實現了考試地位和考試管理體制的歷史性變革，其意義雖無定評，卻實有益於當今考試文化的建設和發展。而考試法規體系的構建，則打破了以行政手段治考的僵化局面，開闢了以法治考的新格局。考試制度的創建以立法爲先的新實踐，代表了人類社會國家機器存在時期實施考試方式的必然走向。鑒往知來，在我國當代大力建設社會選拔考試和教育考試的新階段，正確對待民國考試這份彌足珍貴的文化遺產，弄清其演變發展的歷史軌跡，深入探究其成因，揭示其變化規律，對我國新時期考試制度的完善和發展，更有著重要的現實意義。

　　民國考試近半個世紀的變遷過程，有其內在規律的支配，同時更聯繫著更大範圍的政治文化背景的變遷。在近代紛繁詭異的不同歷史時期，民國考試不同發展時期的不同地位、作用和形態，聯繫或對應著不同的歷史條件。那麼，在影響近代考試變遷的諸多因素中，究竟哪些是發揮著支配性作用的呢？本研究選擇如下四個作爲分析的基本出發點：一是軍事獨裁政權權力分

〔註 11〕柳詒徵：《中國文化史》下卷，上海古籍出版社 2003 年版，第 931 頁。

配與文官政治理念的衝突與磨合；二是知識階層在近代社會形態中的走向；三是社會分工與職業化的加劇；四是近代教育的發展及其與考試的密切關係。

科舉制度促進了中國建立起世界最早、最完善的文官政治。文官政治在將貴族政治、武人政治趕下歷史舞臺的同時，造就了一個脫離狹隘地域、家庭利益、脫離武裝實力的知識分子（儒生）階層。這個階層的利益、活動都與中央集權直接聯繫；文官政治樹立了一個與自身高度適應的社會政治思想——儒家思想，並通過文官選拔使之成爲知識分子的共同信仰，進而導向整個社會，形成了一股統一的民族國家所必需的精神凝聚力。而把中央集權、儒生階層和儒家思想結成三位一體的，正是中國的文官選拔考試制度。文官政治理念中官員選拔以公開選拔、平等競爭爲本質精神，這一本質精神既符合社會發展的要求，從某種程度上講還具有一定的超時代性，而且經過 1300多年的熔冶後，更融入了民族文化心理之中，形成了較強烈的歷史慣性。民初革命先行者面臨政治動蕩、民生凋敝 、軍閥割據的深刻社會問題時，就開始思考在科舉制度廢除後，如何吸收西方文官制度的經驗，繼續通過考試來選拔各類人才進入官僚階層促進政權穩定這一重大課題。但是，武人政治與文官政治是一對天敵，軍事獨裁政權用人唯私、用人唯親的價值取向與文官政治公開選拔、競爭擇優的理念是格格不入的。因此，觀察民國文官考試代表的文官政治與國民黨政權軍閥獨裁、以黨代政之體制的較量，觀察軍事獨裁政權中各種主要勢力與利益關係對文官考試的作用及反作用，成爲本研究首要的分析角度之一。

長期以來，中國封建帝國官員的主要成份由士大夫構成。這些官員又主要來源於文化知識群體。正是科舉制度促使社會逐步形成尙文偃武的價值取向，提高了知識階層的地位和作用。然而，科舉制度廢除後文武地位發生了弛張變化。在價值取向上，傳統的重文輕武觀念被尙武精神甚至黷武主義所取代，科舉制度在沒有找到其維繫文官統治政治功能的替代物的情況下被廢除，結果爲軍人參與政治、執掌政權洞開方便之門。軍人執政，使知識階層因歷代重文輕武養成的驕傲受到嚴重傷害；廢除科舉後參仕渠道的壅堵，又使懷抱經世目的、現實政治關懷極強的知識分子備感痛苦。當畢竟是靠打著「打倒軍閥」招牌取得北伐成功的以蔣介石爲首的軍人政權不得不做出一些恢復文官政治的努力時，國民黨政府考試院文官考試的舉行就吸引了複雜的目光。因此，文官考試制度的產生與發展，也自始至終與知識群體的政治、

文化和社會動態有著直接、密切而深刻的關係。對這種關係的考察，則成為本研究的第二個分析角度。

鴉片戰爭以後，中國社會結構開始發生裂變，穩定的社會分工狀況被打破，社會分工科層化。整個社會結構開始由封閉走向開放，社會流動由封閉型發展為開放型，開始衝破等級身份阻礙，在更為廣泛的社會階層中發生。隨著新的經濟關係產生和發展，社會分工日趨細化，新的社會職業不斷地產生，又促進社會流動規模擴大和流向的變化。失去了科舉這一確定自己身份途徑的紳士們，在社會流動中，其傳統身份等級憑藉被近代職業素質要求所取代 。這是民國考試從科舉考試以確定士子身份為重心，向根據社會需要檢驗社會成員的職業素質為主要功能轉化的重要原因。因而，考察近代社會分工和職業化的進程，是分析民國考試發展走向的一個重要視角。

從廣義的考試概念和中國考試發展史角度看，考試可分為社會選拔考試、教育（學校）考試和在職考試三大類。這三大類考試構成了中國考試發展史的主幹。考慮到在職考試更多的是以考覈的形式出現，它雖然也有制度形態，但畢竟屬於廣義的考試範疇，因此本研究所稱之考試制度，主要包括社會選拔考試（選官考試、專業資格考試）和教育（學校）考試兩大類。在教育考試方面，近代也出現了新的考試類型，擇其要端，主要有學堂考試、留學考試、學校考試等。民國時期，教育考試也呈現出截然不同的新氣象。其與清代及以前學校考試之主要區別，在於學校考試從選官考試的陰影中走了出來，並成為國家考試制度的組成部分。其變化發展，與近代政治文化，特別是教育體制息息相關。近代教育體制構建，已從科舉時代以培養「以應科目」者為目的，轉向以傳授適應某種職業的知識技能為目的，它更好、更快地反映了社會經濟發展及其對勞動力素質的要求。通過對近代教育體制變化及其與政治、經濟和社會發展關係的考察，有助於我們研究教育考試在民國考試體系中佔據重要地位的原因，也是本研究探究民國考試制度的第四個分析角度。

在從上述四個角度進行分析研究時，第一、第二個角度是重點也是難點。軍事獨裁政權權力分配與文官政治理念的衝突與磨合，涉及民國時期雲譎波詭的政治環境，線索紛繁複雜；知識階層在近代社會形態中的走向，他們對民國考試的評價，對民國考試的人才觀、考試觀都有影響，對後人評價民國考試的影響也很大，值得予以重點關注。

四、研究方法和論域界定

（一）研究方法

本研究在方法論層次上，強調堅持以歷史唯物主義和辯證唯物主義為指導的原則。對民國時期考試制度的分析研究，必須從當時的歷史條件和環境中去考察，而不能局限於考試制度本身。正如列寧所說：「為了真正獲得正確處理這個問題的本領而不被一大堆細節或各種爭執意見所迷惑，為了用科學的眼光觀察這個問題，最可靠、最必需、最重要的就是不要忘記基本的歷史聯繫，考察每個問題都要看某種現象在歷史上怎樣發生，在發展中經過了哪些主要階段，並根據它的這種發展去考察這一事物現在是怎樣的。」〔註12〕考試制度尤其是中國的考試制度，發展歷史源遠流長，一種新的考試制度在其誕生的歷史過程中，不可能以內外全新的面貌出現，毫無舊的科學成分的保留。它的發生發展，在縱的方面，有一個前後歷史承襲的問題；在橫的方面，還有政治、經濟、文化、科技、教育等方面的廣泛聯繫並受其影響的問題。因此，在研究中必須運用歷史唯物論和辯證唯物論的觀點，從考試制度及實施與各方面內部和外部的廣泛聯繫中，去探求考試發展過程的基本規律，分辨民國考試歷史發展過程中所形成的考試思想、考試制度等與政治、經濟、文化、教育以及與人的發展之間的聯繫和辯證關係。出於這一原則，本研究擬選擇文獻法、比較法、統計分析法等方法進行研究。

1、文獻法

運用此種方法，主要是對民國考試制度的有關文獻資料進行挖掘和總結，瞭解民國時期在考試制度的制定和實施方面歷史情況，瞭解前人對民國考試制度的研究情況，在前人的基礎上開展自己的研究；通過對文獻的收集、梳理和分析，發掘民國考試的優秀文化遺產，豐富我國考試制度思想和理論。

2、比較法

民國時期是中國歷史發展的一個過渡時期，考試制度在這一時期既有其因新創而愈為彰顯的特色，又包含著許多從科舉考試繼承而來的因素。而民國考試的影響，又延續至今。本研究有必要通過民國考試與科舉和當今考試制度的比較，即將不同社會時期的考試思想、考試制度、考試管理系統等進

〔註12〕《列寧選集》第4卷，人民出版社1975年版，第43頁。

行比較，找出歷史發展中考試制度的歷史繼承關係和內在規律性，找出不同社會考試制度的模式結構的異同或特點。

3、統計分析法

統計分析法是考試制度研究的重要方法，考試是一種甄別、測量人的德、學、才、識、體諸方面或某一方面差異的社會活動，統計分析是考試活動賴以驗證本身的重要方法，尤其是近現代考試在建立過程中，統計分析已成為考試中最為重要的方法之一，許多方面的制度都是以對考試實踐的量化分析為科學根據的。因此，對考試活動的分析，也離不開統計分析法。有必要指出的是，對考試的統計分析，不只是定量的對數據的統計，而是定性與定量相結合。

（二）論域界定

1、時間界定

為防止時間概念出現混亂，本研究所稱之民國時期，與通常歷史研究中「民國時期」時間概念相同，界定為 1912 年 1 月中華民國成立起，至 1949 年 9 月止。

2、空間界定

這主要涉及「中國」空間概念的界定。民國時期中國的概念同樣包括中國大陸和港、澳、臺地區。但本研究將只討論中國大陸民國政府建立的考試制度。這主要基於以下三點：第一，港、澳、臺地區考試制度的理論和實踐的發展狀況是相對獨立的，並未對大陸的考試制度和實踐產生過多少直接的影響；第二，大陸是我國的主體部分，本研究所界定的民國時期，考試制度實施主要是在大陸展開的，當時港、澳分別為英、葡殖民地，而臺灣被日本所侵佔；民國時期所形成的一些考試制度，1949 年後在臺灣地區繼續實施並多有革新，但是已非「民國時期」了；第三，民國時期中國大陸的考試嚴格講還可細分為三個區域，即民國政府舉行的「國統區」考試、根據地和解放區考試、淪陷區考試。後兩者規模小、影響不大，發展亦不成熟，並非民國考試的主體，故本研究所論限於民國政府建立的考試。

3、中國考試制度發展分期問題

本研究中，較多涉及「中國古代考試制度」、「中國近代考試制度」、「民國考試制度」、「中國當代考試制度」等概念，這些概念涉及考試史的時間分期。對此，本研究擬作以下分別：

（1）中國古代考試制度，是中國封建社會選官考試和教育考試制度等考試制度的總稱，它歷經漢代察舉、魏晉南北朝的九品中正制、隋唐至清的科舉等主要制度形態，又以科舉制度爲其主乾和代表。在中國古代考試制度中，以選官爲主要功能的科舉制度佔據著絕對的統治地位，學校考試等教育考試在其強大引力下逐漸併入其中。中國古代考試制度存在的時間範圍，是從考試產生直至科舉被廢除的 1905 年。

（2）中國近代考試制度，始於 1862 年建立的京師同文館考試，止於 1949 年。這一時期是中國古代選官考試走向衰微，新型教育考試、資本主義選官考試誕生發展時期，具有明顯的過渡性特徵。

近代考試制度與中國古代考試制度有交叉，主要因爲科舉制度並未隨 1840 年以來的社會發展而發生質的變化，科舉存在的 1300 年（自隋煬帝大業二年即公元 606 年至 1905 年），一直保持相對穩定，清末對科舉的補苴改良，並未改變其古代考試制度的性質。而新興的學堂考試等教育考試，則屬於近代教育考試。

（3）民國考試制度，始於 1912 年中華民國成立，止於 1949 年新中國成立，它是近代考試制度的一部分，也是其主體部分，主要包括民國文官考試和教育考試，民國時期是傳統考試制度向當代考試制度演變發展的重要時期。

（4）中國當代考試制度，是指 1949 年新中國成立至今的考試制度。

第一章　考試制度從傳統向現代轉型的歷史文化淵源

　　從 1840 年鴉片戰爭到 1949 年新中國成立，是中國社會動盪激變的 110 年，是中國人民進行艱苦卓絕的奮鬥的 110 年，也是中國文化由舊向新、由古向今轉換的 110 年。一定的文化，是一定的政治和經濟在觀念形態上的反映。源遠流長的中國考試文化，也與其母文化──中國文化的變革同步，由捨棄傳統始，到擺脫不了傳統終。它在近代大潮的裏挾下踟躕前行，其由補苴、改良到革廢、重建的每一步，既是新的情勢下難以「顧後」的追新求變，又飽含著對傳統的眷念回望。

第一節　科舉承載的功能及其面臨的衝擊

　　科舉制度既是人才選拔制度，也是官員銓選制度；從根本性質上講，它是中國古代的政治制度。科舉制度的形式脫胎於漢代察舉制，淵源於南北朝時期的九品中正制，始創於隋，形成於唐，完善於宋，消沉於元，復興並僵化於明、清。在晚清，它雖歷經變革，但仍於光緒三十一年（1905）廢止，在中國前後存在了約 1300 年。科舉所承載的政治功能決定了其長期存在必要性，而其對於新教育的滯礙，使其在近代化的衝擊下最終難以自保。

一、科舉制度的功能和效應

　　在中國古代漫長的高度中央集權制度的演進過程中，科舉制扮演著極為重要的角色。「科舉制度在中國歷史上承負著整合傳統社會生活，並維繫社會

內部的文化生態平衡的功能。它對傳統中國的政治、文化、思想、教育、經濟與社會生活的運行均起到樞紐與調節作用。」〔註1〕

中國是世界上最早建立比較完善的文官政治的國家。而中國封建社會的文官政治，又隨著察舉制、九品中正制和科舉制的成熟而日臻完備。文官政治在將貴族政治、武人政治趕下歷史舞臺的同時，造就了一個脫離狹隘地域、家庭利益，脫離武裝實力控制的知識分子（士紳）階層。這個階層的利益、活動，都與中央集權直接聯繫。文官政治又利用了一個與自身高度適應的社會政治思想——儒家思想，並通過文官考試使之成為知識分子的共同信仰，進而成為整個社會的導向，形成了一股統一的民族國家所必需的精神凝聚力。而把中央集權、士紳階層和儒家思想結成一體的，正是文官考試制度——科舉。

科舉在中國歷史上存在 1300 年之久，是中國歷史上各種制度中歷時最久、變化最小而影響最大的一種制度，它對我國傳統的政治、經濟、軍事、學術、文化以及社會風習等社會生活的一切方面，都產生了極其深遠的影響。隨著對科舉研究的深入，人們對科舉在整合社會資源、凝聚知識階層、促進社會流動、穩固政治統治等方面的功能均有了進一步的認識；同時也發現，科舉的影響幾乎在所有方面都是雙重性的。雖然由於研究角度不同而帶來評價的差異，但是，在以下幾個方面的認識，卻是大體趨於一致的。

（一）科舉的政治功能

在政治方面，科舉作為文官選拔制度，充分體現了「政必須教，由教及政」的傳統政治路向，構成了一項集文化、教育、政治、社會等多方面功能於一體的基本體制，被稱為支持封建官僚政治高度發展的「第二大槓杆」，對中國官僚政治產生過不可估量的歷史影響。

首先，封建政權通過科舉不斷從平民階層補充新鮮血液，吸納在知識能力上較之皇親貴族更具競爭力的優秀人材，從而有力地維護了皇權對社會的控制。

中國古代政治發展史，大體是由貴族政治、武人政治逐步走向文官政治的歷史。皇親國戚、近侍集團、武功集團、文官集團、士族門閥集團等，都從自身利益出發圍繞著選官方式進行著或明或暗、代代不絕的權力鬥爭。從

〔註1〕蕭功秦：《科舉制的廢除與二十世紀中國文化的斷層》，載《與政治浪漫主義告別》，湖北教育出版社 2001 年版，第 283 頁。

西周到明清，先後出現過世卿世祿制、養士制、察舉徵辟制、九品中正制和科舉制等不同樣式的選官制度，它們分別在不同的時期佔據著主導地位。世卿世祿造就一批批諸侯或郡王，使皇權無法安枕，平藩與篡權便成為輪迴上演的慘劇；無論是公室養士還是私門養士，雖給予平民參政的機會，但總有著結黨營私的意味；察舉則難以把握，標準多元；而九品中正制實施的後期，選官的中正官幾乎全被士族攫取，入選士人由於身登高位、累世成蔭，又成新的世家大族，嚴重削弱中央集權，不利於皇權鞏固。正是科舉制，「第一次撇開了血緣門第、出身、家世等先賦性因素，而將學問這種成就取向的因素作為官員錄用與陞遷的基本標準。」〔註2〕因它能夠打破豪門世族壟斷選官的局面，使政權真正向平民開放，不斷地吸引熟知儒家倫理之人進入核心統治階層。自唐之後，無論孤寒還是世族，若想平步青雲或是延續家族榮譽，均需經由科舉這一「正途」。所以說，科舉有力地打擊門閥貴族，並間接地維繫了皇權。誠如五代人王定保所言：「三百年來，科第之設，草澤望之起家，簪紱望之繼世。孤寒失之，其族餒矣；世祿失去，其族絕矣。」〔註3〕也正如有的學者指出那樣：「當普通文士慶幸自己擺脫了貴族政治的等級壓迫之時，皇帝也興高采烈地慶祝自己對於不夠恭順的貴族的勝利。皇權之至上是因為科舉官僚制度才得以完全實現的。」〔註4〕

「科舉的功能既維持了官僚體制固有的準則，又使得從士紳中選拔官員的做法具有合法性。」〔註5〕客觀地說，開科取士使得中小地主乃至出身寒微的士人能夠躋身到統治階層中，如同新鮮血液注入封建官僚體制的肌體之中，官僚階層由此常常吐故納新，從而保持了封建國家機器相對的活力與效率，並且在民間還存儲大量「血源」──士紳階層，進而構成了皇權在民間賴以支撐的基礎。「由科舉途徑而獲得的功名身份的終身制，使一批人沉澱下來，形成一個有穩定的制度性來源的社會群體──士紳集團」〔註6〕。在近代以前，士紳是一個具有獨特的社會地位和多種社會功能的群體，他們既是文

〔註2〕孫立平：《科舉制：一種精英再生產的機制》，載《戰略與管理》1996年第5期，第41頁。

〔註3〕《唐摭言》卷九。轉引自何懷宏：《選舉社會及其終結，秦漢至晚清歷史的一種社會學闡釋》，三聯書店1998年版，第326頁。

〔註4〕王炎平：《槐花黃，舉子忙》，東方出版社1998年版，第71頁。

〔註5〕吉爾伯特·羅茲曼主編：《中國的現代化》，江蘇人民出版社2003年版，第172頁。

〔註6〕楊立偉：《士紳的產生、衰落與消亡》，《社會學與社會調查》1991年第5期。

化知識的擁有者，又是社會政治力量的一部分，他們具有公認的政治、經濟和社會特權，有著特殊的生活方式，是政府官員的出處和歸宿，是儒家教義及綱常倫紀的衛道士、推行者和楷模。概言之，紳權和皇權之間，有相輔相成的利害關係：皇權通過紳權來統治民眾，紳權則通過皇權取得在社會上的合法性。而皇權就是通過科舉制度將它和紳權結合起來的，從而可以對社會民眾實行有效控制。作為四民之首，士紳又是「民」的代言人，是鄉里社會事務的組織者，是地方利益和家族利益的政治代表。由於科舉制度是社會下層通向上層的唯一「正途」，士紳階層也就成為上下階層之間進行轉換、溝通的中介，也構成了官民之間緩衝層。當科舉定制後，整個基層社會的控制、社區和鄉村的穩定，都是借助於士紳的力量來實現的。士紳階層的這種雙重屬性，使它在國家政權和基層社會之間承上啟下，起到維持政體和社會整合的作用，有力地鞏固了封建統治。

其次，科舉以儒家經典為考試內容，強化了官方意識形態，也促進了社會價值的高度一體化。

科舉制有力地維護和加強了皇權，但君主專制政治並不就此滿足，它還要實現思想上的絕對統一。自漢武帝「罷黜百家，獨尊儒術」後，儒學開始成為官方的意識形態。科舉產生後，為強化意識形態控制，統一社會價值觀，儒學與科舉結合愈來愈緊密。唐代明經科以經義取士，考試內容為儒家經典。唐太宗令孔穎達撰《五經正義》，以作為學校教學和科考依據。由於唐代明經科的錄取人數是進士科的四倍以上，所以能夠吸引更多的讀經應考者。宋代科考尤重儒家經義的闡發，尤以王安石所撰《三經新義》為代表。元代開始以「四書」、「五經」為科考內容，並以程朱理學為解經標準。此亦為明清所沿襲，並開始以八股取士。這種統一、規範的考試形式、內容和標準，不僅選拔出來的是同一類型和規格的人才，而且使得天下士人在功名利祿的吸引下，也必須以之來衡量和要求自己、塑造自己，經年累月，潛移默化，科舉考試的內容亦即官方意識形態，就在不知不覺中內化為所有士子的觀念形態，由此成功禁錮了所有士人的思想與思維。在這一過程中，由於科舉造成了在士紳、官僚與地主這些社會精英之間相對頻繁的社會流動，就使儒家價值規範，得到更為廣泛的傳播與認同。於是，中國也就成為儒家文化的一統天下。此種情勢之下，思想箝制、人身控制和利祿誘使，終於使「士志於道」的精神淪落，使大多曾以「道」自任、對君主政治權勢有一定制衡作用的「士」，

不得不仰仗和匍匐在帝王的政治權勢下，早已不知「道」之何存了。誠如方苞所言：「儒之途通而其道亡矣！」〔註7〕在沒有自由思考和人權保障的社會文化中，皇權達到極至，固然可以使政治安穩，但這種安穩卻是萬馬齊喑的安穩，是使國家和社會喪失活力的安穩。

（二）科舉的經濟功能

在社會流動和經濟方面，科舉構成了社會稀缺資源的一種分配機制，有利於士人經濟利益的調整與重新分配。

科舉制下，士人被列為特殊社會階層，佔據著特殊的社會地位，從而享有特殊的利益。從物質上講，明清兩代士子一朝進學為生員，國家便給他們特殊身份，免其差徭，地方官以禮相待，非黜革不受刑責。廩生並得食廩，貧寒者給學租膏火贍養。生員拔貢或中舉，即可以正途人仕。若會試中式，成進士，點翰林，尤為榮顯。除了這些法定的政治特權、經濟利益外，士紳還可獲取某些隱性的經濟利益。士紳可以憑藉自己的地位身份，保護自己的家產不受官府侵犯，並且在皇權和紳權的結合過程中，通過承辦各種差役，如賑災、丈量田畝、管理廟宇、承辦各項公益活動等，將政府中的某些稅收據為已有，有的還可以控制同姓家族土地所有者的賦稅徵收，有的甚至與行政官員勾結朋比分肥。封建統治者就是通過科舉把給予官僚的種種特權賦予科舉考試中的佼佼者，從而賦予科舉制度這種利益分配的功能。

科舉的利益分配之巧妙，更在於它還不斷調整既得利益者和其他社會成員的利益分配，使中國社會的內部稀缺資源（財富、地位、權力與名望等），在分配過程中保持著相對頻繁的流動。所謂「君子之澤，五世而斬」，似可說明自唐以來由於科舉考試的制度化，在中國社會裏，很少能看到其他文明社會裏存在的數百年乃至數十代延綿不絕的世家貴族。有學者統計，宋代一半以上的進士，前三代沒有人任過官；明代二千多名進士與二萬多名舉人的家世資料表明，明清兩代有43%的士紳出身於貧寒家庭。〔註8〕由於科舉具有社會開放性，它最大限度地吸納了讀書人進入這種分配機制，而功名和官職又無法世襲，所以下一代人要享榮華不變，必須重新搏取，這樣又必須回到科

〔註7〕方苞：《書〈漢書·儒林傳〉後》。轉引自王炳照、徐勇主編：《中國科舉制度研究》，河北人民出版社2002年版，第102頁。
〔註8〕蕭功秦：《與政治浪漫主義告別》，湖北教育出版社2001年版，第284頁。

舉機制中。所謂「書中自有黃金屋」「書中自有千鍾粟」，也就成爲社會共識。若「男兒欲逐平生志」，則必須「六經勤向窗前讀」。

　　科舉制從形式上看，是一種在全民範圍內培養士人和選拔官吏的制度。它的開放性和一定程度上具有的相對平等的競爭性，爲社會流動提供了一條有效的途徑。「朝爲田舍郎，暮登天子堂」，雖是科舉的廣告詞，但亦因其理論上的可能性和實例效應而頗具說服力。因此，「從唐至清，科舉制度一直是促進社會下層士人向上層流動，導致社會結構變動的重要因素。」〔註9〕「中國在西漢時期就已形成了一種上下流動的社會結構，但還不很穩固，而到了唐宋以後，這種流動的社會結構就已經是相當穩固定型，幾乎無可回返了。」〔註10〕起著讓社會流動機制「穩固定型」作用的，就是科舉制度。〔註11〕在這種社會流動中，交通、旅店、餐飲等服務性行業也因之繁榮。這可以從歷代趕考盛況的文字記載中得到印證。加之備考書籍的印刷，文具紙張的售賣、統一製卷的工本等，也在一定程度上刺激了社會經濟。

（三）科舉的文化教育功能

　　在教育文化方面，科舉養成了民間重學、政治重教的傳統，培養了讀書至上、學優則仕的觀念，促進了中國文化的普及，具有強烈的文化統制功能。

　　「學而優則仕」，是儒家倡導的理想。雖自漢代獨尊儒術後便多有嘗試，但只有科舉才從制度上予以詮釋和保障，使之真正獲得現實的生命力。當科舉昭示出「子不讀書，官從何來」的道理後，整個社會興學重教的風氣便自然形成並長盛不衰。「學則庶人之子爲公卿，不學則公卿之子爲庶人」。於是，中國社會上上下下都篤信教育，尊崇讀書。鄧嗣禹曾詳述科舉之下中國兒童的讀書之勤：「啓蒙以後，家資雖貧，必茹苦含辛，送子學成；天資雖魯，父師必嚴屬撻責，諄諄告誡，俾成可造之材。貧苦子弟，類皆廉謹自勉，埋首

〔註9〕謝俊美：《政治制度與近代中國》（增補本），上海人民出版社2000年版，第269頁。

〔註10〕何懷宏：《選舉社會的終結——秦漢至晚清歷史的一種社會學闡釋》，三聯書店1998年版，第139頁。

〔註11〕關於科舉對社會流動的作用，中外許多學者作出了較爲深入的研究，如張仲禮的《中國紳士》（上海社會科學院出版社，1991年），〔美〕賈志楊《宋代科舉》（臺灣東大圖書股份有限公司，1995年），〔美〕柯睿格（Kracke）的《中國考試制度裏的區域、家族與個人》（載《中國思想與制度論集》，臺北，聯經出版事業公司1976年版），潘光旦、費孝通的《科舉與社會流動》（載《費孝通文集》第5卷，群合出版社1999年版）等。

窗下，冀求一第。即紈袴子弟，亦知苦讀，以獲科第，否則雖富不榮。倘肄業之時，一曝十寒，遇大比之年，名落孫山，則不拘富貧，皆垂頭喪氣，無面見人。非若現今學校，畢業與否，不甚緊要也。因此之故，前清時代，無分冬夏，幾於書聲遍野，夜靜三更，鑽研製義。是皆科舉鼓勵之功，有甚於今日十萬督學之力也！」〔註12〕

在科舉無形的督學之下，參考大軍數量龐大。但國家開科取士名額有限，應試士紳中除少數能夠入仕從政外，絕大部分只能留居鄉里，設館授徒，成為文化的傳播者，發揮著文化普及的作用。

然而，科舉固然起到了興學重教的作用，但由於它壟斷了學校教育，通過控制考試內容來控制教育內容，從而使教育的目的發生轉向，走向「儲才以應科目」的偏狹之途，學校教育由此從屬並服務於科舉，科舉便成為整個教育制度的重心。劉海峰論及教育與科舉的關係時認為，科舉對文化教育的功能體現是多方面的、複雜的：「它既養成了民間重學和政府重教的傳統，也養成了學優則仕和讀書至上的觀念；既有只重才學成績不重德行的缺乏，又形成了在分數面前人人平等的公平觀念；它既使教育變成了應試教育，又促使廣大士人文化素質的普遍提高；它促進了學校在數量上的發展，又使學校淪為考試的預備機構；它促進了教育的普及和教育機會的下移，也阻礙了學術的發展和教育的進步」。〔註13〕

從教育經濟學角度看，科舉推進教育普及，達到費省效宏之結果。科舉之前，文化知識的傳播範圍，往往局限在少數具有貴族血統或較高官階的階層中；科舉制下，社會形成了強大的獲取文化知識的利益激勵機制，凡社會成員要想「入仕」，必須「學優」，必須以社會主流知識文化的積聚為基礎。社會文化教育覆蓋面由此達到前所未有的廣度。然而，國家卻不必為實現文化教育的這種相對普及支出巨額的教育經費。正如一位清末人士所指出：「科舉辦法，士子自少至壯，一切學費，皆量力自為。亦無一定成格。各官所經營，僅書院數十區，（費用）率多地方自籌，少而易集，集即可以持久，無勞歲歲經營。」〔註14〕

〔註12〕鄧嗣禹：《中國考試制度史》，（南京）考選委員會1936年印行，第398頁，轉引自劉海峰《科舉考試的教育視角》，湖北教育出版社1996年版，第252頁。

〔註13〕劉海峰：《科舉考試的教育視角》，湖北教育出版社1996年版，第5～6頁。

〔註14〕黃運藩：《請變通學務造呈》，《清末籌備立憲檔案史料》，下冊，中華書局1979年版，第982頁。

（四）科舉的軍事功能

在軍事方面，科舉中的武舉在促使人們鑽研兵書、選拔軍事人才、傳承軍事文化方面也起過一定的作用。

從武則天長安二年（702年）始設「武舉」始，至1901年武舉被廢，武科舉在中國存在約1200年，它遠未受到文科舉所受到的重視，但仍與中國封建社會後半期的軍事制度和軍事教育密切相關。首先，武舉使武官選拔制度變得規範化、系統化和標準化。科舉前，中下級武職官員的選取、任用，除蔭襲、恩賜、捐納等渠道外，大多是從基層士兵和軍官中逐級提拔上來的，即「行伍」出身。無論自薦或他人推薦，均缺乏固定制度可循。武舉定制後，與文舉一樣列為常科，定時舉行，定量選拔武學人才，考試內容、標準、步驟也都建立了標準化和客觀化的系統，使軍事官員選拔制度得以規範。其次，武舉推進了軍事教育。武學始設於北宋，其後長期廢弛。明代復設，並與科舉中的武科配套；清代的各種旗學，均具有武學性質，且與武科緊密結合。此後，參加武舉也由學校始，武舉與武學教育合流。參加武舉，也要考「文化課」，內容主要是「四書五經」加上「武學七經」等典籍。若家塾自學，則要求有武官身份者呈保，加上考生聯保；若參加了武學進修，則經過院試可以直接入考。武舉與武學教育合流，使習武、讀書、應試、做武官聯繫成一體。武科成為常科後，源自全國各地的武進士，授官後又被派往各軍事重鎮，使一些有志於開化邊陲的武將能將文治、武功作為任職期間的事業，從而促進了各地區的軍事文化交流，並對普及武學經典文化教育，弘揚傳統軍事文化發揮了重要作用。

然而，武舉帶有其天生的缺陷。即一次考試難以判定一個武士的全面能力。且不說射箭、舞刀、掇石這些較力和較藝的項目在考試時多有偶然性，即便是「武經七書」背得滾瓜爛熟，也不能說明其有帶兵作戰和整頓軍營的能力。清康熙戊辰科武狀元王應統，在康熙四十二年（1703年）皇帝巡視他統領的河南懷慶軍營時，就因武備荒疏、營風不整被解京論罪，後被處死。〔註15〕這位武狀元出身的總兵，其獲官和送命，都反映出武舉的自身弊端。

自身存弊的武舉，在僅僅被統治者用作維護統治的工具時，有時會呈現出愚昧和乖謬的一面。清乾隆三十五年（1770），山東兗州王倫起義，清廷兵將最後憑藉火器優勢才將起義鎮壓下去。乾隆帝卻就此悟出另一番道理，他

〔註15〕王鴻鵬等編著：《中國歷代武狀元》，解放軍出版社2002年版，第285頁。

下諭說:「鳥槍雖係制勝要器,而民間斷不宜演習。山東王倫之變,幸群賊不諳放槍,易於剿滅,此顯而易見者。」因此之故,此後便因為懼怕平民掌握火器,寧肯讓武科出身的生員面對火器束手無策,也不肯將火器列入武舉考試範圍〔註16〕。即便武舉在面對西方堅船利炮入侵時,考試內容還是一成不變,仍是馬步箭弓刀石。並且由於承平日久,武官位少人多,有些武舉人、武進士甚至終老不得補官,便漸成社會上的流閒階層,「蓋名雖為士,實則游民」,甚至滋事鄉里。光緒二十七年(1901),張之洞在《變通政治人才籌議摺》中提出「停罷武舉」的主張,他尖銳指出:「凡武生武舉武進士之流,不過恃符豪霸,健訟佐鬥,抗官擾民。既於國家無益,實於治理有害,此海內人人能言之。」〔註17〕隨即清政府以頒發「上諭」的形式,宣佈停罷武舉。

綜上所述,科舉制度在政治、經濟、軍事、文化、教育等各個方面,均對中國傳統社會產生了重大影響。它是中國「支持官僚政治高度發展的第二大槓杆」,為封建皇權中央集權制度固本強基。它不斷輸送精英進入官僚隊伍,維持了中國傳統社會的運行。它作為一種特殊的社會整合和社會凝聚機制,促進了社會流動,造就並形成中華民族特定的政治文化心理與價值觀。它使傳統中國社會重視儒家知識、興學重教蔚然成風。以科舉為核心的教育制度和精英選拔制度,既是維繫社會精英與政治精英相互依存關係的紐帶,也是維繫社會各階層對君主、儒家意識形態和國家權威效忠的基礎。正是在這個意義上,科舉制度被有的學者稱為「傳統中國的社會和政治動力的樞紐。」〔註18〕

二、科舉面臨的危機

如前所述,科舉對中國傳統社會的影響,幾乎在所有方面都是雙重性的:既有積極的一面,也有消極的一面。然而,科舉的這種雙重性是如何造成的?其實,這種雙重性與其說是科舉本身的,不如說是君主專制政治造成的。隨著君主專制政治的發展,以及中國面臨內部、外部環境的變化,科舉制的消極面得以更多地顯現,所面臨的危機也日益深重。

〔註16〕 王鴻鵬等編著:《中國歷代武狀元》,解放軍出版社2002年版,第27頁。
〔註17〕 張之洞:《張文襄公全集》奏稿卷三二,《變通政治人才籌議摺》。載《中國考試史文獻集成》第六卷(清),高等教育出版社2003年7月版,第618頁。
〔註18〕 〔美〕吉爾伯特·羅茲曼主編:《中國的現代化》,江蘇人民出版社2003年版,第229頁。

（一）君主集權政治對科舉的肆意擠壓

以科舉制度的建立爲界標，可將秦漢以來的專制政治劃分爲兩個不同的階段。隋唐以前，其主要特點是權力由地方官向中央朝廷集中；隋唐以後，其主要特點，則是中央朝廷的權力向皇帝本人手裏集中。前者是中央集權，後者是君主集權。中國封建社會實現由中央集取向君主集權的轉變，自有其歷史與社會變化的種種條件。這其中，科舉制的作用也是不可小視的。正是科舉制度造成了知識階層的官僚化，改變了知識階層政治地位不確定的尷尬處境；但同時，也改變了知識階層在政治結構中原有的地位，徹底逆轉了「道」尊於「勢」的政治格局，削弱乃至泯滅了知識階層的自由人格和批判精神。隨著科舉的一步步發展，其對知識階層的吸納作用愈爲強大，知識階層通過科舉成爲統治集團的正式成員後，不僅喪失了對政治進行監督的權力，而且喪失了與專制君主平等對話的資格。這就爲專制君主掃清了樹立自己絕對權威的最後一個障礙。〔註19〕喪失了制衡的政治，由此開始走向極端。事實上，隋唐及以後的統治者君臨天下之時，已經可以隨心所欲地直接對廣大的被統治者發號施令了。

當然，唐宋時期的專制政權還處於朝氣蓬勃的上升狀態，它所具有的政治活力、創造性也使得科舉制度生氣勃勃，可以不斷自我完善。而科舉的活力和精神，又促進了政治、經濟、社會、文化的繁榮穩定。不過，專制統治者一直沒有忘記科舉是他們打擊世族豪門、網絡人才、籠絡人心的有力工具，爲此，皇權在科舉管理上用心極工。如唐初科舉仍由世族佔據優勢，因爲他們在文化上佔有有利地位，李唐皇帝於是開始重視進士科，增加進士科錄取數額，堅持詩賦取士，因爲「詩賦文學更與個人才華有關，並不像經義尤需要對古典文化知識的積累、研習和傳承，這就對寒族有利，加快了寒族地位的提升。」〔註20〕而唐太宗發出「天下英雄盡入吾彀中矣」的感歎時，似乎

〔註19〕 中國封建社會前期知識階層在其政治地位沒有確定之前，應該說是擁有一定的與君主對話權的。正是因爲未被納入統治集團，其還能在某種程度上作爲統治者的異己力量，監督政府溝通平民。春秋時政治領域尤其是君臣關係中形形色色的「君臣抗禮」理論，以及士人堅持「道不同，不相爲謀」的自主局面；秦漢時期因「焚書坑儒」而導致的統治者與知識階層之間的對峙，魏晉時期君主對「士大夫固非天子所命」的認可等等現象，當可證之。而隋唐科舉出現並確立後，整個知識階層都被「招安」，上述現象已不復現。

〔註20〕 王炳照、徐勇主編：《中國科舉制度研究》，河北人民出版社2002年版，第110頁。

不只是網絡英雄後的興奮，亦頗有蕩清敵手、天下握於股掌後的得意。這種意得志滿，隨著君主專制的發展，對科舉的操控也到了隨心所欲的地步。當君主集權政治在明清登峰造極之時，其僵化腐朽也使科舉制度病入膏肓，無可挽救。於是，科舉作為政治制度所蘊含的公平競爭等理念趨於式微，其為君主收買人才、籠絡人心的工具性更加凸顯。八股取士，固然可以使考試標準化，但也導致了考試的僵化。對此，其實專制君主和主要僚屬是心知肚明的。在清乾隆年間的科舉存廢之爭中，力主不廢科舉的大臣鄂爾泰所說的意思再明確不過：「非不知八股為無用，而牢籠英才，驅策志士，其術莫善於此。」〔註21〕英睿過人的乾隆帝，也同樣難以超越自己作為專制君主的角色意識，堅決不肯讓「制勝要器」的火器進入武科舉考察內容。這說明他和他代表的專制政權想「牢籠」的，不過是一些手無縛雞之力、俯首貼耳聽命於主子的奴才型「英雄」而已。

因此，科舉所表現出的種種缺失，如考試內容不當，八股制藝的僵化無用等，封建專制統治者並不是認識不到，而是知之而不改，這當然出於政治控制的目的。歸根結蒂，科舉雖然有公開選拔、競爭擇優等現代因素蘊含其中，代表著人類先進的文化取向，但它終歸置根於中國長期的封建專制統治土壤中，其現代性因素雖歷千年也得不到進一步擴張和弘揚，因而只能在專制集權政治面臨在近代化的強烈挑戰之時，作為犧牲品而先行夭亡。

（二）科舉面臨的制度性衝突——官本位導向與舉額的巨大落差

科舉產生巨大政治效應的重要原理，在於它以政權開放為標的，吸引天下士人提高身價，投標中的，統治階級通過這個高度競爭的考試活動，也可以實現自身的再造。「學成文武藝，貨與帝王家」，任何人只要通過縣試就享有免受刑杖之苦的法律特權和社會地位，通過省試、鄉試後就具備了做官的資格。而做官不僅意味著社會地位的提升，還會帶來金銀錢財、車馬美色。為了吸引讀書人「入吾彀中」，皇帝也親做「勸學詩」誘書生參考。讀書做官的好處還貫穿於種種動人的故事和戲劇之中，以致成為全社會嚮往的目標。於是「官本位」意識長期植根於中國人的民族文化心理之中。

但是，以自由報考和公平競爭為前提的科舉考試，隨著專制統治者的「廣泛號召」和人口總量的不斷增加而報考者日眾，又面臨著人滿為患的壓力。

〔註21〕《滿清稗史》第 37 節。轉引自劉海峰、李兵著：《中國科舉史》，中國出版集團東方出版中心 2004 年版，第 403 頁。

考試趨於惡性競爭，並出現嚴重的地域差異，公平與效率的矛盾異常尖銳。何懷宏將這種現象稱之爲「人累科舉」，他說：「從理論上說，參加科舉考試的人越多越好，面越廣越好，如此從國家的角度，才越有可能是選拔到最好、最優秀的人才，而從社會的角度也是與試者越多，機會越廣大，才越有可能使『野無遺賢』，使個人能『物盡其用、人盡其才』。但是，一個國家、尤其一個像中國那樣古典形態的『國家』所需的官員又非常之少，這樣，在門裏與門外，入口與出口之間就始終存在著一種緊張，選舉制度就要承受越來越多的報考者的壓力。」〔註22〕不僅報考壓力大，錄取比例低（據何懷宏統計，除兩宋時期錄取進士在總人口中比重達到十萬分之 489 人和 647 人，唐、元、明、清同口徑比重只分別有 53 人、28 人，55 人和 31 人。〔註23〕），錄取後入仕之途也十分擁擠。何剛德描述說：「逐漸擁擠，外省知縣，非一二十年，不能補缺，教職亦然。光緒以來，其擁擠更不可問，即如進士分發知縣。名曰『即用』，亦非一二十年，不能補缺，故時人有以『即用』改爲『積用』之謔，因縣缺只有一千九百，而歷科所積之人才十倍於此，其勢固不能不窮也。」〔註24〕

科舉參考者增多，也使考生素質的泥沙俱下。人多加大了遴選人才的難度，而才低品卑考生的混入及其再爲考官的輾轉往復，更趨於把科舉拖入困境。〔註25〕

（三）社會情勢的夾擊

鴉片戰爭後，中國社會被迫開始其艱難的近代化過程。科舉的運行環境發生了很大變化，科舉及其產生的士紳階層，開始遊走在新與舊、中與西激蕩交融的社會情勢之中，地位日趨困窘和尷尬。

晚清時出現了「數千年未見之大變局」。以 1840 年鴉片戰爭爲開端的數次列強侵略和戰爭賠款，以太平天國爲最烈的數次大規模內亂，使清帝國走入了內外交困的夾縫之中，危機頻發。這些內外夾迫使清庭不得不向現代國

〔註22〕何懷宏：《選舉社會的終結——秦漢至晚清歷史的一種社會學闡釋》，三聯書店 1998 年版，第 345 頁。

〔註23〕何懷宏：《選舉社會的終結——秦漢至晚清歷史的一種社會學闡釋》，三聯書店 1998 年版，第 349 頁。

〔註24〕何剛德：《客座偶談》卷二，上海古籍出版社 1983 年版，第 1～2 頁。

〔註25〕參見何懷宏：《選舉社會的終結——秦漢到晚清歷史一種社會學闡釋》，之「人之質累」，三聯書店 1998 年版，第 356～360 頁。

家轉型，而由此作出的練新軍、購軍器等努力，又使原本已嚴重困難的國家財政危機更爲加劇，綿延數千年的封建帝國元氣受到嚴重的斫傷。加之人口壓力的增大，官場腐敗的加劇，使老邁的中華帝國勉力做出的適應新形勢的調整，始終難如人意。

而在 20 世紀即將來臨的十餘年中，傳統中國在社會結構層面開始發生深刻的、不可逆轉的變化。雖然通過科舉取得功名的傳統士紳官吏仍然佔據著社會中堅地位，但由太平天國等戰亂及訓練新軍而催生並加強的新的軍人勢力已開始上昇，商人、企業家、買辦階層、新知識階層等也開始形成，在社會地位結構上頭角初露；新式教育和學校在探索中發展，並源源不斷地輸出新知識階層的後備力量。而廣大農村，人口雖因戰亂劇減，但「同光之世」迅速恢復並居高不下，流民越來越多，無業階層人數大量增加，鄉村士紳的權威和影響力都趨下降，傳統的「四民社會」，越來越走到瀕臨解體的邊緣。山西太原縣舉人劉大鵬在其所著《退想齋日記》中，詳細記錄過科舉廢除前後 20 餘年的情況。他說：「當此之時，四民失業者多。士爲四民之首，現在窮困者十之七八。故凡聰慧子弟悉爲商賈，不令讀書。古今來讀書爲人生第一要務，乃視爲畏途，人情風俗，不知遷流伊與胡底耳！」羅志田在研究這一階段士與四民社會的情狀時說：「科舉廢除之前，四民社會的維持已較困難」，「一兩千年來傳統社會從耕讀到政教的路已不太走得通，而且爲越來越多的人所不取。這一社會變遷的影響是巨大的，它必然導致四民社會的難以爲繼。」〔註26〕

與此種社會變遷相應出現的是，許多科舉選拔的士人已多是有士之名而無士之實，人格卑下，精神頹廢，根本起不到「四民」之首的表率作用。對此，王韜、鄭觀應等晚清力主改革科舉的思想家，均作出了痛心疾首的指斥。〔註27〕蒲松齡等作家也在其作品中反覆描繪了士人的醜態。沉浸在科場中的士人，已被異化爲人格廉恥俱蕩然無存的考試機器；他們在國家危亡之時照舊興高采烈，依然應試如故，難怪鍾毓龍深有感觸地指出：「士子之無行一至於此，宜乎科舉之必廢矣。」〔註28〕

〔註26〕羅志田：《科舉制的廢除與四民社會的解體》，載《權勢轉移：近代中國的思想、社會與學術》，湖北人民出版社 1999 年版，第 169 頁。

〔註27〕參見王韜《弢園文錄外編》，中華書局 1959 年版；《鄭觀應集》，上海人民出版社 1987 年版。

〔註28〕鍾毓龍：《科場回憶錄》，全國政協文史資料委員會編：《文史資料選輯》（第94 輯），文史資料出版社 1985 年版，第 157 頁。

第二節　科舉自身的僵化

　　分析科舉在近代陷入困境的原因，它自身所屬政治系統的內外環境的腐朽，當然是主要原因。但是，科舉走向衰亡，其實也有這項考試制度管理運作中自身因素的原因。它表現在考試科目的單一、考試標準的死板、考試內容的偏狹、考試目的與方法的背反、考試風氣的敗壞等諸多方面。它反映了考試制度與社會環境的關係，帶有普遍性意義。因此，我們還需要通過對科舉晚期自身的制度分析，來尋求其何以難逃被廢除命運的另一種解釋。

一、考試科目：由多樣到單一

　　一般認為，隋煬帝大業年間創立進士科，標誌著科舉制度的正式創立。在此之後歷代均實行科舉考試，但所設置的考試科目卻不盡相同。科舉初設時的隋唐，科目多而繁複；進入「整理期」的宋代時，則不斷調整變化，進士科成為標準科目；到元、明、清時期，科目設置則逐漸規範、簡明，雖在晚清有所變更，卻已走向單一。歷代科舉科目設置，大致如下表所示（表 1-1）：

表 1-1　歷代科舉科目設置簡表

朝代	科目與內容				附注
	常　科	考試內容	制　科	說　明	
隋	進士	煬帝大業年間始設，為科舉起始	孝悌有聞、德行敦厚、學業優敏等十科	煬帝大業年間詔舉	
唐	秀才	試方略策五道	賢良方正能直言極諫、博壇通典達於教化等。名目多達百種	係由皇帝特詔舉行的特種考試。舉無常科，每科所取之人亦少。唐設制科為歷代之最。大體可分為文辭、經術、治道、諫諍、軍事、長才、拔取遺才和激勵風俗八類	
	明經	試帖經、口試、答策三場。又細分為明五經、三經、二經等科。			
	進士	唐初試時務策五道；永隆二年（681）後，加試帖經、雜文。			
	明法	初僅試律、令策；永隆二年（681）後加試帖。			
	明書	帖試、口試、策試。內容以文字學為主，兼及書法			

	明算	試唐算學中教材「算經十書」，用以選拔數學專才		
	道舉	唐玄宗設，又稱「明四子科」。試《道德經》（《老子》）		
	武舉	武周長安二年（702）設。試長垛（箭法）、馬射（騎射）、馬槍、負重等。		
宋	進士（後分爲詞賦進士和經義進士）	試詩、賦、論各一道，策五道，帖《論語》十帖，對答《春秋》或《禮記》墨義十條	賢良方正能直言極諫、博通墳典明於教化、才識兼茂明於體用、書判拔萃、高蹈丘園、沿淪草澤、茂材異等	制科爲宋之「大科」，太祖乾德二年（964）設三科；眞宗時增爲六科；仁宗天聖七年（1029）再增十科。王安石改科舉時曾停罷，後幾經停罷，南宋高宗恢復	
	九經	帖書一百二十帖，對答墨義六十條			
	五經	帖書八十帖，對答墨義五十條			
	三禮	對答墨義九十條			
	三傳	對答墨義一百一十條			
	武舉	試弓馬武藝，兼及程文策問			武舉試文自宋始，並創「武學」入考試內容
	開元禮	對答墨義三百條	經明行修、八行等	宋之特例考試科目。主德行而略藝文，其意在勉勵天下，敦士行，以示不專取文學之意	此類科目缺乏取士客觀標準，略實藝而追古制，應者無多，終難爲繼
	三史	同上			
	學究（學究一經）	《毛詩》對答墨義五十條。《論語》十條。《爾雅》、《孝經》共十條。《周易》二十五條。《尚書》二十五條。由應考者選其專攻之一經作答，故稱爲「學究一經」。			
	明法	對答律令四十條。兼經並用《毛詩》之制			

金	詞賦進士	試賦、詩、策各一道。詞賦進士題注本傳，不得過五十字	賢良方正，能直言極諫、博學宏材、達於從政等	金自明昌元年始，以制科選人。先投所業策論三十道於學士院，選詞理優者，再從群經子史內出題，一日試論三道。如合格，最後廷試策一道，不拘常務，取無不通貫者優等遷擢。明昌元年設，取起草詔令人才。試詔、誥、章、表、露布、檄書，皆用四六；誡、諭、頌、箴、銘、序、記，則或依古今體，或參用四六	金亦設武舉科。試弓箭、槍法，並問律一條，問兵書十條通五條以上
	經義進士	試所治一經義、策論各一道。經義進士御試第二場，試論日添試策一道。後曾增口試			
	策論進士（女眞進士）	初試策一道，以五百字以上成。（女眞人）免鄉試、府試，只赴會試、御試。因為女眞人而設，又稱女眞進士。大定二十年定制，以策、詩試三場，策用女眞大字，詩用小字，程試之期皆依漢進士例。大定二十九年，章宗許諸色人試此科以擴大生源	博學宏詞科		
	律科	以律令為內容出題，府試十五題。大定二十二年定制，會試每場十五題，三場共通三十六條以上，文理優、擬斷當、用字切者，為中選			
	經童	府試十五題通十三以上，會試每場十五題，三場共通四十一以上，為中選			
元	德行明經	以經義知識為主，包括古賦、詔、誥或四六體章、表及時務策等。實為將宋金元經義進士、詞賦進士和策論進士三者合而為一科。科舉自此進入以朱注儒家經典為主要考試內容時代	高尚元士晦迹丘園	元仁宗延祐元年設，求特殊人才	元以經義取士，科目極簡明。分兩榜取士：以蒙古、色目人為一榜，漢人、南人為一榜。考試內容、場次和錄取名額均不相同。有元一代（1271～1368 年）僅開科考試 16 次，取進士 1139 名
	童子科	默誦經文、書寫大字、抄錄辭章、講說經史			

	醫學科	試兩場。第一場試醫學經書一道，治法（醫案）一道；第二場試醫學經書一道，藥性一道			
明	進士	鄉試初場：試四書義三道，經義四道。第二場：試論一，判五，詔、誥、章、表內選一。第三場：試經、史、策五會試亦分三場，內容與程序與鄉試基本相同殿試試時務策一道，限千字以上			明科舉僅進士一科（分文、武），科目單一。並始用八股文取士
	武舉	鄉、會試均分三場：初場試騎射，二場考步射，三場試策二道、論一道			明武舉考試內容分軍事知識、理論和武藝兩大項，難度較前朝加大；自明憲宗成化十四年（1478）後，設鄉、會試兩級，顯逐層選拔之程序；明嘉靖二十二年（1543）始，錄取名額劃區分配
清	進士	鄉試分三場：前場考時文（八股文）七篇，其中「四書」三題，「五經」每經四題，選所習一種考之；第二場考論一篇，題用孝經。判五道，詔、誥、表擇做一道。第三場考經、史、時務策五道會試亦分三場：第一場考「四書」三題，題號「欽命」試題。其他同「鄉試」項目。第二場、三場項目同鄉試。會試後復試一場，考八	博學鴻詞科 經濟特科	康熙十八年（1679）、乾隆元年（1736）兩次舉行。光緒二十七年下詔，二十九年（1903）始開考	

清		股經文，分出一、二、三等 殿試用時務第一道。題長至數百字			
	武舉	沿明制，分鄉、會試，均分內外三場，頭二場試馬箭、步箭和弓、刀、石。三場為內場，試《武經》論一篇，策一道 殿試，內容與鄉會試同			
	翻譯科	清設專供八旗士子考試科目，亦分縣、鄉、會試（無殿試）。含滿州翻譯與蒙古翻譯兩種。滿州翻譯以滿文譯漢文或以滿文作論；蒙古翻譯以蒙文譯滿文而不譯漢文			

資料來源：

1. 《中國考試史文獻集成》第二卷（隋唐）、第三卷（宋）、第四卷（遼金元）、第五卷（明）、第六卷（清），楊學為總主編，高等教育出版社 2003 年版。
2. 《中國科舉史》，劉海峰、李兵著，東方出版中心 2004 年版。
3. 《中國考試制度史》，謝青、湯德用主編，黃山書社 1995 年版。

　　唐代科舉，不僅存在「行卷」和「溫卷」、「公薦」和「通榜」這樣一些以譽望取人的做法，而且取士的科目繁多。《新唐書》載：「其科之目，有秀才，有明經，有俊士，有進士，有明法，有明字，有明算，有一史，有三史，有開元禮，有道舉，有童子。而明經之別，有五經，有三經，有二經，有學究一經，有三禮，有三傳，有史科。此歲舉之常選也。」〔註29〕這僅為常科。此外的制科，名目更加繁多甚至怪異。這種由皇帝特別發詔以待非常之才的制舉，共達 80 餘種；一些科目，甚至專為特定之人開設，充分體現出科舉制初創之時「分科舉人」的特徵，顯示出這一新創制度的勃勃生機。

　　當然，某些科目之設，並未受到士子一視同仁的看待。尺有長短，人有不同，追求公平又特想一較長短的人們，更看重能夠反映應試者多方面才能

〔註29〕《新唐書》卷四十四《選舉志》。

的進士科。科目本無高下，但追求卻已慢慢出現傾斜，以至於士類趨於進士一科，出現「三十老明經，五十少進士」〔註30〕之說，《封氏聞見記》說：「制科出身，名望雖高，猶居進士之下。」

此種情形，隨朝代更迭而發展。到了宋代，經過一次次歸併，科目已相當集中，主要分爲詩賦進士和經義進士。宮崎市定研究的結論說：「宋代科舉在經歷了多次變遷之後，奠定了詩賦、經義、策論三科目制度，成了後世的定法。這三個科目包括了所有中國古典中的教育內容，從而導致了科舉爲進士所包辦，應試者都走向進士一途。」〔註31〕宋代制科已極少舉行，元、明兩代基本停廢。而常科中的詩賦、經義科目，到元代則歸併減省爲經義一科。明清兩代又沿用元代之法。初創之時科目眾多的科舉，終於失去了它「分科取士」的本義，發展到只有一個單一尺度的進士科。這是科舉自身僵化的表現之一。

二、考試標準：從「衡人」到「衡文」

科舉設立的目的，毫無疑問是爲再造官吏隊伍，即爲統治階層選擇新鮮血液。但科舉的發展，卻使其選擇的標準從「選人」演變爲「選文」，考試標準發生了質的變異。

作爲選拔統治集團法定成員的考試，科舉的標準不外兩個方面，一是政治道德標準，二是行政業務標準，此即通常所言「德」與「才」的標準。「德」的標準，要求錄用對象忠於現有政治統治和意識形態，對於中國專制君主來說，所謂「治具之德」的第一要義是順從；「才」的標準，在於錄用對象是否具備完成其政治職責所需要的知識與才能。然而，「才」的標準十分模糊。「科舉制度解決的僅僅是官員的來源問題，而選拔出來的官員並沒有（現代公務員制度中的）政治角色和行政角色之間的區分。」〔註32〕

在「德」與「才」兩方面標準的關係上，也有一個演化的過程。科舉之前的社會選才標準有原始社會時期的德、才融爲一體的一元型選才標準觀，和封建社會早期重德輕才型的選才標準觀。進入科舉時代，唐代分科「衡人」之意尚在，實行的是分類統一型德才標準觀；至宋代始，科目逐漸歸併，德

〔註30〕王定保：《唐摭言》卷一，《散序進士》。轉引自王道成：《科舉史話》，中華書局1988年版，第5頁。

〔註31〕宮崎市定：《科舉》，第32頁。轉引自王炳照、徐勇：《科舉制度對公平的追求及其對自身的戕害》，載《科舉制與科舉學國際學術研討會論文集》，廈門大學2005年9月自刊。

〔註32〕任爽、石慶環：《科舉制度與公務員制度》，商務印書館2001年版，第129頁。

才關係有了十分明確的界定：「才者，德之資也；德者，才之帥也。」〔註33〕此為「以德帥才」的標準觀。

初唐科舉初創，尚有「行卷」、「溫卷」、「推薦」等「先聲奪人」的方式，讓考官瞭解考生平時的品德與才華。此時的科舉，從標準、內容和方式等方面看，其法有利於品德測評，衡才與衡文尚未分離。其時，若有考官誓不錄取某生，此生則難有出頭之日；也有考官上任之初，即請來名士參謀，定下欲錄取之人的。〔註34〕這些做法似乎也未引起強烈的反對，有些甚至被傳為佳話。但是後來科舉的發展，打著追求公平的旗號，漸漸掩蓋了「衡人」的初始目的，從而對應試者的品德測評大大削弱，開始將道德標準作為考試主要內容，以對道德問題的陳述或診斷來測評高下，從而取代了對實際品德的考量。於是，「以儒家經典為內容，一切以程文定去留」，便成為選才的唯一標準，應試者開始做「道德文章」。然而，德行如何寓於文章？又有多少可以寓於文章之中？這一連串的問題恐怕誰也難以說清。科舉制度決定了只有通過考試的形式來選拔人才，這需要一個較為公平公正的可參照標準；而人的內在道德品質和才能，通常須在實踐中發現和比較，不大可能在考試中來測評。這個兩難問題，其實一直影響到今天。由此可以理解，科舉之標準終於落在了偏重形式的「文章」之上，「寓德於文，以文為定」，實為不得已之選擇。宋以後，「衡人」徹底變成了「衡文」，正是這種選擇的結果。文康的《兒女英雄傳》中，有位考官宣稱：「況我奉命在此衡文，並非在此衡人。」〔註35〕可見，科舉衡文而非衡人已成共識。科舉標準的偏頗，正如馬端臨所說，「試以文墨小技而命之官」〔註36〕而已。

由於標準偏頗，選拔全中國所需的各級各類官員，就必然缺乏必要的職位分析與要求，自然無法遴選出統治管理所必須分出的政治人才和行政人才，必然導致政治決策與行政執行的混淆，官員的分類管理更是無從談起。封建社會後期的「胥吏政治」，正是由此而來。這是科舉自身僵化的表現之二。

〔註33〕《資治通鑑·唐紀》

〔註34〕余秋雨在《十萬進士》中曾講一個小故事。公元 828 年，崔郾受命赴洛陽主試，行前太學博士吳武陵向其推薦杜牧可為本科狀元。崔毫不隱瞞地說，頭名狀元已有，第二、三、四名亦已定，於是，十分喜歡杜牧才華的崔在送別宴上當即宣佈「剛才太學博士吳武陵先生送來一位第五名。」此類佳話自宋行糊名製後已不再發生。載余秋雨《山居筆記》，文匯出版社 1997 年版。

〔註35〕文康：《兒女英雄傳》，齊魯書社 1989 年版，第 814 頁。

〔註36〕《文獻通考》卷三十四，「選舉七」。

三、考試內容：自文學到經文

科舉創立前有察舉。察舉以推薦爲主、考查爲輔。至東漢時被察舉者已呈人多爲患之勢，逐用考試來黜落。左雄改制時，分兩途考試：「諸生試家法，文史課箋奏」。〔註37〕進入科舉時代，考試內容其實也先是沿用舊法，後來經反覆調適才定爲主要考試經學。

唐初科考內容爲「明經取通兩經，先貼文，乃按章疏試墨策五道；進士試時另策五道。」〔註38〕

唐永隆二年（681），進士科開始加試「雜文兩首」，即箴、銘、論、表之類。而「雜文之專用詩賦，當在天寶之季。」〔註39〕何懷宏研究這段內容變遷時指出，唐進士科雜文專試詩賦、並且錄取以詩賦爲重，也是在近百年間考試的反覆修改實踐中形成的。〔註40〕

宋初，文學如唐、五代時一樣，是進士科的主要考試內容，通常試詩、賦、論各一首，策五道，貼《論語》十帖，對《春秋》或《禮記》墨義十條。至宋神宗熙寧二年（1069），朝廷又醞釀一次科舉改革，王安石、蘇軾等都加入到討論中，並持論相反。最終由神宗主裁，將諸科撤消併入進士科；進士之試罷詩賦、帖經、墨義而改試經義、論策。此後雖又屢有反覆，但經義自此成爲主要的考試內容之地位卻日益穩固。

元初嘗廢科舉，由吏入仕之門大開，吏治更是腐敗不堪。未登大寶即已患吏弊而欲採科舉取士之法的元仁宗，在皇慶二年（1313）決定開科取士〔註41〕，他詔定了考試程序：漢人、南人，第一場明經、經疑二問，四書內出題，用朱注，經義一道，不拘格律；第二場古賦、詔、誥、章、表內科一道；第三科經史時務策一道。再次明確了「試義則以經術爲先，詞章次之」〔註42〕的原則。就考試內容而言，這是科舉的一次重大變化，即使考試內容規範化，亦由此確立了程朱理學的絕對權威地位。

明、清的三場考試內容，均承襲元制。其改變，主要是去掉了經疑和增

〔註37〕《後漢書》卷六十一，「左雄傳」。
〔註38〕封演：《封氏聞見記》卷三，「貢舉」，中華書局 1959 年版。
〔註39〕徐松：《登科記考》卷二，中華書局 1984 年版。
〔註40〕何懷宏：《選舉社會及其終結——秦漢至晚清歷史的一種社會學闡釋》，三聯書店 1998 年版，第 166 頁。
〔註41〕參見劉海峰、李兵：《中國科舉史》，東方出版中心 2004 年 6 月版，第 258～259 頁。
〔註42〕《續文獻通考》卷 34，「選舉考・舉士」。

加了考試的分量和難度；而作爲考試固定文體格式的八股文，也在其間漸漸發展定型。晚清時，曾在進士科加重策論的分量，並廢除了古板的八股文，只是此時已無法挽救科舉將被停廢的命運了。

有學者在研究中國古代選舉考試內容發展脈絡時總結認爲，中國古代選舉考試的主要內容不外乎經學（家法、帖經、墨義，經疑、經義）與文學（詩賦）；策問及誥、論、表等公牘，則可以說是兩者的一個結合或更偏重於經學，其意主要在通經致用，而又須略具文采。「在察舉時代，經學、文學稍稍分途，科舉時代，兩者漸漸合一，唐至宋初一段仍以文學爲主，表裏皆文學；宋元以後漸漸是以經學爲主，或者說以經學爲裏，文學爲表，然而錄取中式卻往往還是不能不以『表』（形式）爲定。作爲經義應試文的八股，在次一級的意義上仍舊是經學與文學的一種結合，其內容是經學，形式則爲文學。」〔註43〕

與上述考試內容演變過程相一致，科舉考試所依據的專經及參考用書也代有規範。由於儒家經典流傳久遠，致使版本不一，注家眾多，因此，無論作爲教材還是應試輔導書，都必須定本和標準解釋，既利於統治，又可方便考試管理工作。

唐代首先對列入科舉考試範圍的九部正經和三部兼經進行了初步規範，不僅確定注家，還組織名臣碩儒爲之義疏。唐太宗命孔穎達等編寫《五經正義》一百八十卷，專門用於科舉取士。孔穎達等編寫此書時折中「南學」和「北學」，《易》用三國王弼注，《書》用僞孔安國傳，《毛詩》用西漢毛公傳、鄭玄箋，《禮記》用西晉杜預注。《五經正義》以國家名義公告天下，作爲科考標準範本。

宋在唐代基礎上繼續對儒家經典進行規範。首先，將唐代的三部未作義疏的兼經《孝經》、《論語》、《爾雅》的義疏補足；其次將《孟子》列入兼經，並規定注本，編寫義疏。至此，宋將唐十二經擴大到十三經，並全部有了標準注疏，應試者在學習、考試方面有了共同遵循的規範。

元仁宗於皇慶二年（1313）正式規定，以「四書」、「五經」取代《十三經》，作爲德行明經科的唯一考試內容，又對經義注本進行了重新規範調整，使考試內容規範化程度有了很大提高。其對後世影響最爲深遠者，就是程朱理學得到統治階層的充分肯定，確立了程朱理學的絕對權威地位。朱熹所撰

〔註43〕何懷宏：《選舉社會及其終結──從秦漢至晚清歷史的一種社會學闡釋》，三聯書店 1998 年版，第 169 頁。

的《四書章句集注》成爲「四書」官定標準注本；「五經」之中，只有《小戴禮記》用古注疏，其他四經全部用程朱理學一派的傳注。不過，元代科舉以程朱理學注釋爲主，但對古注疏仍可參用，學生尚有分析比較之餘地。而到了明代，古注疏部分停用。明成祖永樂十五年（1417 年）正式頒行《五經四書性理大全》，包括孔穎達等人的正義和注疏在內的古注疏全部停用，專以程朱理學的注本爲準，於是完成了儒家經學在科舉考試內容中的統一和規範，解經時的分歧和爭論不復存在。這固然是有利於科舉考試的標準化和規範化，但卻逐步扼殺了科舉的活力。歷代科考用書的情況詳見下表（表 1～2）。這是科舉自身僵化的表現之三。

表 1-2　唐至清經學考試指定用書演變情況簡表

朝代		考試用書	注解版本	義疏本
唐（十二經）	正經九部	《易》採古文《費氏易》	王弼、韓康合注本	孔穎達等著《五經正義》
		《書》採孔安國《古文尚書》	孔安國傳本	
		《詩》採古文《毛詩》	鄭玄箋本	
		《禮記》採今文《小戴禮記》	鄭玄注本	
		《春秋左傳》採古文《春秋左傳》	杜預集解本	
		《周禮》採古文《周禮》	鄭玄注本	賈公彥著《周禮注疏》
		《儀禮》採今文《儀禮》	鄭玄注本	賈公彥著《儀禮注疏》
		《春秋公羊傳》採今文	何休解詁本	徐彥著《春秋公羊傳注疏》
		《春秋穀梁傳》採今文	范甯集解	楊士勳著《春秋穀梁傳注疏》
	兼經三部	《論語》採《張侯論語》	何晏集解本	無
		《孝經》採今文《孝經》	先用鄭玄注本，後用唐玄宗御注本	
		《爾雅》	郭璞注本	
宋（十三經）	兼經四部	《孝經》今文	唐玄宗御注本	《孝經義疏》刑昺著
		《論語》採《張侯論語》	何晏集解本	《論語義疏》刑昺著
		《爾雅》	何晏集解本	《爾雅義疏》刑昺著
		《孟子》	趙岐注本	孫奭著《孟子注疏》

正經九部	同　唐		
元（十一經） 四書	《大學》	大學章句，朱熹	合稱《四書章句集注》
	《中庸》	中庸章句，朱熹	
	《論語》	論語集注，朱熹	
	《孟子》	孟子集注，朱熹	
五經	《費氏易》	程頤傳，朱熹本義	參用王弼、韓康伯注及孔穎達疏
	《古文尚書》	南宋蔡沈集傳	參用孔安國傳，孔穎達疏
	《毛詩》	朱熹集傳	參用鄭玄箋、孔穎達疏
	《小戴禮記》	鄭玄注本	孔穎達《禮記正義》
	《春秋左傳》		
	《春秋公羊傳》		
	《春秋穀梁傳》		
	《春秋》胡安國傳		
明清	四書五經（同元）	四書大全 五經大全	

四、考試目的與方法：追求公平與反噬自身

　　考試方法是「考試活動整個運作方法的總稱」，是運用考試原則進行考試實踐的中介。〔註44〕考試活動實際成效，在很大程度上取決於考試方法是否科學。當然，是否科學只能相對具體考試的目的而言。所以說，考試目的和方法是相互關聯的，目的決定了方法，方法又有助於目的的達成。

　　在1300年的演變過程中，科舉的考試目的應該說是變化不大的。從根本目的上講，科舉是為了網絡人才，固權強基，推進社會流動，充實官僚隊伍。從選拔官員的目的出發，科舉採行的是縣、府、中央各級施考、層層篩選的選拔考試類型；出於對通才型官員的要求，確定科舉考試內容以文化知識為主，並確定有利於統治基礎，與意識形態要求一致的儒家經典為必考內容與範圍；根據科考士子的年齡不限、均為男性、生源量大等考生情況決定考試的應試條件，可以在較大範圍里選拔人才。科舉要求考試採行公平公正的原

〔註44〕廖平勝：《考試學原理》，華中師範大學出版社2003年版，第221頁。

則，在考試方式方法方面都以追求公平爲價值取向。前面討論的將科目歸併、內容規範等措施，都是爲了公平地選取士子。

由「唯才是舉」、「選天下之材爲天下之務」的考試目的所決定，科舉考試方法的選取亦體現出追求公平的取向。然而，這個追求在漫長的時間裏，隨著政治社會條件的變化，漸漸發生變化，追求公平這一原本的手段變成了目的本身，科舉考試迷失了它選才的本義，最終反噬了科舉自身。下面取考試學視角，從考試命題、施測方法、評定成績方法、考試結果統計與使用等考試流程和方法步驟上進行分析。

考試命題方面。「題不成題，文不成文」，命題範圍日趨狹窄，命題路子越走越怪，到了十分荒唐的地步。科舉逾千年，科目趨於集中，考試內容限定明確，亦不出四書五經，於是應試文章輔導書、範文選遍佈坊間，猜題押題十分流行。爲考出水平，同時亦防止題目被押中而顯出不公，考官與考生展開了「貓鼠遊戲」。這種智鬥，甚至反覆驚動重視科舉的最高統治者。而他們的指示和舉措，又導致了另種意想不到的結果。

科舉考試漸漸集中於經義，經義首重四書，但四書文字有限，合計不過五萬字左右，再去除可能犯忌不可出題之處，能出題的地方已是不多，難免重複。康熙五十四年（1715）曾有一上諭，顯然意識到了考生猜題押題的情況：「科場出題，關係緊要。鄉會經書題目，不可出熟習常擬之題。」〔註45〕雍正的諭旨更嚴厲，他在雍正元年（1723）頒令：「考官若仍出熟習擬題，交該部議處。」爲了「指導」命題考試，乾隆皇帝在乾隆元年（1736）命方苞選編批注明清四書文典範數百篇，編成《欽定四書文》三十一卷，「頒佈天下，以爲舉業指南」。〔註46〕使考官在狹小範圍裏左衝右突，難以命題，頭懸「議處」之劍，考官們只有「深求隱僻，強截句讀，破碎經文，於所不當連而連，不當斷而斷」，於是出現了千奇百怪的截搭題。〔註47〕對此，道光舉人陳澧曾尖銳地指出：「士之應試者，又或不自爲文，而勁襲舊文，試官患之，乃割裂經書以出題。於是題不成題，文不成文。」〔註48〕

〔註45〕《欽定大清會典事例》卷331，《禮部·貢舉》。
〔註46〕《欽定大清會典事例》卷332，《禮部·貢舉》。
〔註47〕商衍鎏：《清代科舉考試述錄》，第345～346頁。有些截搭題由商氏此書流傳而廣爲人知，如《論語》中有「異邦人稱之亦曰君夫人」，「陽貨欲見孔子」兩句，考官將這兩句截搭成「君夫人陽貨欲」題。
〔註48〕陳澧：《科場議一》，轉引自《中國考試通史》第三卷，首都師範大學出版社2004年版，第261頁。

考試方式上，從多樣到單一，由筆試加面試變為單純筆試。宋代以前，科舉制在考試方法上將筆試、面試和德行考察結合起來，具有因人設試、因才施考之特色，取才方式多樣化。《新唐書》卷四十四《選舉志》載：唐科舉參加者為三大類人，一謂生徒，由學校推舉參考；二曰鄉貢，由地方州縣推薦應考；三曰制舉，即地方推薦的德行、才舉出眾的名士才子，由皇帝親自面試。這三類人，要經過德行和口碑考察，「薦於鄉者皆平時推譽於州里也。」〔註49〕可見早期科舉是有著德育考察這一環節的。考試方法上，既有知識性筆試，也有能力與思維力的面試，更有全面考察個人思維能力、寫作水平、觀察力、判斷力，處理事件能力的對策論。而自宋始，科舉中筆試取代了面試在考試中的主體地位，科舉考試方式由多種測試過渡為單一的筆試。雖然筆試有著經濟節省、內容量大、質量易控等優點，但是，「它對應試者素質與智慧的檢測，除記憶性知識、記憶能力、文字表達、邏輯推理能力、獨立判斷能力等，是直接檢測外，其他能力的檢測多屬間接。」〔註50〕尤其是科舉中的筆試，測試內容狹窄，評分易受評卷者水平、好惡、情緒的影響，以及卷面清潔、書寫工整、字跡清秀等與測試內容無關的因素干擾，進而造成分數的失真。八股文出現後，科舉筆試更是注重考察士子們在不自由的程序框定下的表現。形式趨於規範和完善，內容卻逐漸僵死，甚至將筆試書法也作為評分標準之一。

為什麼取消面試僅行筆試？再往前溯，為什麼取消唐代盛行的考場之外的行卷和公薦，而採取「糊名考校」？因為隨著科舉在社會政治生活中地位的擢升，越來越多的考場外因素開始干擾考場，「貢舉猥濫，勢門子弟，交相酬酢，寒門俊造，十棄六七。」〔註51〕權貴勢力一直伺機控制科舉。標榜公平的科舉也一直想方設法躲開權貴勢力的侵襲，嚴規密法，力爭使考試擺脫考場外因素的干擾。因此，容易造成通融渠道的面試被取消了，連試卷上的名字也被糊起來，甚至整卷被謄抄一遍，不給主試和被試雙方可乘之機。

試卷之外的因素逐一被排除。隨著科舉的發展，科目被歸併，面試被取消，名字被彌封，試卷被謄抄，最後對公正造成唯一影響的，是考官個人的

〔註49〕 宋林：《古今源流至論》續集卷十。轉引自董恩林：《制度之良與運作之失》，「科舉制與科舉學國際學術研討會」論文集，廈門大學 2005 年 9 月自刊。

〔註50〕 廖平勝等：《考試學》，華中師範大學出版社 1988 年版，第 179 頁。

〔註51〕 《舊唐書》卷一百六十四《王起傳》。

愛憎好惡，矛盾焦點便漸漸集中到評卷環節。這種對公平的內在性追求，終於導致了八股文的誕生。

在成績評定方面，科舉一直致力於嚴格程序、客觀衡文，力圖使評卷規範化和客觀化。這方面，古人是從規定文體著手的。有學者指出，「今人研究科舉，止重其制度，於其文章闕焉不講，動以陳腐目之，不屑寓目。」〔註52〕其實，從考試技術和操作層面看，八股文對保證科舉的客觀性和公正性是起過一定作用的。八股文規定一定的程式和結構，它有破題、承題，起講構成的冒子，有起股、中股和後股構成的主幹，另加結束語「束股」，這四個段落各有兩段相比偶的文字，合共八股，故稱八股文。〔註53〕在字數和技巧方面，八股文也有或硬或軟的規定。如清順治二年（1645）將八股文字數定爲 450 字，康熙時定爲 550 字，後又增至 600 字，乾隆四十三年（1778）則限 700 字。技巧本是文章各異的，但格式和字數一定的情況下，技巧也開始「格式化」，清人唐彪曾將這些技巧歸納爲「章法、股法、句法、字法、淺深、虛實、開闔、離合相生、襯貼、反正、關鎖」〔註54〕。值得注意的是，這些技巧既是寫作技巧，同時又被作爲了評定試卷文章的標準。

八股文形成結構、字數、技巧方面的規定，這是對形式方面刻板要求的具體反映。在文章水平風格方面，清代也規定了「清眞雅正」的衡文標準。「清眞」主要關乎義理，理要「清眞」；「雅正」主要關乎修辭，辭要「雅正」。「清、眞、雅、正」字字均有講究，但可能有時更重「清眞」，有時更重「雅正」。〔註55〕

〔註52〕徐復：《科舉文體研究》「序」，天津古籍出版社 2005 年版，第 1 頁。

〔註53〕關於八股文，最近幾年興起了一個小小的研究熱潮，如啓功、金克木、張中行分別撰文研究，出版了《說八股》一書（中華書局，2000 年 6 月版），張中行另有《閒話八股文》一書（遼寧教育出版社，1998 年 9 月版）行世。劉海峰作《八股文百年祭》（廈門大學學報哲社版，2001 年第 4 期），陳平原的《八股與明清古文》（《學人》第 7 輯，江蘇文藝出版社，1995 年版）等，另還有此類論文亦不下二十篇。汪小洋、孔慶茂著《科舉文體研究》（天津古籍出版社 2005 年 3 月版）和何懷宏著《選舉社會的終結──秦漢至晚清的一種社會學闡釋》（三聯書店，1998 年 12 月版）都有專門章節討論八股文。但八股於令人，時隔百年，實爲「昔時童而習之之文，今有皓首而不能句讀也。」所以這個熱潮只能是一個「小熱潮」。

〔註54〕參見唐彪：《讀書作文譜》，嶽麓書社 1989 年版。

〔註55〕清代以「清眞雅正」作爲衡文標準當然也經過多年演變，從順治到乾隆都曾多次御批，使之逮至晚清一直被視作衡文拔士的基本準繩。乾隆時還有《欽定四書文》行世，以爲典範。參見何懷宏：《選舉社會的終結──秦漢至晚清歷史的一種社會學闡釋》，三聯書店 1998 年版，第 234～236 頁。

八股文的「形」與「神」俱有要求。正因爲對文章結構、字數、技巧、文章風格都有了比較詳細的規定，所以使評卷具有了可操作性，從而使對一篇八股文進行客觀評價成爲可能。先看體式，結構要素是否完備；再看字數是否合適，技巧運用是否到家；最後縱觀全文，風格是否合乎「清眞雅正」之要求。如此條分縷析，使得主觀性最強的作文題的評卷有了較爲客觀的標準和程序。誠如魯迅所說：「一股一股地定出來，算是合於功令的格式，用這格式來『衡文』，一眼就看得出多少輕重。」〔註56〕

其實，八股之弊並非到了清末才有人發現，明代以來許多學者、朝臣，都對八股取士有過激烈的抨擊。看到其弊端的最高統治者，亦曾多次廢除。但是，它僵而不死，廢後復生，士人明知無用仍須全力以赴；統治者深知其弊害，亦難更張。原因何在？筆者贊成何懷宏的看法，「八股文體的創造者並非一個或幾個名流顯要，而是許多無名者。其動機自然也並非是要加強君權之類，而主要是爲方便考試。」〔註57〕其實，明代八股文與唐代只需記誦的「貼插」文相比，兩者均爲檢測應考者對相關經義的解釋闡述，實際上並不妨礙士子表達自主見解。啓功先生就曾指出：「明代在篇末有一段可以自己發揮見解的話，叫作『大結』，清代取消了。」〔註58〕這說明，明代八股文還有士人獨立表達思想的餘地。而清代爲何取消「大結」呢？箝制思想是一方面，便於評卷恐怕是另一方面的原因。追求公平、方便考試管理，是數代科舉考試管理者幾百年探索的出發點和歸結點。其最後的結果，是方便考校的形式重於難於評定的內容。誠如孔子在《論語‧雍也》中所言：「文勝質則史。」科舉的僵化實質於此可知。

然而，即便是「便於考校」的八股文，即便是考官摒棄雜念，全然出於公心，其評定也難以做到純然客觀。清代學者錢大昕說得十分坦白：「湖南應試舉子四千餘人，三場之卷凡萬二千有奇。合經書、經議、策書計之，不下五萬六千篇。臣等自閱卷之始，至於撤棘，計十八晝夜。文卷浩繁，而時自有限，謂所去取者，必皆允當，而無一遺才，臣誠未敢自信也。」〔註59〕卷

〔註56〕　《魯迅全集》第五卷《僞自由書‧透底》，人民文學出版社1996年版。

〔註57〕　何懷宏：《選舉社會的終結——秦漢至晚清歷史的一種社會學闡釋》，三聯書店1998年版，第187頁。

〔註58〕　啓功、張中行、金克木：《說八股》，中華書局2000年版，第17頁。

〔註59〕　錢大昕：《潛研堂文集》卷二三，《湖南鄉試錄序》。錢氏所言情形在今日高考、公務員考試等大規模考試中依然存在。

多時短，考官們便各顯神通，甚至有人總結出「偶覷一二行」法。清人楊士聰說：「文至今日，餖飣滿紙，幾於無處著眼。……余每閱卷，不須由首至尾，不拘何處，偶覷一二行，果係佳卷，自然與人不同，然後從頭看起。……即數百卷，可以頃刻而畢，無所遁者。」〔註60〕更為流通者，則是這樣的規則：三場試文中，重點看頭場四書文；頭場三篇四書文中，重點看頭一篇；一篇文章中，重點看破題，破題不行，餘文皆不足觀。考生明瞭考官的評卷規則後，自然投其所好，雙方配合起來，直把數場數篇文章考試比為一場一篇，考試效度於是大為降低，直使「掄才大典」變成了「定棄取於俄頃之間，判升沉於恍惚之際」〔註61〕的一場文字遊戲。只是這場遊戲，既累考官，又累考生。這是科舉自身僵化的表現之四。

五、考試風氣：道高一尺，魔高一丈

考試風氣簡稱為考風。考風常與「考紀」聯用，構成「考風考紀」一詞，特指考試實施過程中應考者和施考者遵守、執行既定的考試規定的情況。考風是考試的主體（主試）在考試的全過程和考試的客體（應試）在應試過程中表現出來的風氣，它既是考試管理風格的體現，又是應試風氣的表現。考風具有開放性，深受社會風氣的影響，其表現貫穿於考試活動的全過程。同時，它又有相對閉合性，更集中也更多地表現於考場內。〔註62〕

考風問題，是考試作為一項競爭性活動的屬性所帶來的；考風出現好壞之別，也是必然的。我們知道，無論是通過選拔考試獲得升學、職務晉升機會，還是通過資格考試獲得從業資格或保住工作崗位，都是社會用考試的方法對有限的資源進行分配，或者說是通過考試這一社會化的競爭手段來爭奪資源和利益。馬克思曾經指出：「人們奮鬥所爭取的一切都與他們的利益有關」〔註63〕，考試這一以人為主體的社會活動也不例外。主試者通過考試為利益分配提供依據，應試者通過考試為爭取利益分配的權力尋找砝碼。考試本身所蘊含的這種功利性，導致應試者為了最快、最大限度地獲取顯在或潛在的利益而進行激烈的競爭，甚至不惜破壞競爭規則。而主試者為保證有效地甄

〔註60〕《玉堂薈記》卷下。轉引自李雙璧：《入仕之途》，貴州人民出版社2000年版，第178頁。

〔註61〕林則徐：《清定鄉試考官校閱章程並防士子剿襲諸弊疏》，《皇朝經世文續編》卷五三，《禮政四》。

〔註62〕參見胡向東：《論考風》載《湖北招生考試》2003年第12月號（理論）。

〔註63〕《馬克思恩格斯全集》第1卷，人民出版社1995年版，第187頁。

別人才，必須竭力維護公平考試的原則。因此，考風問題實際上是人的趨利本性和維護公正理性進行博弈的體現。

科舉考試由於其功能所在，歷來具有吹糠見米、成效顯現快的特點，引得無數士子不惜一切爲之努力，因而在主試與被試的對抗博弈中，考試風氣的問題更顯突出。科舉這根「獨木橋」自搭成之日始，千千萬萬的文人士子在爭搶過橋的同時，營私舞弊現象便層出不窮，反舞弊、矯正考風的鬥爭也同時揭開了大幕。隋唐時期，已有處理科舉作弊事件的記載；宋代開始，對科場舞弊者論罪處罰；明代，發生過幾起較大的科場舞弊案，對考官和士子作了革職、流放等處理。〔註 64〕科舉至明代，各種考場關防日益嚴密，考試風氣總體還算清明。應試與主試之間的舞弊與反舞弊鬥爭力量對比，總的來說還是「魔高一尺，道高一丈」。到了清代，科場防弊被視爲要政，執法亦不姑息，防止考場舞弊的規定更是周密而嚴苛。可是，考生作弊的手段竟也越來越巧妙，並更多地暗通日益腐敗的官場，從院試小考到鄉試、會試，科場舞弊案頻頻發生，考場內夾帶、抄襲、頂替、倩代諸弊屢見不鮮，有如水銀泄地，無孔不入。特別是弊端最大的夤緣請託、賄買關節案件接二連三地發生，饒是清庭屢出殺著，對作弊人員處以極刑，也難擋他們前仆後繼的腳步。自順治朝以來，先後發生順治十四年順天鄉試賄賣關節案、順治十四年江南鄉試夤緣受賄案、康熙五十年江南鄉試賄賣舉人案、雍正十一年河南學政俞鴻圖賄賣生員案、乾隆二十三年滿蒙童生鬧場案、乾隆四十八年廣西鄉試槍手代考案、嘉慶三年湖南鄉試書吏割換試卷案，以及中國古代最大的科場舞弊案——咸豐八年順天鄉試柏葰舞弊案等十餘宗科場大案。〔註 65〕這些科場案，件件血濺場闈，涉及官員級別高，手段越來越巧妙，氣焰越來越囂張。雖說從隋唐至明清，考試與作弊相始相終，科場與刑場門門相通，但清代尤其是清末一起起貢院內外勾結、徇私枉法的科舉舞弊案，在令人震驚之餘，顯示出主試與應試二者之間「道」與「魔」之間的力量對比似乎發生了變化，竟已是「道高一尺，魔高一丈」了。

科舉發展到清代，制度愈發嚴密，但是舞弊也發展到集大成時期。清代最常見的作弊手法，是懷挾、傳遞、冒籍和槍代；「層次」更高、難度也更大的手段則是與考官通關節和換卷。乾隆九年（1744）鄉試前，鑒於「如進場

〔註 64〕參見劉海峰著：《科舉學導論》，華中師範大學出版社 2005 年版，第 300～303 頁。
〔註 65〕參見李國榮著：《科場與舞弊》，中國檔案出版社 1997 年版，第 12～27 頁。

之懷挾，場內之傳遞，皆向來人所共知」〔註 66〕，乾隆在順天鄉試時派人到考場搜檢，竟在兩場中各搜出 21 人。這些考生將用於舞弊的文字「或藏於衣帽，或藏於器具，已有藏於褻衣褌褲中者。」〔註 67〕士子舞弊行為之卑下，已毫無斯文可言。可是，當懷挾等舞弊成為一種普遍的風氣之後，當政者也難有作為，甚至有考官反其道而行之，將懷挾文字作為錄取的依據之一。著名學者阮元擔任學政時，「搜出童生夾帶，必自加細閱，如係親手所抄，略有修理者，即予入學；如倩人所抄，概錄陳文者，照例罪斥。」〔註 68〕作為「道」的無力至此，又怎能奈「魔」何？

　　比懷挾等手段更惡劣、也更嚴重的舞弊行為，是考生與考官相勾結，通關節，遞條子，換卷子，置公平考試之原則於不顧，借考試牟利牟官。清代中後期，關節「大小試皆有之，京師尤甚，每屆科場，送關節者紛紛皆是。或書數虛字，或也歟或也哉或也矣，於詩下加一墨圈者給銀一百兩，加一黃圈者金一百兩。」〔註 69〕道、咸年間，「遞條子」之風甚盛，甚至出現考官不直接赴貢院鎖院，而是住在外面，由士子紛紛前來夤緣干謁，拜為師生，考官通過賄通禮房和內簾書吏，竟能將試卷指定送往某房以便呈薦。〔註 70〕這些行為讓鎖院、糊名等科舉防弊措施形同虛設。咸豐時，考場中「條子」可以滿場飛。薛福成記載說：「條子者，截紙為條，訂明詩文某處所用之字以為記驗，凡與考官、房官熟識者，皆可呈遞，或輾轉相託而遞之。房考官入場，凡意所欲者，憑條索之，百不失一。」〔註 71〕考官貪賄枉法，誠屬「自我矮化」，更顯出「魔」之「高大」和無所不能了。因此，科舉考試的核心價值——公平公正的精神在清末惡劣的社會政治條件下已無法實現，科舉制度也很難維繫下去了。

　　有論者認為，不能因晚清科場作弊盛行，便得出科舉制黑暗的結論，「從宋代以後基本定型的科場條規來看，作弊是人的問題，而不是制度本身的問題。」〔註 72〕這當然有一定道理。但是，就像沒有脫離空氣而能生存的人一

〔註 66〕《欽定大清會典事例》卷 341《禮部・貢院・整肅場規》。轉引自劉海峰、李兵著：《中國科舉史》，東方出版中心 2004 年版，第 397 頁。

〔註 67〕《欽定科場條例》卷 30《關防・搜檢士子》。

〔註 68〕劉海峰、李兵著：《中國科舉史》，東方出版中心 2004 年版，第 397 頁。

〔註 69〕徐珂：《清稗類鈔》第 2 冊《考試類》。

〔註 70〕《欽定大清會典事例》卷 340《禮部・貢院・申嚴禁令》

〔註 71〕薛福成《庸盦筆記》卷 3。

〔註 72〕參見劉海峰：《科舉學導論》，華中師範大學出版社 2005 年版，第 300 頁。

樣，制度也都是一定的社會環境中的制度，尤其是科舉這個延續長達千餘年的制度，它早已與專制政權融為一體，生存於專制社會的空氣和養分中，很難將那個社會中的人與這些人參與的制度因素截然分開。19 世紀末，在華「西儒」丁韙良在討論科場舞弊時曾說過：「作弊的範圍雖然有限，但它的威脅卻是不可估量的，它將動搖人民對這唯一獲得榮譽和入仕的途徑以及對政府的信心。」〔註 73〕考試風氣是社會風氣的一部分，考試風氣同時也是考試管理水平的體現。當考試管理者無心也無力維護考試賴以生存的原則時，考試制度的死亡便指日可待了。這是科舉自身僵化的表現之五。

縱觀 1300 年科舉演化史，它由初創時薦舉、考試相結合，走向放棄「兼採時望」，僅有考試一途；由科目眾多、標準各異、甚至因人設考，走向科目單一，標準統一，一把尺子量所有人；由內容寬泛、針對現實的詩賦對策，走向內容固定、解釋唯一的經義之文；文體方面又由較為靈活的散文，變為結構固定、標準衡定的八股文。當然，在具體的考務管理方面，亦由可以公開行卷、溫卷，到採用糊名、謄錄、別試和雙重定等第，最終發展到了搜身防夾帶等侮辱人格的管理方法。這些努力的所有目的，固然有強化意識形態管理，固權強基等因素，但更多的，還是為了切實做到一切以程文為去留，取士一決於文字，最大限度地避免考官個人的愛憎，使科舉考試各個環節具有客觀性和可操作性，保證考試程序的絕對公平。但是，科舉的首要目的是選拔官員，而不是為了標榜公平。由於全社會都被動員起來投身科舉運動，公平成為人們千百年來所關注的焦點，導致科舉把公平作為自己追求的目標。應該說，過於追求公平，反噬了科舉自身，是對自身目標和責任的迷失。這固然有政治、社會、文化諸多因素使然，但其中亦有大規模社會考試自身發展的規律的作用。這一點，在民國考試發展中得到驗證，至今仍不乏鮮活的例子。

第三節　對科舉的補苴改廢和學堂考試、留學考試的興起

科舉進入到清代，積弊日顯，清廷上下其實自康熙朝就開始醞釀改革，並在其後一百多年裏不斷修修補補。鴉片戰爭後，這一進程明顯加快，但終

〔註 73〕W.A.P.Martin：The Lore of Cathay or the Intellect of China, Edinburgh and London, 1901,p326。轉引自劉海峰：《科舉學導論》，華中師範大學出版社 2005 年版，第 307 頁。

歸積重難返，科舉改革步履維艱。與此同時，隨著新型學堂的創辦、留學教育的興起，學堂考試和留學考試也開始出現。它們引入了西方先進的考試觀念和方法，爲中國古代考試向近代的轉型揭開了序幕。

一、晚清科舉的改革與停廢

作爲「帝制時代中國最爲重要的一項政治及社會制度」〔註74〕，科舉在晚清之前的一千餘年歷史中，曾多次步入行將被廢的困境，而且也確曾出現過短暫的中斷，但是，科舉挾帶其強大的歷史慣性，形成一種近乎自我修復的功能，能夠與時遷徙，故總是旋罷旋復，以至有人信誓旦旦地認爲「終古必無廢科目之虞」。〔註75〕然而，進入近代以後，科舉面臨西學的強大挑戰，社會環境改變很大，它再次展現其自我修復功能時，卻無奈地發現，像人的垂暮之年，自我改造已力不從心，實在難以應對內憂外患的困局了。

清代對科舉的補苴改良，其輿論壓力在嘉、道年間已漸形成。隨著內憂外患的加深，改革科舉的呼聲也日益高漲。其在 1840 年至 1898 年的五十餘年裏，更是一步一步地變得緊迫起來。其改革意見大致分爲兩類：一是增設特科，這多屬科舉之外新「立」的內容；二是改革考試內容，廢除八股文，改革武科。這則是「破」和「革」的方面。至戊戌時期，加快速度、加大力度成爲更迫切的呼聲。梁啓超所言可爲代表：「欲興學校、育人才，以強中國，惟變科舉爲第一義。大變則大效，小變則小效。」〔註76〕同時，廢止科舉這一第三種意見又開始出現，嚴復明確地提出：「欲講實學，非另立選舉之法，別開用人之途而廢八股、試貼、策論諸制科不可。」〔註77〕

在這種漸強漸近的輿論壓力下，清廷開始了一系列改革嘗試。1862 年，恭親王等奏設同文館並獲准設立。1866 年又提議在其中添設算學館。接著李鴻章、左宗棠、張之洞等又建議設立了各種軍事學堂。洋務派仿照西方辦學方式，採取新的招考制度，開設西學課程，爲中國培養了第一批翻譯人員和科技人才。這些新式學堂在舊教育體制上打開了一個缺口，對傳統科舉考試形成了一個猛烈的衝擊。但學堂人員學西學，卻沒有相應的科舉科目可以應

〔註74〕李弘祺：《宋代官學教育與科舉》，臺灣聯經出版事業公司 1994 年版，第 14 頁。

〔註75〕梁章鉅：《浪迹叢談》卷五《科目》。

〔註76〕梁啓超：《變法通議·學校總論》。轉引自劉海峰等著：《中國考試發展史》，華中師範大學出版社 2002 年版，第 178 頁。

〔註77〕《原強修訂稿》，《嚴復集》（第一冊），第 30 頁。

試，考與學的矛盾十分尖銳。1875 年，禮部奏請准考試算學；1884 年潘衍桐奏請開設藝學科；1887 年 4 月，江南道監督御史陳琇瑩請將明習算學人員歸入正途考試，量予科甲出身。迫於社會輿論的強大壓力和洋務派的力爭，清廷基本採納了陳的奏議。1888 年戊子鄉試開始單獨錄取算學科舉人，這是中國歷史上首次實行中學和西學同考，是近代科舉改革的重大突破。這次鄉試共 32 人報考算學科，錄取的「算學舉人」既是第一名也是惟一一名，它構成了「整個洋務運動期間倡議改革科舉考試的惟一實際成果」〔註78〕。之後 1889 年恩科鄉試，投考算學科者僅 15 人，「不敷取中」，此後的歷科鄉試，算學科無不因報考人數過少而改應順天鄉試。

1894 年甲午戰敗，舉國震驚，在反思與指責的議論聲中，維新志士們開始將矛頭對準科舉，並將議改科舉推向高潮。1897 年底，貴州學政嚴修上《奏請經濟專科摺》，提出另闢途徑搜羅經世濟變之實用人才的主張，受到清廷重視。次年 1 月和 7 月，光緒帝兩次詔令各地咨送經濟專科人才以定期考選。〔註79〕1898 年 3 月，光緒帝詔令改革武科舊制，各省武鄉試從庚子（1900）科始，武會試從辛丑（1901）科始，童試自下屆科試起，均改試槍炮，廢去「默寫武經」一場。科舉考試改革進入到有「立」有「破」的階段。

戊戌變法對科舉的重大變革是停試八股、改試策論。光緒帝於 1898 年 6 月 23 日詔令天下：「乃近來風尚日漓，文體日敝，試場獻藝，大都循題敷衍，於經義罕有發明，而荒陋空疏者，每獲濫竽充選，若不因時變通，何以勵實學而拔真才？著自下科為始，鄉會試及生童歲科各試，嚮用《四書》文者，一律改試策論。」〔註80〕

是年 7 月 19 日，清廷批准張之洞、陳寶箴聯合提出的分場考試辦法：第一場考中學經濟；第二場考西學經濟；第三場考四書文兩篇，五經文一篇。遂令禮部通行各省，並推行於生童歲科考試。「大抵首場先取博學，二場於博學中求通才，三場於通才中求純正。」〔註81〕8 月 19 日，清廷又詔令廢除朝考及詩賦考試，不得憑楷法取士。

〔註78〕劉海峰等：《中國考試發展史》，華中師範大學出版社 2002 年版，第 178 頁。

〔註79〕朱有瓛主編：《中國近代學制史料》第一輯下冊，華東師範大學出版社 1986 年版，第 66 頁，第 72 頁。

〔註80〕朱有瓛主編：《中國近代學制史料》第一輯下冊，華東師範大學出版社，1986 年，第 82 頁。

〔註81〕朱有瓛主編：《中國近代學制史料》第一輯下冊，華東師範大學出版社，1986 年，第 89 頁。

　　然而，儘管上述科舉改革措施僅限於考試形式與內容的革改，但仍遭到封建頑固勢力的竭力反對。隨著戊戌維新運動的失敗，清廷諭令恢復科舉舊制，科舉改革再次以流產告終。

　　庚子年義和團運動和八國聯軍的入侵，使清廷的江山搖搖欲墜。爲了抵制日漸覺醒的民眾和民主革命的到來，光緒二十七年（1901），清政府下令改弦更張，實行新政。科舉制度改革成爲新政的重要組成部分。其主要內容有：

　　開經濟特科，並「於本屆會試前舉行」〔註82〕。於 1903 年舉行的這次經濟特科考試，各地奏薦 370 餘人，正式參考者 186 人，最後錄取一等 9 人，二等 18 人。授官時「僅就原階略予升敘」〔註83〕，未免讓人失望，社會寄予的以經濟特科選拔濟世真才的願望實際上落空。但本次考試在考試內容上貼近現實，較之時文試帖，當然令人耳目一新。

　　廢八股取士，考試策論，增加有關西學知識的考試內容。1902 年補行庚子（1900）、辛丑（1901）恩正並科鄉試，共 12 省開考，頭場試中國政治、史事論五篇；二場試各國政治、藝學策五道；三場試四書義二篇，五經義一篇。這些考試均不准用八股文程序，而改用策論，在考試內容上已明顯反映出新政改革之趨向。

　　停止武科。1901 年宣佈永遠停止武生考試及武科鄉會試。「所有武舉人、進士均令投標學習。其精壯之幼生及向來所學之童生，均准其應試入伍，俟各省設立武備學堂後，再行酌定挑選考試章程，以儲將才。」〔註84〕在軍事近代化衝擊之下，運行 1200 年之久的武科考試先行退出了歷史舞臺。

　　設立新式學堂，旨派張學熙爲管學大臣。光緒二十八年七月十二日清政府頒佈《欽定學堂章程》、《欽定考選入學章程》，督令辦好京師大學堂，地方開辦高等學堂、中等學堂和初等小學堂。

　　上述科舉革改舉措與戊戌時期維新追求目標頗多相似，但它並不僅是恢復三年前的改革內容，而是一個新的開始，也可以說是力圖將科舉與學堂相融合的最後一次努力。因爲，經過戊戌時期對科舉與學堂的整合努力失敗之

〔註82〕光緒二十七年四月十七日《諭開經濟特科》，見《光緒朝東華錄》（4）卷 167。中華書局，1958 年，第 4650 頁。

〔註83〕商衍鎏：《清代科舉考試述錄及有關著作》，百花文藝出版社，2004 年，第 176 頁。

〔註84〕《光緒朝東華錄》（4）卷 168，中華書局，1958 年。總第 4697～4698 頁。

後，新的國內外形勢已不容更多的觀望了。科舉之廢，看起來是勢在必行。問題只是：漸廢還是立廢。

下文所列，也許能幫助釐清 1901 年後越來越密急的科舉之廢的步幅：

1901 年 7 月 26 日，張之洞、劉坤一會奏「變法三疏」，其第一疏「籌議變通政治人才為先折」中提出四條重大舉措：設文武學堂；酌改文科；停罷武科；獎勸游學。〔註85〕擬以限額錄取發展學堂，這實際上意味著漸廢科舉。

同年，時任山東巡撫的袁世凱和兩廣總督陶模也上疏要求崇實學、增實科、減中額等。陶模在奏請變通科舉折中，主張學習西方「在學有成，小學大學均各授以本學執照一紙」，今後無論旗漢，無學堂執照者不得授官。〔註86〕這個意見其實提出將科舉改革作為廢除科舉過渡的權宜之計，故有學者稱之為「廢科舉之先聲」。〔註87〕

1903 年 3 月 13 日，張之洞、袁世凱又一次奏請遞減科舉，從興學導向、經費籌措、學堂與科舉功能與地位的差異等方面，分析科舉對學堂發展的嚴重障礙：「是科舉一日不廢，即學校一日不能大興」〔註88〕，如此，則國家永無富強之日。重申要在 10 年內分年遞減科舉中額，逐漸由科舉選士過渡到學堂取士。

1904 年 1 月 13 日，朝廷正式頒佈張之洞主持修訂的《奏定學堂章程》，明確宣佈十年三科內減盡科舉名額。這是廢科舉中決定性的一步。科舉制的廢除，至此只剩時間問題。

同年，爆發在中國領土上的日俄戰爭及其結果，給科舉的廢除投下了最後一個砝碼。清政府的「中立」態度和日本的獲勝，都讓急欲改革的實力派大臣深受刺激，更多的愛國人士走上了反清的革命道路。次年，革命黨人孫中山在日本東京成立了資產階級政黨──同盟會，資產階級領導的民主革命進入了高潮階段。這些情勢，都迫使清廷廢除科舉的步伐驟然加快。1905 年9 月 2 日，袁世凱會同趙爾巽、張之洞、周馥、岑春煊、端方等要員聯銜上奏，要求立停科舉，以「廣學育才，化成民俗，內定國勢，外服強鄰，轉危為安。」清政府迫於內外形勢壓力，不數日即下令：「自丙午（1906）科為始，所有的

〔註85〕舒新城編：《近代中國教育史料》第一冊，中華書局 1933 年，第 78～88 頁。
〔註86〕舒新城編：《近代中國教育史料》第一冊，中華書局 1933 年，第 99～101 頁。
〔註87〕何懷宏：《選舉社會的終結──秦漢至晚清歷史的一種社會學闡釋》，三聯書店，1996 年，第 407 頁。
〔註88〕《光緒政要》卷 29。

鄉、會試一律停止，各省歲科考試亦即停止。」〔註89〕至此，運行一千三百年的中國科舉制度正式被廢除。

二、洋務派學堂考試的探索與興起

　　中國近代，學堂與科舉考試的關係十分微妙。其此消彼長的關係，往往表現出它們在近代的社會進程中的地位。就中國考試史而言，近代考試制度並不自 1840 年始，而是起自 1862 年──中國最早的洋務學堂京師同文館的設立。與科舉的逐步革廢相伴，近代學堂考試在新式教育的推動下發展起來。至 20 世紀初年新學制頒行和科舉廢止，新的學校考試制度終於確立。

　　清末學堂大致可以分為洋務學堂、維新派學堂和資產階級新式學堂三類。洋務派學堂創辦於 19 世紀 60 年代至 90 年代，共約三十餘所，又可分為外語學堂、實業學堂和軍事學堂，其中以 1862 年京師同文館為最早。維新派學堂創辦於 19 世紀 90 年代維新運動時期，共約十九所，以萬木草堂和時務學堂最為著名。〔註90〕資產階級新式學堂則創辦於 20 世紀初年，以愛國學社、愛國女學、大通師範等為標誌。

　　清末上述三類學堂考試包括招生考試、學業考試和畢業考試。各類學堂之考試有共同點，但並不一致。

　　洋務學堂具有明確的培養目標，即通曉西方語言（外交）、掌握近代科技、軍事等知識和技能的方面人才，因而其考試無論對象、目標還是內容形式，都呈現出不同於中國傳統科舉考試和書院考試的特點。

　　洋務學堂的招生考試仍保留了傳統科舉考試的一些痕跡，如要求應考者身家清白，由官紳擔保薦送，以時文考試區分其水平高下。它與科舉是並行的。當時科舉仍為正途，吸引著大部分有文化的士人和武士，因而學堂考試中對入學考試資格有要求但並不嚴格。然而其考試目的卻與科舉迥異，再不是單純選官，而是選拔培養外語及科技專門人才。因此，考試內容自然也隨目的而異，雖仍考經義時文，但要求不高，實以考察學生潛質為主。以下特製簡表（表 1-3），以說明洋務派學堂招生考試的基本情況。

〔註89〕《光緒政要》卷 31。

〔註90〕維新派學堂在招生對象、考試方法等方面與洋務學堂有明顯差別，如萬木草堂入學考試，以與康有為的面談為口試；招生對象不分門弟高低、年齡大小、學問深淺等；以每月召見學生質難問疑為學業考試形式，等等，沒有確定的考試制度。而時務學堂建立了完整的考試制度，但存在時間不長。本文後面對學堂考試的討論便基本沒有涉及。

表 1-3　洋務派學堂招生考試、學業考試例覽

類別	項目	招生考試				學業考試				畢業考試	
		招收對象	招生辦法	培養目標	考試方式與內容	平時測驗	獎勵	年度考試	獎勵	大考	獎懲
外國語言學堂	京師同文館（京館，1862年建立）	八旗子弟（十三四歲以下）；滿漢正途出身者（20歲），有身份限制	在規定範圍內公開招生；從滬、粵咨調	翻譯人才；懂外語的技術人才	初試：策論、四書文、並要求粗通天文、算學、化學等有復試	月課：每月初一考；筆試。季考：每年二、五、八、十一月初一日考；筆試	季考：一等2名，獎銀3兩；二等3名，獎銀1兩5錢	歲考：每年十月考。面試。題型為問答題與計算題	一等每館2名，各獎銀4兩；二等各3名，獎2兩	每3年大考一次，各總理衙門主持。初試：翻譯；二等復試：面試翻譯條約；再試口譯。後包括科技知識	優者「授七、八、九品等官；劣者分別降革留學」實際上只授八、九品，未授七品
	上海廣方言館（滬館，1863年建立）	14歲以下少年；20歲以上有科名者。幾無身份限制	公開招考		地方官薦送；上海道面試時文	月考：面試。分4館；次試中學、西學。季考：筆試	季考：10名獎銀4兩至8兩	年考：一次。筆試	類京館，存優汰劣	3年大考一次。筆試與口試	能譯西書全帙者，可充任翻譯官；學有所成可留館再學送京深造
	廣州廣方言館（粵館，1864年建立）	14～20歲少年；20歲以上有科名者。旗、漢人各有名額。幾無身份限制	公開招考，旗、漢人各有名額		地方官薦送；學堂面試	月考：與滬館同	月考：一等2名，獎銀2兩；二等4名，獎銀1兩	年考：筆試		3年大考一次。筆試與口試	學業有成派出各衙門翻譯官，准其參加鄉試；學有所成送京深造
軍事學堂	天津水師學堂（1881年創辦）	13～17歲	公開招考5年內不准應科舉	通曉外語的海軍水師人才	初選：擇讀過之兩三經考試之篩選：面試	分春考、秋考，每年各行一次。科目10門；第一年秋考不中即剔退；第二年秋考不中，可延學6個月；參加春考，仍不中、剔退			隨考覈酌的獎	入學4年後進行；北洋大臣主持。筆試：理論	保以把總候補；已保把總候補者保以千總

學堂	招生對象	招生辦法	考選	考試方法	獎賞	學制	出路／待遇
江南水師學堂（1890年創辦）	已通英文者，重少年：13～20歲，學習英文、能作策論者	在規定範圍內公開招考。先照定額招取，再定期剔退	試英文、翻譯、地理、算學四門。體檢、試讀4個月再行剔退 取文理通順者復選：面試、體檢，並試讀，不合格者剔退	季考：筆試，西學教員主考 年考：連考5天，每天3小時，數理化筆試，水師技藝	各班前6名月加贈銀，賞功牌衣料	入學五年行。大學五年畢業考。擇優入練船一年	課，合格者派上練船實習一年，再行春考、秋考各一次（考數技藝） 合格者以千總候補，或調南洋水師量才器使；優者派出國留學以備大用
湖北武備學堂（1896年創辦）	陸軍軍事及技術人才 文武貢舉生員，文監生，文武候補員弁、官紳世家子弟。強調文化素質，40歲以下	預選：已有功名、世家子弟名優先；無薦舉者不選 初試：筆試，文生試策論一道；武生武卉試說一道，帖試策問一道 復試：面試，試其文理、氣質。體檢		月考一次，筆試；季考，筆試和操演	酌予獎賞	3年畢業	

資料來源：

1. 洋務學堂章程、楊學爲主編：《中國考試制度史資料選編》，黃山書社，1992年。
2. 朱有瓛主編：《中國近代學史料》（第一輯），華東師範大學出版社，1983年。

　　洋務學堂創辦之時，科舉對學堂學生仍有「磁場效應」，影響其正常學習。故李鴻章所辦天津水師學堂，有五年內不准參加科舉的招生規定。學堂對學生考試，還常有眞金白銀的獎勵。此舉除勵學外，似乎還有留人的意味。京師同文館初辦時，雖經反覆動員，投考的正途與監雜項人員僅 98 人；同治二年（1863）5 月 10 日在總理衙門局試時，實際到考者僅 72 人，缺考者達 26 人，最後錄取 30 人。〔註91〕而隨著科舉革廢的步伐加快以及它的影響消減，士林對科舉的離心力增強，報考學堂者漸漸增多。到光緒二十二年（1896）張之洞創辦的湖北武備軍堂招生時，招生計劃爲 120 人，在擡高了報考條件情況下，報考者仍達四千人。〔註92〕

　　洋務學堂的考試，是中國近代學校考試制度變革之開端。因所開西學課程的關係，科舉的那套考試方法已無法續用，西式考試方法由此引入中國。洋務學堂考試具有如下特點：

　　其一，學堂考試的目的，是選錄合格學生和培養外語、科技專門人才，其性質已非選官考試——儘管它有著獎勵出身和授低品官的措施。就招生考試來說，它已走出或曰突破了科舉選官考試的樊籬，在社會上開創了科舉之外的第二種公開考試。學校考試在中國自古已有，其後或納入科舉範疇內，或在書院等教育場所中自行舉辦。洋務學堂的招生考試將學校考試面向社會公開進行，從而突破了身份或地域限制。

　　其二，考試內容方面具有雙重性。既檢測傳統人文知識和讀寫基本能力，更主要的是考查西學內容，以西方語言、自然科學知識、軍事科學、工程技術等方面知識爲主，內容隨科目課程設置而定。如天津水師學堂的春秋季考，共考 10 門：算學代數、幾何、平弧三角法、駕駛理法、駕駛天文理法、繪畫海圖、重學流質學、翻譯英文、汽學、諸學難題，每科均限一個半小時交卷。〔註93〕這些內容，幾乎是科舉考試中聞所未聞的。但同時，受「中體西用」指導思想的制約，儒家經學課程在學堂中又佔有顯著地位，仍保留有時文、策論的考課。

　　其三，建立了新的學業考試體系，考試方式多樣。一般各洋務學堂都建立了月考、季考、一年一次的升級考和畢業考這一學業考試體系，具有種

〔註91〕《籌辦夷務始末》同治朝卷 46，第 3～4 頁。載《中國考試制度史資料選編》，黃山書社 1992 年版，第 436 頁。

〔註92〕謝青、湯德用主編：《中國考試制度史》，黃山書社 1995 年版，第 466 頁。

〔註93〕楊學爲主編：《中國考試制度史資料選編》，黃山書社 1992 年版，第 443 頁。

類多、考試密集的特點。很多學堂由西方教員主持考試，故而考試制度仿英法等國章程而立，並引入了西方分數評定辦法，閱卷「依西法以分數爲評」，〔註 94〕沿用至今的百分制就是由洋務學堂最先引進的。各學堂內考試方式也走向多樣化，除筆試外，還運用面試方法，而且面試也命題指問，比較規範，恢復了一些考試的個性化特色。

其四，學堂考試重視考查專業技術運用能力，具有強烈的實用性特點，開創了近代實踐類操作考試的範例。如京師同文館考試，請學生翻譯洋字照會和外文條約〔註 95〕，直接將口語考試與其辦學目的有機結合起來，也讓學生通過考試內容加深對中外國情的瞭解。各軍事學堂，既用筆試查考學生對科學技術理論掌握程度，也通過教學實習、演練等操作考試，檢驗學生的實際應用技能。水師學堂要求，學生最後一年上「練船」；製造學堂則要求，學生直接到船廠、兵工廠學習、監造，進行動手能力訓練；其畢業考試，除筆試理論外，更要進行操作考試。操作考試是一種直接考試，其歷史久遠，在民間「九老十八匠」各種技藝的出師考試、軍隊排兵和兵器操作演練考試等均屬此列，「這種考試讓應試者通過現場操作或具體的工作實踐，直接檢驗應試者是否具備從事某項工作的知識、技能、技巧、素質與能力。」〔註 96〕相對於以儒家經典爲內容、以紙筆測驗爲主要方式的科舉考試來說，學堂考試的操作性、實用性具有顛覆性和明確的導向作用。

洋務學堂考試固然有著將近代西方考試觀念和制度引入中國之舉，起到了開風氣之先的作用，但其實行卻是異常艱難的。

首先，這與科舉的強大內聚力有關。儘管近代科舉已呈漸行漸弱的趨勢，但科舉在徹底廢止前，對大部分士林階層而言，它的吸引力還是大於學堂。文化的排他性和學堂長期處於非正統的異己地位，也都使新學堂缺乏對士紳的吸引力。已入學堂的士紳，也多有放棄英文專習經義，逢大比之年參加鄉試者。

其次，洋務派官員包括早期維新思想家在內，其教育觀的局限也影響了學堂教育和學堂考試的順利推行。「西方近代教育與中國傳統教育趨向不同，功能相異。前者以全體社會成員爲主體，目的在於通過不同層次的教育，發

〔註 94〕 朱有瓛主編：《中國近代學制史料》，第一輯上冊，華東師範大學出版社 1983 年版，第 528～529 頁。

〔註 95〕 朱有瓛主編：《中國近代學制史制》，第一輯上冊，華東師範大學出版社 1983 年版，第 95 頁。

〔註 96〕 廖平勝等：《考試學》，華中師範大學出版社 1988 年版，第 178 頁。

揮每一個人的潛能，使之找到各自的最佳社會位置，並培養其社會主體意識
和國民精神。而後者以統治者爲中心，以造就少數出類拔萃的仕宦人才爲目
的，並教化民眾接受統治。對於包括先進人士在內的近代中國人，要眞正認
識其間的差別，極爲困難。」〔註 97〕洋務派辦學堂，主要是從培養專門人才
的角度來接受西方教育，而「這種精英至上的觀念，與西方近代教育宗旨有
很大距離。」〔註 98〕它使學堂缺乏獨立性，依附於政府機構，學生成爲社會
附屬品。學生相當於候補官員，待遇優厚，除免費食宿外，還發給膏火。如
京館天文算學館爲了吸引科甲人員，月薪達 10 兩，高於五品外官和七品翰林
編修的俸銀，季考和年考成績優秀還有銀兩獎勵。官場積習、紈綺氣息、洋
場怪味混雜於學堂，也嚴重影響考試風氣，京館月考季考都有人請槍手，有
人草率了卷，有人抄襲等等，以至總理衙門多次令同文館抓好考風。〔註 99〕

再次，洋務學堂考試加入了實踐性強實用性強的操作考試，的確起到了
良好的導向作用，也培養了一批具有操作能力的畢業生，但是，由於教學內
容與方式仍受舊學影響較深，而接受西方教育和考試觀念帶有明顯的片面
性，學堂和學生仍然偏重書本，輕視實驗和實地見習。福州船政學堂的學生
在船上實習不願操演，以至有人懷疑：「這些年青紳士實際上是否眞正可以成
爲良好的水手。」〔註 100〕就特定角度而言，洋務學堂的考試，在觀念和制度
上相對先行於教育教學的觀念和制度，這是它的培養目標所決定的，因而它
在緩慢的西學傳播和教育變革中走得也很艱難。

三、新式學堂考試的實施

20 世紀初，迫於內外雙重壓力的清政府開始了所謂「新政」，從而爲學校
考試制度的改革創造了前提條件。1902 年《欽定學堂章程》（即《壬寅學制》）
的制訂和 1904 年《奏定學堂章程》（即《癸卯學制》）的頒佈，標誌著近代學
校考試已走過 1862 年以來的萌芽與嘗試階段，開始走向規範化和制度化；而
1905 年科舉考試廢止後，社會凝聚機制喪失，「正途」不再，也客觀上促使新
式學堂考試轉向了全面實施，並逐步走向健全。

〔註 97〕 桑兵：《晚清學堂學生與社會變遷》，學林出版社 1995 年版，第 44 頁。
〔註 98〕 同上書，第 46 頁。
〔註 99〕 參見謝青、湯德用主編：《中國考試制度史》，黃山書社 1995 年版，第 458 頁。
〔註 100〕《田鳧號航行記》，《洋務運動》八，第 389～391 頁。轉引自桑兵：《晚清學
　　　　 堂學生與社會變遷》，學林出版社 1995 年版，第 50 頁。

將學校考試制度納於學制系統。1902 年 8 月 15 日清廷頒佈的《欽定學堂章程》（即《壬寅學制》）並未實行，但其中《欽定考選入學章程》卻詳細規定了大學堂預備科、速成仕學館、師範學館的考選入學辦法，為其後張之洞等人重訂學制提供了參考。1904 年 1 月 13 日，《奏定學堂章程》（即《癸卯學制》）獲准頒行，它將全國學校教育劃分為初等教育、中等教育、高等教育三個階段、六個等級。第一階段分初等、高等小學堂兩級；第二階段設中學堂一級；第三階段包括高等學堂或大學預科、分科大學、通儒院三級。此外，分設實業補習學堂、初等農工商實業學堂及藝徒學堂，與小學堂平行；中等農工商實業學堂及初級師範學堂，與中學堂平行；高等農工商實業學堂、優級師範學堂等則與高等學堂平行。《癸卯學制》涵蓋各級各類教育，甚為詳備，「從此結束了我國新式學堂無章可循的歷史」，〔註101〕同時，也把各級各類學堂招生考試和學業考試納入了規範化的軌道。

作為《癸卯學制》的組成部分，1904 年 1 月清政府頒行了《奏定各學堂考試章程》和《奏定各學堂獎勵章程》，詳細規定各學堂考試的類型、組織管理、考試功能與地位、評價標準與方法、畢業獎勵出身辦法。近代學校考試的制度架構，至此基本形成。

此後隨著新學制逐漸推廣，各地學堂和學生數量急劇增加，為加強考試管理，提高辦學質量，學部不斷修訂學堂考試章程。1907 年 1 月頒佈的《改定各學堂考試章程》，將學堂考試分為 5 種：（1）臨時考試；（2）學期考試；（3）學年考試；（4）畢業考試；（5）升學考試。並細化了考試辦法和管理規程。1908 年 5 月頒佈《各項學堂招考限制章程》，限制越級升學，逐步統一入學考試資格；同年 12 月，復改各學堂考試章程一條，明確了不同分數的處理辦法。此外，還就高等以上學堂畢業考試與復試方面修訂考試辦法，將畢業考試管理權統一歸於學部。上述措施，使清末學校考試逐步走向嚴密，為民國學校考試制度的建立打下了基礎。

（一）學堂入學考試

《癸卯學制》確立後，對初等、中等教育招生對象、入學考試內容及主辦者，均作出了統一規定。但由於學堂初興，合乎條件者少而失學者眾，於是又暫准各校在 5 年之內可變通考選之法，「概由所升之學堂自行考試，分別

〔註101〕李國鈞、王炳照總主編：《中國教育制度通史》第六卷，山東教育出版社 2000
　　　　年版，第 311 頁。

去取，以期程序齊一。」〔註102〕小學堂爲免試入學，入學年齡也曾一再放寬。對中學堂則規定應招收高等小學堂畢業生，如小學堂畢業生不滿考升中學堂應入學之額數，可不需考選，免試入學；否則，則用考試選取。同時規定，同等學力者也可報考。考試科目，則按高等小學堂課程程序再加試自然科學常識。

高等專門以上學堂招生考試方面，也建立了一套新的制度。從高等學堂及其他同等學堂，到大學選科、分科大學，其招生考試由各校自行舉辦，並將所招學生姓名、年歲、籍貫、三代及畢業學校造冊，呈報學部備案。通儒院作爲高等教育的最高級，可以免試招收分科大學畢業生。不過該機構終清一代並未創辦。

其時，由於普通教育發展嚴重不足，各高等學堂很難按章找足合格的下級學校畢業生生源，故往往採取變通辦法，酌選同等學力者和舊有學堂優等生入學，先補習所缺學科，再行入學。

高等教育的第二級，包括分科大學和大學選科，其招生也面臨這一問題。定章要求，應招收高等學堂、大學預科畢業生，如申請入學人數多於大學招生名額，則須考試擇優錄取；已考取而限於額數不得入學者，下期可以免試依次入學；如名額不滿，經學務大臣察實，也可招同等學力者。由於缺少合格生源，清末興辦的一些大學堂如京師、北洋、山西三所大學堂不得不從自辦速成科、預科入手。〔註103〕因此之故，入學者新舊交替、程度參差不齊的現象一直延續至民國初年。1908年5月，學部奏准《各項學堂招考限制章程》，規定自本年7月始，各高等教育機構不能招收未達報考標準的學生。〔註104〕這是爲了提高辦學程度，減少變通招考對教育的負面影響而出臺的措施。清末高等教育的招考程度，自此漸趨規範。

（二）學業考試與獎勵出身考試

根據癸卯學制章程，清末學堂學業考試爲分科考試，採用百分制計分方法評定成績，並注重終結考試與平時考試成績相結合。各項考試的實施均規

〔註102〕《改定各學堂考試章程》，《學部官報》第13期本部奏章，見楊學爲主編《中國考試制度史資料選編》，黃山書社1992年版，第465頁。

〔註103〕參見劉海峰等著：《中國考試發展史》，華中師範大學出版社2002年版，第210～213頁。

〔註104〕《學部官報》，光緒三十四年四月六日。見楊學爲主編：《中國考試制度史資料選編》，黃山書社1992年版，第466頁。

定了明確的組織管理辦法。這一套考試管理辦法，使學堂考試趨於嚴密，克服了昔日學堂自行制定學業考試辦法的局限性與不足，使學堂考試官方化，考試管理規範化和系統化。其考試類型與組織管理情況如下表（表1-4）所示：

表1-4　清末新式學堂學業考試制度簡表

考試類型／項目	臨時考試	學期考試	學年考試	畢業考試			
				初等小學堂	高等小學及中學堂	高等學堂	大學堂
考試時間	每月一次	半年一次暑假前	一年一次年假前	畢業之年			
考試主持者	教員	學堂監督	堂長、教員	學堂	地方官、學務官學堂學務	京師由學部，各省由督撫、提學使組織	奏請欽派大臣會同考試
結果使用	無升降獎罰	淘汰劣者	決定升留級	決定畢業與否			
成績評定與分數構成	百分制	學期／學年總成績=（臨時考試平均成績十學期/學年考試成績）÷考試次數。百分制		歷期、歷年考試各科之總平均分與畢業考試總平均分數相加而平均之，為畢業分數。百分制			

資料來源：

1. 《奏定各學堂考試章程》；
2. 《改定各學堂考試章程》，《學部官報》第 13 期本部奏章。

　　新式學堂學業考試的方式，是筆試與口試相結合，亦有科學實驗的檢測等。其最明顯受西方教育考試制度影響之處，在於百分制的引入和確立。《欽定高等學堂章程》規定：「評定分數，以百分為滿格；通各科平均計算，每科滿六十分者為及格；不及六十分者為不及格。」〔註105〕《學部改定各學堂考試章程》也規定：「考試皆以百分計算」；又以百分制為基礎，分等確定畢業成績：「凡畢業考試，以通計各門分數滿百分者為極，則滿八十分以上者，為最優等。滿七十分以上者，為優等。滿六十分以上者為中等，不滿六十分者，為下

〔註105〕《欽定高等學堂章程》，第十節。楊學為總主編：《中國考試史文獻集成》第六卷（清），高等教育出版社 2003 年版，第 768 頁。

等。不滿五十分者，爲最下等。」〔註106〕這種五級分等法評價標準，「與科舉考試所習用的文字描述及以特定符號標誌的五級分等法迥然有別。」〔註107〕百分制代表量化和精細化。與之同來的，有命題量、賦分、評分等一系列西方先進教育測量思想和方法，對中國近代考試發展影響十分深遠。

與學堂畢業考試制度緊密相聯的，是學堂畢業獎勵出身制度。這是清政府在廢科舉、興學堂的變革中，爲適應傳統和社會文化氛圍及民眾心理的需要建立起來的。《奏定各學堂獎勵章程》明確規定：「獎勵出身，須按程度，所以別學業之等差。」〔註108〕分科大學畢業考試獲中等以上者，均作爲進士出身，可按其等第分別授予翰林院編修、檢討、庶吉士、各部主事，入通儒院，或委以相應官職。其考列下等者，作爲同進士出身，留堂補習一年，再行考試分等錄用。如第二次考仍列下等，及不願留堂補習者，以知縣分省補用。高等學堂及其他程度相等之學堂，畢業可獲舉人出身，分授內閣中書、中書科中書、各部司務、七品小京官、知州、知縣、州同、通判等職。凡考列下等者，也准其補習一年再考，按等錄用。中等學堂，畢業按等獎予優、拔、歲貢生。高等小學堂畢業分等獎以廩、增、附生，升入中等學堂。初等小學堂不設畢業獎勵。這種獎勵出身方法與各項學業考試改革相輔相成，對新式教育的發展產生了重要影響。主要是有利於監督和提高各地的辦學質量，此前因爲入學「寬進」，生源少且質量低，各學堂「變通」招生，高等教育質量參差不齊。實行獎勵考試，畢業考試權統歸學部，就嚴格把住了高校出口質量關，在「寬進」之後保證「嚴出」，有利於保證和提高新式專門人才的培養水平，〔註109〕同時，它又使科舉廢止後，運行千餘年的學而優則仕的觀念慣性有一個緩衝時間，以紓解社會心理對仕進之途的心理焦慮。

〔註106〕《學部奏修改各學堂考試章程折（附：章程）》，《學部官報》第 13 期本部奏章。

〔註107〕張亞群：《廢科舉與近代學校考試制度的創立》，《中國考試》2005 年第 1 期，第 19 頁。

〔註108〕潘懋元、劉海峰編：《中國近代教育史資料彙編·高等教育》，上海教育出版社 1993 年版，第 329 頁。

〔註109〕按章，學部應覆核高等學堂畢業考試情況，事實上覆核中也確實發現問題。如 1908 年 9 月，學部覆核山東省高等學堂正科 16 名畢業生卷中，發現算學、英語等卷「疑竇孔多，非試時場規不嚴，任其互抄，即將平日功課照錄一過，殊難據以定該生之成績」（《政治官報》光緒三十四年十二月初五日，折奏類）。經 1910 年 4 月學部復試，13 名參者均不合格，「萬難准其畢業」，因而令其回校補習二年再行考試。

但是，這種獎勵出身考試的負面影響，從一出臺就受到批評。此制最直接的負面影響，便是一些學堂的學期考試、學年考試分數任意寬濫。〔註110〕學部上奏稱：「近來京外各學堂閱卷，往往徒徇學生之意，濫給多分，以致平日分數無不在七、八十分以上。及至赴部考試，有與平日分數相去懸絕……殊不足以示平允而昭核實。」〔註111〕學部遂於 1909 年 11 月奏定實行畢業復試制度，規定：此後各省高等、專門學堂畢業生，經本學堂畢業考試後，一律於次年三月調京復試。將復試成績與學堂畢業分數平均計算，定等獎勵。如程度不符人數達 1/3 者，則對該省提學使及學堂監督奏參處分。後又規定，凡在學部復試中分數不滿 40 分者，無論該生平日所得分數多少，概不准其畢業。1911 年 3 月，學部又統一各部設學堂畢業考試權。〔註112〕考試權上收，並不利於各學堂的發展和自律。學生疲於應付各項考試，畢業之年自 4 月起，先應學期考試，次應畢業考試，又次分別赴京、赴省應學部及提學使之畢業復試，「以有用之精神，浪費於無用之競爭」。而教育行政部門也深爲繁重考試的事務所羈，常影響其正常教育行政管理職能的發揮，不勝其苦。蔣維喬說：「行政官之疲耗精神從以事者，則在考試游學生也，各省高等師範畢業生也，舉貢也，孝廉方正也。自三月起至八月止，殆無月不考試，或一月兩試。上以利祿誘，下以利祿勸，舉國若狂。」〔註113〕

蔣氏所言，觸及獎勵出身制度根本之弊。以官職獎勵學生，鼓勵「人人皆思做官」，扭曲了教育宗旨。上海高等實業學堂監督唐文治指出：「現在科舉既廢，而舉貢生員之名不廢，京外實官之獎勵不廢，則人人各挾一科舉之舊念，猶將賴仕進以爲生活之路，而農工商之事若浼焉有所不屑。」〔註114〕

〔註110〕由於採取平時成績與畢業成績相平均的計算方法，在畢業成績不可控的情況下，學堂採取此法提高自己可控分數的權重，實現提高本校學生畢業最終成績的目的。

〔註111〕《附奏學堂考試分數應從嚴核定並酌擬閱卷命題人員處分法》，《學部奏咨輯要》，載楊學爲主編：《中國考試史文獻集成》第六卷（清），高等教育出版社 2003 年版，第 860 頁。

〔註112〕張亞群：《科舉革廢與近代中國高等教育的轉型》，華中師範大學出版社 2005 年版，第 180 頁。

〔註113〕《論宣統二年之教育》，《教育雜誌》第 3 年第 1 期，言論。轉引自張亞群：《科舉革廢與近代中國高等教育的轉型》，華中師範大學出版社 2005 年版，第 185 頁。

〔註114〕《交通大學校史資料選編》，第一卷，西安交通大學出版社 1986 年版，第 148 頁。

以官職獎勵畢業學生，使學堂與仕途相混，其弊與科舉相同。一時間，朝野有識之士紛紛指責此制的推行爲「失策」。

其實，這種制度本身也難以爲繼。早在科舉時代，候補官員的雍塞就形成了「候補街」。隨著獎勵官制制度實施，官滿爲患，仕途更爲擁擠。《大公報》1910 年 7 月 1 日以《仕途又添五千人》爲題報導這一「盛況」。該年 7 月的統計表明，僅考試錄用舉貢、拔貢、優貢，錄取各省孝廉方正，以及未取舉貢優拔照例就職折算，該年新登仕版之官約達 5000 人以上。唐文治擔心：「畢業獎勵行之未及十年，而得官者之多，已浮於甲辰（1904 年）會試以前之數十倍。長此不變，竊恐倍數與年俱增，而全國將有官滿之患，似亦無此政體。」〔註115〕清政府遂於 1911 年 9 月停止各省學堂畢業復試，宣佈停止各學堂實官獎勵。官與學，在考試方面終於脫鉤了。由此，考試制度的重心，才眞正從考官轉向考「學」。即便是接踵而來的南京臨時政府、北洋政府等均又出臺文官考試辦法，但畢竟是文官考試任用制度的實施，而在民國複雜的歷史背景之下，考「官」之盛，永遠一去不復返了。

四、留學考試的產生與發展

清末留學考試，是伴隨留學教育的興起而發展起來的。它分爲出國留學考試和歸國留學畢業考試兩類。自同治十一年（1872）首次派遣幼童公費赴美留學始，至 1911 年清亡，實際只有統一的歸國留學畢業生考試，並無統一的出國留學考試。出國留學的資格確定往往由派遣單位自主舉行考選。具體而言，歸國留學畢業生考試在 1905～1911 年間，由教育主管部門連續舉辦 7 屆，考試嚴密，方法完善；出國留學考試之中，最爲嚴密的是庚款留美甄別考試。

（一）出國留學生選派考試

清代官派留學生始於容閎創議，1872 年曾國藩、李鴻章根據容閎建議奏准派遣幼童赴美。由於前途不明，信息不暢，應者寥寥。第一批 30 名經兩次招考才勉強滿額。其後，福建船政學堂前後選派 5 批學生赴歐留學；練兵處也曾選派陸軍學生赴日、歐學習。這些留學生的派遣，除 1872 年挑選幼童赴美時曾規定考試漢文寫讀和英文（已習英文者）外，都未制訂出出國留學考試的要求。宣統元年（1909）、二年、三年留美學務處舉辦的三次庚款留美甄別考試，才是眞正意義上的出國留學考試。

〔註115〕《交通大學校史資料選編》，第一卷，西安交通大學出版社 1986 年版，第 148 頁。

第一次庚款留美甄別考試於宣統元年（1909）農曆 8 月在北京舉行。由京城和各省保送的 630 名考生參加考試，報考者「所有年籍三代及所習科學均須本人親筆填寫，並於冊內黏貼相片，其非咨送者，取具圖片印結，以杜弊端。」〔註 116〕這大概是沿用至今的考試報名填報「報考登記表」並貼照片以免替考做法之始。

考試分初試和復試，共考五場，初試合格方可參加復試。考試科目為：「（二十日）國文為第一場，二十一日考英文，為第二場，二十三、四兩日校閱試卷，各按分數先行錄取張榜曉示，已錄取者准其接試科學。於二十五日考試代數、平面幾何、法文、德文、拉丁文為第三場。二十六日考試立體幾何、物理、美史、英史為第四場。二十七日考試三角、化學、羅馬史、希臘史為第五場。隨時校閱，各給分數，俟取定之後，傳至本處核對筆迹，相符然後取具願書，另訂日期放洋赴美。」〔註 117〕上述考試科目命題水平，「均為當時中學畢業升入大學所需之程度」。〔註 118〕初試於二十四日放榜，從 630 名考生中錄取 68 人，復試後於八月三日（9 月 16 日）放榜，最終錄取 47 人。

第二次、第三次庚款留美甄別考試，分別於 1910 年 8 月和 1911 年 8 月在北京舉行。考試場次安排、科目，與第一次相近。第二次從 400 餘名考生中錄取 70 人，第三次考試最後錄取 63 人。「這三批直接留美生共 180 人，都是在二十歲以下的青少年男生，大都來自國內各教會學校及省立高等學堂。」〔註 119〕他們中，第一批中有王世杰、金濤、梅貽琦等人，第二批中有趙元任、竺可楨、胡適等人，第三批中有姜立夫、陸懋德、楊先弼等人，許多人後來都成為中國近代著名學者和專家。其實，在考選當時，政府就很滿意，外務部奏報，認為這批學生「程度均有可觀，年齡亦皆合格。現經學務處送入美國各大學暨各高等學校，分班肄業，辦理尚屬妥協。因材授學既未凌節而施，殊途同歸足收樹人之效。」〔註 120〕學生質量之高，得益於嚴格的考試選拔。有學者認為「此次考試科目之多，水平之高，錄

〔註 116〕《遊美學生考試取錄辦法》（宣統元年六月初三日），《學部官報》第 102 期。見楊學為等主編：《中國考試制度史資料選編》，黃山書社 1992 年版，第 529 頁。
〔註 117〕同上書，第 529 頁。
〔註 118〕謝青、湯德用主編：《中國考試制度史》，黃山書社 1995 年版，第 638 頁。
〔註 119〕《清華大學校史稿》第 8 頁，中華書局版。
〔註 120〕《政治官報》，宣統二年二月初五日，折奏類，第 4 頁。

取之難，在清代留學史上，可以說是前所未有的」，「它有效地扭轉了長期以來留學生選派過程中的冒濫風氣」〔註121〕，對後來各類留學生選派產生了積極而深遠的影響。

（二）歸國留學畢業生考試

對歸國的留學畢業生進行考試，驗其學業，並授予科名與官職，是清末政府留學獎勵政策發展的必然結果。

早在留學教育方興的洋務運動時期，有見識的官員已提出了一些權宜性措施，鼓勵留學生回國，給予實官獎勵〔註122〕，但並未舉行正式的留學生錄用考試。1879年、1886年、1890年，第一、二、三批留學生先後返國，清廷准奏分別對其中7人、9人和23人按異常勞績，給予相應的官職獎勵。由於獎勵數量少，更因為科舉未廢，留學生並非正途，不免受到歧視與排擠，得不到政府和社會應有之重視。當時歸國後任北洋水師學堂總教習的嚴復就深感懷才不遇，也曾多次參加鄉試，以圖改變出身。〔註123〕而且，隨著歸國留學人數的增多，這批人本身程度又參差不齊，清政府採納了有關人員建議，擬將留學畢業生納入類似科舉的軌道，以通過考試，按照考生的不同成績授以不同的科名與官職。

光緒二十九年（1903），張之洞奉旨擬定了《獎勵游學畢業生章程》，規定獎勵的科名分為「拔貢、舉人、進士、翰林」四種。在獎給科名的同時，應「分別錄用」或「給以相當官職」，並由欽派大臣按照所學科目，切實詳加考驗。〔註124〕不過這個章程並未提出具體的考試辦法。次年，根據直隸總督兼北洋大臣袁世凱的奏言，清廷著由學務處擬出了《奏定考驗出洋畢業生章程》，這是清末第一份留學生考試章程，1905年5月依此章程舉行了第一屆留學畢業生考試。考試情形如下表（表1-5）所示：

〔註121〕劉海峰等：《中國考試發展史》，華中師範大學出版社2002年版，第268頁。

〔註122〕最早於同治十年（1871年）曾國藩、李鴻章奏《挑選幼童前赴泰西肄業章程》中已提出：「十五年後，每年回華三十名，由駐洋委員臚列各生所長，聽候派用，分別奏賞頂帶、官階、差事。」（《洋務運動》二，第156頁）；1879年第一批留歐學生回國，李鴻章又奏請「准予破格從優獎勵。」（朱有瓛主編：《中國近代學制史料》第一輯上冊，華東師範大學出版社1983年版，第409頁）

〔註123〕參見王遽常：《嚴幾道年譜》，商務印書館1936年版，第10頁。

〔註124〕《張文襄公奏稿》卷三十七。

表 1-5　清末第一屆留學畢業生獎勵考試情形表

考試分場	主持者	考試方式	考試內容	考試結果
初試 （第一場）	學務處、京師 大學堂總監	面試	依各人所學科目 （三題選做二題）	共 14 人參考。授予七人 進士出身，七人舉人出 身，並分別授以翰林院檢 討、主事、知縣等官職
復試 （第二場）	禮部	筆試	論說文一篇（二 題選做一題）	

資料來源：

1. 《奏定考驗游學畢業生章程》（《學部奏咨輯要》卷二）
2. 《學務處考試回國游學畢業生名單》（《光緒政要》第 31 卷）

　　清廷對此次留學生獎勵考試十分重視，後被授予進士出身、以主事分部行走的曹汝霖回憶說，復試之後慈禧和光緒還曾賜見。〔註125〕

　　光緒三十一年十月十日（1905 年 11 月 6 日）學部成立，決定改變學務處考試舊制，仿照外國高等文官考試制度，將學成考試與入官考試分開，學成考試合格只授科名，不授官職。以促國家教育進步，政治修明。學部在奏摺中說：「臣等詳考外國制度，大都學成試驗與入官試驗，分為兩事，而條理實相貫通。故當其就學，初未嘗有得官之心，及其入官，亦未聞有不學之士，教育之所由精進，政治之所由修明，胥基於此。」〔註126〕對政治制度設計思路十分明晰。為此先後制訂了兩份《考試游學畢業生章程》，簡稱「光緒三十一年章程」和「宣統元年章程」，又擬定《考驗游學畢業生計算分數簡章》和《考驗游學畢業生考場規則》兩份規章性文件，完成了學成考試的制度設計。1906 年，舉行一次學成考試（總第二屆），合格者獲科名而未立授官職，遭到一些大臣和留學畢業生反對。學部迫於壓力，又設計了「廷試」，規定經學成考試合格、賞給科名的畢業生，通過「廷試」（入官考試）後，可授以實官。為舉辦「廷試」，學部和憲政編查館又合擬《游學畢業生廷試錄用章程》，《游學畢業生廷試事宜》兩份規章，並依此舉辦考試。

　　學成考試的舉辦辦法如下表（表 1-6）所示：

〔註125〕曹汝霖：《一生之回憶》。見楊學為等主編《中國考試制度史資料選編》，黃山書社 1992 年版，第 537 頁。

〔註126〕學部《奏定考驗游學畢業生章程摺》（光緒三十二年八月十五日）。《學部奏咨輯要》卷二。

表 1-6 清末留學生獎勵考試制度簡表

<table>
<tr><td colspan="3">類　型
項　目</td><td>學成考試</td><td>廷試（入官考試）</td></tr>
<tr>
<td colspan="3">報考資格（考試對象）</td>
<td>
1. 國內中學堂畢業並得獎勵，在外國高等以上學堂肄業三年以上者
2. 未經國內中學堂畢業，但在外國普通學堂預備一年以上，並在高等以上學堂肄業三年以上者
3. 在外國文學堂及各種高等專門學堂畢業者
4. 如所習學科不及四分之三，以及只有中等程度或專爲中國學生特設班次學堂學生不得報考
</td>
<td>經學部學成考試合格，奉旨賞給進士、舉人出身的留學畢業生</td>
</tr>
<tr>
<td rowspan="4">考試程序與內容</td>
<td rowspan="2">預試（甄錄試）</td>
<td>科目</td>
<td>1. 外國語
2. 本專業相關知識</td>
<td rowspan="4">
1. 經義題一道，理、工、農、醫專業及實業學堂畢業生可不做；餘者作
2. 分學科題二道。可任選中、西文試卷（但須先呈明所用文字）
</td>
</tr>
<tr>
<td>合格標準</td>
<td>平均 50 分方可參加正場考試</td>
</tr>
<tr>
<td rowspan="2">正場考試</td>
<td>第一項</td>
<td>試中外文字：中國文一題，外國文一題，作一題爲完卷。考試時間一天，當日交卷</td>
</tr>
<tr>
<td>第二項</td>
<td>試該生所習專業科學：6～8 門，每門一題，主要者二題。俱做。考試時間二天，當日交卷</td>
</tr>
<tr>
<td rowspan="2">考試組織</td>
<td colspan="2">主試官</td>
<td>1. 由學部奏請欽派
2. 負責選定襄校官所擬試題，評卷、核分

（派定之日至發榜，在學部入闈工作）</td>
<td>1. 閱卷大臣由學部奏請欽派
2. 負責擬題，恭候欽定
3. 負責閱卷、擬定等第，奏請欽定

（廷試前一日在內閣「值宿」入闈工作；在文華殿閱卷）</td>
</tr>
<tr>
<td colspan="2">襄校官</td>
<td>1. 由學部遴選奏派
2. 負責擬各科試題，分校試卷、閱卷</td>
<td>1. 由學部奏請欽派
2. 襄助擬題與閱卷</td>
</tr>
<tr>
<td rowspan="1">成績評定</td>
<td>分數組成</td>
<td>文憑分</td>
<td>合格文憑由學部分等賦分：共分五等；第一等：100 分；第二等：90 分；第三等：80 分；第四等：70 分；第五等：60 分</td>
<td>廷試卷分一、二、三等：
中文與科學並能優長者，列一等</td>
</tr>
</table>

	試卷分	正試各試卷每卷 100 分，將各卷得分相加，以卷數除之，得該生試卷分		中文平妥，科學優長者，列二等 科學優長，未做中文卷者，列三等
	最終得分	（文憑分+試卷分）÷2=總平均分數		
獎勵科名與授官		最優等：80 分以上	獎進士出身	進士廷試一等，授予翰林院編修或檢討 進士廷試二等，授予翰林院庶吉士 進士廷試三等、優等舉人廷試一等，授予主事，分部學習 優等舉人廷試二等與中等舉人廷試一等，授內閣中書 優等舉人廷試三等，以知縣分省即用 中等舉人廷試二等，授予七品小京官 中等舉人廷試三等，賞給知縣分省試用
		優等：70～80 分	獎舉人出身	
		中等：60～70 分		
		不合格：不足 60 分	無獎勵	

資料來源：

1. 《奏定考驗出洋畢業生章程》
2. 《奏定考試游學畢業生章程》（光緒三十一年章程）
3. 《考試畢業游學生章程》（宣統元年章程）
4. 《酌擬游學畢業生廷試錄用章程》
5. 《游學畢業生廷試事宜》

1905～1911 年，學部根據上表所列制度章程先後舉辦七屆歸國留學畢業生獎勵出身考試，和四屆游學畢業生廷試。其考試情形分別見表 1-7、表 1-8：

表 1-7 清末留學畢業生學成考試情況統計 [註 127]

屆 次	第一屆	第二屆	第三屆	第四屆	第五屆	第六屆	第七屆	合 計
年 份	1905	1906	1907	1908	1909	1910	1911	
報考人數	14	43	50 餘	178	383	721	587	1976

[註 127] 在此統計之外尚有對進士館游學生的考試。考試管理辦法與此相似。1907～1910 年 4 年間，不完全統計考試獎勵進士館游學畢業生共計約 147 人。參見張亞群：《科舉革廢與近代中國高等教育的轉型》，華中師範大學出版社 2005 年版。

准考人數	14	43	42	127	285	561	526	1598
錄取人數	14	32	38	107	255	460	493	1399
等 最優	7	9	7	15	13	62	59	172
優	7	5	17	45	52	76	123	325
級 中		18	14	47	190	322	311	902

資料來源：劉海峰等：《中國考試發展史》，華中師範大學出版社，2002 年。

表 1-8　清末留學畢業生廷試（入官考試）情況統計

屆　次	考試時間	錄取人數	等　第		
			一	二	三
第一屆	1908 年 5 月	40	15	18	7
第二屆	1909 年 5 月	102	30	57	15
第三屆	1910 年 5 月	238	80	132	26
第四屆	1911 年 5 月	449	174	248	27
合　計		829	299	455	75

資料來源：劉海峰等：《中國考試發展史》，華中師範大學出版社，2002 年。

　　參加考試的游學畢業生在獲得等第後，均被學部引見皇太后和皇帝。因已授官，便「當日按照品級，各著官服（且有裝置假髮辮者），分為八、九人一列，由學部官員帶領，步入殿高臺（丹墀）之前。」參加第二屆留學生考試和廷試後賜進士出身的顏惠慶回憶皇帝賜見情形時說：「政府一面很想利用我等所受的現代教育，和所具的新知識為國家服務，同時又怕我們變為革命份子，推翻滿清，心理至為矛盾。」〔註 128〕作為考生已猜透了清廷心理，知道清廷此舉是利用考試授予出身和官職，網羅人才、籠絡人心。〔註 129〕就統治階層而言，這當然無可厚非，其實也是「權宜不得已之辦法」，關鍵是實際效果如何。

〔註 128〕《顏惠慶自傳》第三章「教學生活」，傳記文學出版社，第 37～38 頁。轉引自楊學為等主編：《中國考試制度史資料選編》，黃山書社 1992 年版，第 539 頁。

〔註 129〕光緒三十年（1904 年）袁世凱上奏建議舉辦留學生考試時即申明此意。見《直隸總督袁奏游學日本畢業供差北洋學生請咨送考驗片》，《東方雜誌》第一年第十期第 225 頁。

　　所習非所用，是時人主要擔心之一。御史趙熙批評說，歸國留學生及第後，被授予翰林、主事、內閣中書、知縣等文職官銜，與所學名實不符，是「以專門實業之士，充文學侍從之臣，責以撰文之任，所習非所用，彰彰明矣。即優等、中等內凡農、工、商、醫諸科，以之爲內閣中書爲知縣爲不相當之主事，亦與立法之意相悖」〔註130〕。對此指責，學部曾辯稱，此舉既有國家按國人習慣給予科名以示重視實業人才之意，而從實施看，亦非趙所指責：「近來游學生之授職翰林、中書者，多充學堂教習或爲各部調用，亦尙非盡置之閒散之地」；「惟就現在情形而論，游學生畢業授職，大半咸集都下。其有授職知縣亦多呈請留京供差，不願就外，以致邊遠省份需用實業人才，尙屬供不副求。」〔註131〕

　　就留學生來說，科舉已廢，社會固存重科名、官職的習慣，但已非從前。留學生們是否把這個科名官職看得重似出洋之前，本身也大有疑問。顏惠慶賜進士出身後，被分發在學部工作，而實際並未到崗，因「我在上海原有職務，因即請假南下。」〔註132〕

　　事過境遷，如今再看這個「洋進士」、「洋翰林」、「洋舉人」群體，他們受過系統的資本主義近代化教育，經考試授官後踏入仕途，和舊官吏相比，具有新知識、新文化、新思想和專門技能，給腐朽的清廷增添了新的活力，對改變清末官吏結構，刷新清末政治是有作用的，特別在教育、文化、外交、經濟等方面，發揮了重要的不可替代的作用。

　　考試的雙刃劍作用，在清末獎勵考試中體現較爲明顯：一方面利用考試的激勵功能，獎學勵才，選拔官吏，適應了當時社會文化氛圍和民眾心理需要〔註133〕，對減緩新舊教育制度轉換的阻力，鼓勵和招徠留學人才，提高其

〔註130〕趙熙《奏試學入官宜名實相副摺》。劉眞主編《留學教育》第二冊，第958頁。

〔註131〕《學部奏議覆御史趙熙奏試學入官宜名實相副摺》，載《政治官報》，宣統元年十一月初八日，折奏類，第8頁。

〔註132〕《顏惠慶自傳》第三章「教學生活」，傳記文學出版社，第37～38頁。轉引自楊學爲等主編：《中國考試制度史資料選編》，黃山書社1992年版，第539頁。

〔註133〕出生於1890年，參加過科舉的王郁之在1964年撰文回憶的一個小事很能說明這種文化心理。他初入經漢黃德道中學堂讀書時，科舉已廢，但按學堂考試獎勵制度，畢業後可獎爲貢生。當時有個周姓同學，課後常與人談問：「我們畢業後，是哪一種貢生？」一星期中或一天中只要碰著他，便問出這個問題來，後來同學們起外號稱他爲「貢爺」。1911年夏天，學堂獎勵考試廢除，人仍以「貢爺」呼之，他說：「貢生獎勵已廢除，還說什麼『貢爺』？」王郁之寫道：「我想那時像周同學那種心情的人一定是不少。」參見王郁之：《鄉試、會試、殿試見聞》，載《武漢文史資料文庫》第四卷（教育文化），武漢出版社1999年版，第31～32頁。

社會地位和工作熱情，均起到了重大而積極的影響。在留學獎勵考試中成績愈好，授予的科名則越高，獲得的官職越大，這對提高留學生的競爭意識和本身素質當然也不無促進。它甚至還促進了留學國改進對留學生的政策和教育。〔註134〕另一方面，科舉廢止前後，全社會正逐步形成科舉不廢不足以興教育興國的輿論氛圍，但清末考試制度變革時，卻又把學校教育等同於科舉選士，對新式教育的培養目標產生了嚴重誤導。梁啓超的批評雖較激烈，但頗爲中肯：「以官制爲學生受學之報酬，遂使學生以得官爲求學之目的，以求學爲得官之手段。其在學校之日所希望者，爲畢業之分數與得官之等差；及畢業以後，即拋棄學業而勉力做官矣……故中國興學十餘年，不僅學問不發達，而通國學生且不知學問爲何物。」〔註135〕然而，梁啓超所言，與其說是批評清末獎勵考試，不如說批評的是中國的傳統──考試的傳統和陞官發財的傳統：學而優則考，考而優則官，陞官則發財。費正清曾指出，清代中國「統治者的成功全在於策勵和駕馭他的官吏。而爲此目的，什麼榮譽或表彰都不如他們斂財致富更爲有效。有一個四個字的古諺通常是最有代表性的，這就是『陞官發財』。這就是科舉考試之所以長期成爲一切雄心勃勃的人出息的主要渠道的原因。」〔註136〕科舉考試制度構建了一個費氏所稱的「一種自由的政治」，「政治士大夫身份既爲人們所嚮往，國家就發現這個資格是可以賣錢的。」〔註137〕其實讀書人做這個「買賣」，有兩個方式，一是「學成文武藝，售於帝王家」。皇家不買你的賬，則只好用第二種辦法：掏眞金白銀買官、買資格了。只要專制統治還存在，這種「用一套正統的思想作爲進身之階，以便消磨天下俊傑之壯志」〔註138〕的「治國之策」，就會持續下去。而這種政治傳統內化爲社會心理，進入到民族文化的深層結構中去之後，它甚至不是改朝換代所能移易。

不過時代總在進步，儘管它步履維艱。1911 年 8 月，清廷宣佈下一年取

〔註134〕如 1906 年留學生考試中，歐美留學生成績普遍高於日本留學生（列一等多爲前者，列二等多爲後者），從而「促進日本教育界反省其對中國留學生的教育政策」，並將留日學生素質的提高視爲當務之急。參見實藤惠秀《中國人留學日本史》第 63 頁，三聯書店中譯本，1983 年。

〔註135〕經世文社編：《民國經世文編》，教育類，1914 年。

〔註136〕〔美〕費正清著：《偉大的中國革命（1800～1985 年）》，劉尊棋譯，世界知識出版社 2000 年版，第 37 頁。

〔註137〕同上書，第 32 頁。

〔註138〕〔美〕孫隆基：《中國文化的深層結構》，廣西師範大學出版社 2004 年版，第 311 頁。

消帶有傳統科舉殘餘特徵的游學畢業生廷試，另定文官考試資格和技術官、教育官使用專門人才辦法。但清廷顯然無法完成這一設想。實現考「學」與考「官」判然兩分，建立現代教育考試制度和文官考試制度，則歷史性地留待中華民國去完成了。

第二章　民國考試制度文化創新發展的
　　　　思想基礎

　　作爲民國時期考試文化轉型和發展的源頭活水，底蘊深厚的中國傳統考試文化進入近代以來，進行著一場深刻的變革。與近代社會發展相對應，近代的社會人才觀和考試觀也發生了重要的變化，並成爲孕育民國考試制度文化的思想資源。具有博大胸懷、善於「融貫」中西文化的孫中山先生，提出了以考試權獨立、官員以考定資格、考與選互補等爲核心內容的考試思想，爲民國考試制度的重構打下了深厚的思想基礎。它是孫中山先生在擇善吸收中國傳統考試文化的同時，結合西方公務員考試制度實踐進行的新創；戴季陶等人對孫中山考試思想不斷進行闡釋，也豐富了這一思想根基。而南京臨時政府和廣州革命政府時期通過的考試法規和進行的考試初步實踐，便是根據孫中山先生考試思想勾劃出的最初藍圖，這爲國民政府推行考試制度打下了思想基礎。

第一節　近代社會人才觀與考試觀的演變

　　人才觀和考試觀是構建考試制度、形成考試活動的先導，它們構成了支配考試活動的靈魂。任何歷史階段的人才觀，總是反映當時社會對人才的需求，它既反映於考試觀，又體現於考試活動的各個環節。而考試觀又並非單純機械反映人才觀，它對人才觀的形成變化往往也產生一定的作用。

　　人才觀，即對人才的總體看法，是人們如何確定人才標準、如何有效地考察、培養、任使和管理人才的觀念、思想和原則的總稱。而考試觀，則是

人們對考試這一社會活動的内部、外部關係的總體看法和基本態度，是人們通過考試選擇何種人才和如何選出人才的觀念、思想和原則的總稱。

人才觀和考試觀作爲一種觀念形態，必然隨著社會的經濟基礎和上層建築的變化而變化。它既受社會生產力發展水平的制約，又受社會政治、經濟制度的制約。不同社會有不同的人才觀，不同考試有不同的考試觀。

中國社會進入近代以來，面臨「數千年未有之變局」，從一個完整封閉發展的封建社會進入半封建半殖民地社會，在政治、經濟、思想文化等領域都出現了前所未有的變化。同時中國開始了由傳統向近代的漫長轉型。作爲社會政治、經濟、文化發展需要的必然對應，傳統的社會人才觀也開始發生轉變，並影響了科舉的考試觀。下文將從科舉的人才觀、考試觀分析入手，探析中國近代人才觀、考試觀的演變發展情況。

一、科舉時代的人才觀

科舉制度所倡導的人才，首先應是按照統治階級劃定的模式塑造的，並且是爲統治階級服務的，它是統治階級意志的反映。就總體講，科舉時代的人才觀，體現於以下五端：

（一）人才是為政治國的重要「工具」

早在春秋戰國時期，先秦諸子就已形成了比較系統的人才觀，對人才的重要性有著許多重要的論述，將尚賢使能、尊重人才作爲治國施政的根本原則。《禮記·中庸》中記載，孔子說：「其人存，則其政舉；其人亡，則其政息。……故爲政在人。」深刻揭示了人才的使用與社會進步的關係。有學者認爲，「孔子的賢能治國論是科舉制建立的主要理論基礎之一。」〔註1〕墨子曾說：「得意賢士不可不舉，不得意賢士不可不舉，尚欲祖述堯舜禹湯之道，將不可以不尚賢。夫尚賢者，政之本也。」〔註2〕他認爲賢才有輔佐國君的重大作用。荀子專門寫作了《致士》篇，強調賢士對制定路線政策的重要；《呂氏春秋》通過分析歷史，也得出了同樣的結論：得人者昌，失人者亡。成功君主共同的經驗，就是得賢、重賢；人才的最重要的作用，就是「身定國安天下治」。該書寫道：「身定國安天下治，必賢人。古之有天下者也，七十一聖。觀於春秋，自魯隱公以至哀公十有二世，其所以得之，所以失之，其術一

〔註1〕劉海峰：《中國考試思想史》序言，商務印書館2004年版，第2頁。
〔註2〕《墨子·尚賢上》。

也；得賢人，國無不安，名無不榮；失賢人，國無不危，名無不辱。」〔註3〕被譽爲一代明君的唐太宗李世民則明確認識到：「爲政之要，惟在得人，用非其人，必難致治。」〔註4〕到了封建王朝走向崩潰的前夜，一些政治家對人才的認識更爲明確，龔自珍指出：「一代之治，必有一代之人材任之」，「國勢之消長繫乎人才之興盛」〔註5〕。

先秦諸子和後世思想家心目中的人才，主要是賢人君子。他們認爲，這些人關係到國家的盛衰興亡。不同時代各家各派的政治觀點雖然不同，但是在這個問題上卻幾乎是眾口一詞。重視人才，強調人才在治國安邦中的作用，直接促使人們探求識才、選才的途徑和方法，對考試觀的形成有著重要的影響。

（二）「德才兼備」是人才評價甄選的基本標準

科舉考試於隋唐建立後，對人才的德與才的關係有了更爲明確的認識。「才者，德之資也；德者，才之帥也」〔註6〕。以德帥才，「德才兼備」成爲鑒別人才的基本標準。唐太宗李世民明確提出：「今所任用，必須以德行、學識爲本。」明太祖朱元璋痛感科舉選出的人才只會虛文，決定暫罷科舉，實際上是對人才選拔標準進行了一次校正。他說：「朕設科舉，求天正賢才以資任用。今所司多取文詞，及試用之，不能措諸行事者甚眾，朕以實心求賢，而天下以虛文應之，甚非所以稱朕意也。其暫罷天下科舉。有司察舉賢才，必以德行爲本，文藝次之。」〔註7〕他重申了以德帥才的人才選拔標準。

明人胡世寧在《知人官人疏》中，則更明確地將人才劃爲四等，對德、才的內涵和關係闡述得更爲具體和明確：「當以誠心體國愛民爲主，而才與守斟酌品第，有是心而才與守兼優者爲第一等，有是心而或才優守次或守正才次者爲第二等，無是心而才守兼優者爲第三等，無是心而或有才守或者有守無才者爲第四等。」〔註8〕

應該指出的是，科舉時代的德、才內涵有時代性，其德的內涵更強調崇德尚禮，忠君尊權。其愛國，愛的是皇姓之國；其愛民，則是「愛民如子」，是「牧民」之愛。

〔註3〕《呂氏春秋‧求人》。
〔註4〕吳兢《貞觀政要》卷七。
〔註5〕《龔自珍全集》，中華書局1958年版，第116、329頁。
〔註6〕《資治通鑒‧唐紀》。
〔註7〕谷應泰《明史紀事本末》卷十四。
〔註8〕《明經世文編》卷一三三。

（三）任人唯賢是人才評選的基本原則

每一個時代有作為的統治者，都十分重視廣泛地吸納人才、擴大人才隊伍，力爭做到延納「眾賢」。而招攬人才，除了需要一個正確的標準，並為人才發揮才能創造良好的條件外，確定選拔人才的原則，也是十分重要的，它構成了人才觀的一個重要組成部分。在我國古代先賢的論述中，關於人才選拔原則，可以概括為三個方面：即任人唯賢、觀其主流和不拘一格選拔人才。這三個原則中，尤以任人唯賢對我們今天選拔人才原則的確定影響最大。

在先秦諸子對人才選拔原則的論述中，荀子可謂集大成者。孔子及其後繼者孟子主張，擇才既看出身，又看能力；既講「親親」，又講尊賢。荀子則力主，不論尊卑、親疏遠近，只看實際能力。他說：「雖王公士大夫之子孫也，不能屬於禮義，則歸之庶人。雖庶人之子孫也，積文學，正身行，能屬於禮義，則歸之卿相士大夫。」對人才，他反對求全責備，主張看主流，看大節。他認為：「君主賢而能容罷，知而能容愚，博而能容淺，粹而能容雜，夫是之謂兼術。」又說，「賢能不待次而舉，罷不能不待須而廢，元惡不待教而誅。」〔註9〕主張人才選拔不宜論資排輩，應主要根據賢能與否來選拔。而韓非子所講「內舉不避親，外舉不避仇」的故事，表現出在人才選拔上「私怨不入公門」，以及識大體、顧大局的精神，不僅受到先秦諸子的推崇和肯定，也為歷代當權者所沿用，而且直到今天亦常為人們津津樂道。

（四）人才貴在識別、任用

王安石曾一針見血地指出：「人主以狗彘畜人者，人亦狗彘其行，以國士待人者，人亦國士自奮。」〔註10〕包拯也曾歎道：「臣嘗讀《漢書·谷永傳》曰：『帝王之德莫大於知人』。誠哉，是言也！」無論是皇帝還是大臣，所反覆強調的都是：治國為政首在得人。身為人君，重在識才，而才也只有經皇帝賞識才能放光出彩。

（五）文化知識是衡量人才的主要標準

科舉制是國家統一選拔官吏的制度，它以文化中正制考試成績作為唯一的標準。這正是它有別於兩漢察舉之重德甚於重才，不同於魏晉南北朝九品之重門第甚於重德才的關鍵所在。當然，科舉也強調考察德行。但在考試實

〔註9〕《荀子·王制》。
〔註10〕王安石《臨川集》卷六九《委任》。

施中德行是難以考察的。舉子們雖然做的都是「道德文章」，但一個人的道德水平又有多少能夠寓於一篇文章裏呢？因此，文章本身及其代表的文化知識，終於成為考察人才的主要標準。考試觀在這裡又反過來影響了人才觀，使科舉實際上從「衡人」走向了「衡文」。

二、科舉時代的考試觀

儘管考試觀對人才觀有著「反作用」，但若就其總體而論，依舊是人才觀制約著考試觀。科舉時代的人才觀，對科舉的考試觀產生了極其重要的影響。為這種人才觀所決定，科舉考試的考試觀呈現出以下特色：

（一）考試是選拔人才、牢籠英雄的重要工具

中國封建社會發展過程，其實也是一個不斷探索如何遴選人才鞏固皇權、加強專制的過程。世卿世祿製造就了一批諸侯大族，使皇權無法安枕，平藩滅侯成為輪迴上演的慘劇；察舉制難以把握、標準多元，且有舉額過多之濫；而九品中正制在實施的後期，選官權幾為豪族攫取，入選者身登高位之後，累世成蔭，又成新的世家大族，嚴重削弱了中央集權，也不利於皇權鞏固。只有科舉成功地將知識分子從專制政權的批評者發展成為自己的同盟軍，且有助於社會人員流動，使「君子之澤，五世而斬」，皇權便可高枕無憂。「官職由科舉而來，門第則直接取決於官品，這就意味著丟了官品也就丟了世族地位」。〔註11〕對考試在政治統治方面的功能和作用，專制統治者認識是十分清楚。1733 年，雍正帝就曾頒佈上諭指出：「國家以制科取士，所以覘士子所學；而士子所學，關乎世道人心。」〔註12〕

（二）選官考試面向社會開放

封建時代的科舉考試，具有一定的超時代性、超階級性，它是對封建社會人才選拔之等級觀念、門第觀念的直接否定，它所蘊含的應考者在「考試面前平等」的觀念，客觀地說是具有超時代性內涵的。科舉規定，凡士子皆可以「投牒自應」，以自由報考方式參與競爭和接受挑選，如此便打破了等級觀、門第觀，極大地擴大了人才的選拔範圍。正是這種「開放政權」的態度

〔註11〕王日根：《中國科舉考試與社會影響》，岳麓書社，2007 年版，第 14 頁。
〔註12〕《大清會典事例》卷 332，《禮部・貢舉・試藝體裁》雍正十一年下，中華書局 1991 年影印本。轉引自楊天宏：《中國的近代轉型與傳統制約》，貴州人民出版社 2000 年版，第 106 頁。

和做法，使專制政權獲得了吐故納新的機制，從而使選拔出來具有一定文化知識水準的官員，能夠保持封建國家機器的相對活力和效率。

（三）以「知識本位」為價值取向

縱觀一千三百年科舉史，考試內容雖幾經演變，儒家經典始終是考試內容的主體，它貫徹了統治階級獨尊儒術的國家意志，使應試內容呈現出恒定性和機遇均等性；同時，「一切以程文為去留」，把考試成績的優劣作為及第與否的客觀依據，使考試錄取標準呈現出統一性，從而有利於貫徹公平公正的原則。但是，由於在科舉發展後期考試內容日趨僵化，考試形式走向死板，引導考生以死記硬背、代聖立言的方式應考，這又極大地禁錮了考生思想。

（四）分類施考，逐級篩選，程序嚴密

科舉即為分科舉人之意，科舉在唐代設置了許多科目，既有常科，又有制科，多時達到一百多種，分類選拔人才，有的科目，甚至是先有欲舉之人，而後專門設科以網羅之。考試也分為縣試、府試、省試、會試多級，逐級選拔人才。但由於科舉制的發展趨勢是向統一考試演變，科目趨同，內容趨同，從選拔專才走向選拔通才，標準也日趨刻板，最終又限制了人才培養。

在考試程序方面，科舉制從施測到成績評定均有嚴密的控制程序，用以規範主試和應試主體的行為。為防考官子弟與一般士人同場考試而出現不公，則創設了「別頭試」等；為防舞弊，又實行了「彌封」、「鎖院」、「謄錄」、「對讀」、「磨勘」等防弊之法，對考試實施流程實行有效控制。這些努力，反映出封建統治者力圖在科舉考試中使寒士與官宦子弟平等競爭的意志，在一定程度上限制了皇室貴族的特權，反映出了科舉考試平等競爭、公平選才的精神。

（五）公開平等，競爭擇優

科舉考試歷時一千三百餘年，舉行科考近八百屆，應試者數以千萬計；但進士及第者不過十餘萬人，〔註13〕由此可見，競爭十分激烈。這種優中選優的人才競選思想，在封建專制主義統治的歷史條件下，有利於選拔真才，故有人評價道：「制義取士迄今，蓋五百年，萃五百年之英才。」〔註14〕通過競爭擇優，選拔了人才，也體現了社會公平的原則。更重要的是，這一思想

〔註13〕 參見余秋雨：《十萬進士》，《山居筆記》，文匯出版社 1999 年版。
〔註14〕 汪國霖：《制義叢語序》。

符合人類追求活動效率及個人價值的取向，這正是科舉獲得西方近現代社會認同、至今爲選拔考試所借取的主要原因。

綜上所述，科舉制度在封建社會以德帥才、德才兼備人才觀的導引下，以其具有的考試對象開放、標準統一、程序嚴密、競爭選優等特性，集中體現「公開平等、競爭擇優」的本質精神。其考試觀中富有的超階級性、超時代性內容，由於符合考試發展規律，不僅西傳歐美，而且可爲現行考試判斷的改革所借取。

三、近代人才觀的轉變

早在明末清初，已有一批啓蒙思想家深刻地察覺到，中國面臨人才危機，進而檢討傳統的人才觀，祈喚「不拘一格降人才」。

以黃宗羲、顧炎武、王夫之爲代表的思想家，在反思明代弊政及至上千年封建弊政之時，對中國傳統人才標準、用人思想進行歷史總結，並提出含有民主思想的用人觀念。一是才當爲萬民所用。黃宗羲對「才爲君用」這個似乎毋庸置疑的古老命題提出了疑問，認爲天下之人才是天下主人，君主不過是天下過客，故才當爲天下所用，爲萬民所用。〔註15〕爲此，需要讓培育人才的學校，完全擺脫皇權和官僚體制的控制；學校所設培育人才之科目，不應由皇帝御定，而鬚根據社會需要確定。王夫之也以民主觀看待人才，主張不分尊卑，賢者爲上，人才當爲「公天下」而用。〔註16〕他們向封建用人思想的基石，即有如主僕的君臣關係發起了猛烈的攻擊。二是認爲繁法壞才，死板的銓選法則往往窒息人才。顧炎武在《日知錄》之《人材》、《銓選之害》等篇中，抨擊繁法之「無用」於國家而敗壞於人才。認爲人才的作用，不可能在專橫政治使人不敢言、不敢爲的條件下得以發揮。帝王之立法，尤其是用人之法令過密，常常幫不肖者的忙，而對賢才起到消靡作用。孔子選人是「舉爾所知」，明代取士禮部糊名，已倒退到舉而所不知；吏部選官則用掣簽之法，更是到了用其所不知地步，官員赴任人地兩不相宜，難免吏治敗壞。三是成才有賴於實踐。王夫之批判宋明理學家重知不重行、以知代行的流弊，認爲這不利於有用人才的養成，他主張，人才獲取知識、增長才幹的路徑，應是「行爲貴」、「知之盡則實踐之」。由此，他堅持經世致用的育才思想，主張人們在實踐中學習一段之後，「能士者士，其次醫，次則農工商賈，各唯其

〔註15〕參見黃宗羲：《明夷使訪錄・原君》。
〔註16〕參見王夫之：《黃書・古議》。

力」〔註17〕。然後依照自身秉賦、按照自身特長、愛好從事適合自己的事業。這些開明的人才觀和職業觀都是十分可貴的，它們為近代中國進入人才觀的大變革預作了理論鋪墊。

生活在鴉片戰爭爆發前後的龔自珍、阮元、魏源等人，歷經「嘉道衰世」，又目睹外侮的來臨，對人才的缺乏和社會戕才的現實更有切膚之痛，因而他們的人才思想，更對中國近代人才觀的轉變起到了推動作用。

龔自珍人才思想的深刻性，「是以社會治理為標誌觀察社會的人才狀況，又以社會的人才狀況權衡社會治理的水平」〔註18〕。他認為，世之盛衰，皆賴人才。他根據國家已陷入人才匱乏的窘境，發出了嘉道已進入衰世的警號。他鋪列出十才，即才相、才史、才將、才士、才民、才工、才商、才偷、才駔、才盜，並且以史比今，影射晚清十才皆缺，國人昏昧。在這裡，才相、才史、才將、才士屬於常論；才偷、才盜則是政治諷刺；而才民、才工、才商、才駔（馬市交易經紀人）的提出，則表明才能對任何職業都是需要的，這就打破了「學而優則仕」所代表的官員才是人才的陳舊人才觀，擴展了人才的範疇，也更新了人才的標準。龔自珍認為，世本有才，人才必不絕於世；而衰世無才，是由「不才戕才」所造成的。社會由「不才」們所把持，見有才士、才民出，即罰其皮肉、束其手足、殘傷其心，使人才無法表現其才華。而參與戕才的「百無才」中，皇帝是首惡。其虛偽的招賢納士，將君臣關係變為主僕關係，由此臣吏們的才性降於次位，奴性升為主位，長此以往，天下之才便被戕戮乾淨。因此，龔自珍呼籲：「我願天公重抖擻，不拘一格降人才。」

位列封疆大臣的阮元，以其專著《疇人傳》體現了他對天文術數學界人才社會地位的深刻見解，從而大大地擴展了人才的範圍，反映了在「千古之大變局」情勢之下人才觀的進步。中國古代傳統的人才觀中，一向輕視各種專門人才，從孔子提出禮、樂、射、御、書、數的「六藝」說，到封建晚期把人才範疇展寬至智、能、技、藝的廣闊領域，中間經歷了排斥專門才能的漫長時期。而阮元著《疇人傳》及其後來者所撰續傳，既是中國天文術數學思想發展的「專書」，是中國天文術數學者的傳記，又以其提出「術數為才」的人才標準，彰顯術數專門人才光彩形象和重要的社會地位而對近代人才觀產生了影響。

〔註17〕 王夫之：《讀四書大全》。
〔註18〕 苗楓林：《中國用人思想史》，齊魯書社1996年版，第333頁。

　　與龔自珍並稱「龔魏」的晚清思想家魏源，經歷了鴉片戰爭後長達十八年的民族苦痛，提出了面向開放世界的全新的人才觀。魏源認為，「才」與「能」不可混同，小事不糊塗謂之能，大事不糊塗方謂之才，而治國大事必須才臣。他縱觀中國歷史，提出了「三代私而後世公」的論斷。認為從三代的任人唯親到後世的親賢並用、任人唯賢，是一個漫長的但終久不可阻擋的歷史趨勢，以「後世公」呼籲新的民主用人思想和用人制度早日出現。〔註19〕作為晚清第一批「睜開眼睛看世界」的中國人，魏源深感那種靠熟讀經書、不瞭解社會和世界、不瞭解現代科技的人，是不能救中國的。過去的所謂「治國之才」，只懂得封建陳規、只知從王朝更迭中找教訓來作為選拔、培養、評價人才的標準，已到了必須轉換的時候了。魏源提出「師夷長技以判夷」，堅信只要勇於「師夷」，社會才會湧現新的人才，如此就會「風氣日開，智慧日出，方見東海之民，猶西海之民」〔註20〕。雖說魏源的「師夷論」對內容限為「長技」、目的限為「制夷」，但其影響迅速超出其劃定界限。學習內容迅速從「夷」之「長技」擴至「向西方尋求真理」；目的也絕不僅限於「制夷」，而是定位於富國強兵等「自強」目標。這些內容、目標和對象的擴展，更易使人才標準也發生轉換，進而引起人才選拔、培養機制的變化。

　　鴉片戰爭後，大門洞開的中國被動地開始近代化歷程，社會發生的巨大變化廣泛要求培養和選拔軍事、外交，科學技術、工商等專門人才，部分有識之士開始倡導學習西方自然科學和工程技術，帶動了社會加速這方面人才的培養與選拔；同時，在東漸的西學影響下，經歷洋務運動、戊戌維新運動之後，人才知識結構、人才評價標準趨向多元，人才的內涵也不斷得以擴充和更新。

　　綜而言之，近代人才觀在以下幾個方面發生了很大變化：

　　其一，人才的內涵不斷擴大。打破了人才等於官員的傳統人才概念，人才的範疇不再局限於傳統的政治人才或文學人才，而是擴展到社會需要的方方面面。洋務運動後，中國社會迫切需要各種具有西學知識的人才，涉及軍事、外交、科學、製造、商貿等諸多方面，所以郭嵩燾說：「今日人才，以通洋務為要。」〔註21〕而且通洋務的標準和要求，也已十分具體。如張之洞在《延訪洋務人才啓》中說得明白：「研精天算，周歷地球，通曉諸邦之形聲，

〔註19〕《魏源集‧默觚下‧治篇九》。

〔註20〕《海國圖志敘》。

〔註21〕郭嵩燾：《郭嵩燾奏稿》，嶽麓書社 1983 年版，第 360 頁。

熟於沿海之險要，或多見機器，運用得宜，或推闡洋法，自能創造，或究船炮之利鈍，或精通礦學之法門，或能貫徹新舊條約之變遷，或能剖析公法西例之異同，兼擅眾長者俾爲人師，專通一門者亦資節取。」〔註22〕顯然，人才的概念，已由傳統的章句之儒，擅長道德文章的道學家，更換成了具備近代科學知識，掌握一定專門技能的新型人才。

但是，由於受「中體西用」思維模式的限制，洋務派所倡之人才，僅限於西語西藝等方面，囿於「一器一藝一用」。而且出於「以中爲體」的要求，在人才培養中仍強調倫理道德修養，並以「忠君」作爲首要條件。如此，往往限制了人才的發現和發揮，難以滿足社會需要。王韜曾歎息道：「必有人焉，深明制治之道，周知通變之宜而後可。否則，機器固有局矣，方言因有館矣，遣發子弟固往美洲攻西學矣，行陣用兵固熟練洋槍矣，而何以萎靡不振者仍如故也，洞明時變大有干謀者，仍未能見其人也！」〔註23〕

甲午戰敗後，伴隨著維新變法運動的興起，康有爲、梁啓超等人重新認識人才問題，提倡維新派的人才觀。他們主張，以「政學」爲主義，認「藝學」爲附庸，將人才的概念進一步擴大，認爲僅有技藝之才遠遠不夠，還要求人才不僅要有深厚的中學知識，而且要有豐富的西學知識；不僅要擁有自然科學知識，而要有社會科學知識，更要有資產階級民主、自由的思想觀念；不僅要有專才，更要「全民皆才」。當年維新派在《無錫白話報序》中稱：「謀國大計，要當盡天下之民而智之，使號爲士者農者商者工者，各竭其才，人自爲戰，而後能爲泰西諸雄國，爭勝於無形耳。」〔註24〕事實上，維新派在廢除科舉上的艱巨努力，正是基於「開民智」這一全新的人才觀的需要。康、梁關於科舉的論述在此姑且不提，僅看康廣仁在就義前的慷慨陳詞：「八股已廢，人才將輩出，何患無繼哉！」〔註25〕就可清楚地瞭解到維新派對廣開民智所寄託的無限希望。

其二，人才的標準發生轉換。「帝制時代的中國，人才就是掌握了儒學經典的理論原理和道德準則的人。」〔註26〕這些爲官者往往被認爲或自認爲是「通才」。正如有學者指出：「因爲政府被想像成一門安排人類關係的藝術，而不是

〔註22〕 張之洞：《張文襄公全集》（二），中國書店 1990 年版，第 528 頁。
〔註23〕 王韜：《弢園文錄外編》卷二。
〔註24〕 轉引自苗楓林：《中國用人思想史》，齊魯書社 1996 年版，第 361 頁。
〔註25〕 參見苗楓林：《中國用人思想史》，齊魯書社 1996 年版，第 362 頁。
〔註26〕 〔美〕柯文著，雷頤、羅檢秋譯：《在傳統與現代性之間》，江蘇人民出版社 2003 年版，第 102 頁。

合法管理的科學，所以儒家官吏本身被設想成對有關所有事務（不論這些事務多麼複雜）政策進行評判的一位富有能力的法官。」〔註27〕但是，19世紀中葉以來繁紛複雜的局面，再也不是這些「通才」們所能應付得了的了。所謂「通才」，此時已被譏之爲「究其極乃一無所能」。日益複雜的經濟生活、迅速發展的社會化和知識膨脹，使一些有識之士呼籲重視專才，培養專才，以專才爲才。如王韜就明確主張：「才有數等，有吏才，有將才，有匠才，有出使之才，有折衝禦侮之才，有明體達用之才，有應急濟變之才；用之必各當其才，而後才乃見。」〔註28〕他不僅強調「才有數等」而非「一」等，而且強調對專才進行引導和教育培訓，「使士專治一經，專學一事，隨其材之成，官之終身。」〔註29〕可以說，「人才專門化」代表了近代人才觀演化的主要方向。

其三，人才的類型有所拓展。傳統人才觀中「以德帥才，德才合一」的人才訴求，開始向「中西會通」、素質多樣的方向轉變，對人才在「德」的方面賦予新的內涵。按照儒家的傳統人才觀，官員的德行與才能，是穩定政府、和諧社會的首要條件。左宗棠說：「天下之亂，由於吏治不修；吏治不修，由於人才不出；人才不出，由於人心不正，此則學術之不講也。」〔註30〕傳統人才觀中，才與德總是集於一身的，正如芮瑪麗指出的：「沒有人能不受指責地提出：一位道德高尚的人可能是任職無能的人，或者一位道德敗壞的人可能具有非凡的才能。」〔註31〕鴉片戰爭後，傳統「以德帥才」人才觀所構築的這種道德與才能之間貌似必然的邏輯聯繫受到了挑戰。首先，正如龔自珍預言的那樣，晚清的腐朽之輩——那些所謂有德有才的「封疆立萬」者，一有風吹草動就會作「鳩燕逝」〔註32〕，官員等於德才兼備者的神話也就不攻

〔註27〕〔美〕芮瑪麗著，房德鄰等譯：《同治中興》，中國社會科學出版社2002年版，第116頁。

〔註28〕《弢園尺牘續鈔》卷三。

〔註29〕王韜：《論宜去學校積弊以興人才》，轉引自陳忠倚輯：《皇朝經世文三編》卷四三，《禮政八，學校下》。

〔註30〕轉引自〔美〕芮瑪麗著，房德鄰等譯：《同治中興》，中國社會科學出版社2003年版，第86頁。

〔註31〕〔美〕芮瑪麗著，房德鄰等譯：《同治中興》，中國社會科學出版社2003年版，第86頁。

〔註32〕龔自珍在22歲時作出了這一預言，26年後鴉片戰爭爆發，晚清王朝的封疆大吏琦善、耆英、伊里布等，對入侵者投降妥協，一些高級將領如奕山、楊芳、奕經等人遭遇英軍即望風而逃，作鳥獸散。龔對晚清人才匱乏、腐朽的判斷與預報，在其謝世當年就得到確鑿的驗證。參見《龔自珍全集·乙丙之際著議第九》。

自破。其次，在近代社會情勢之下，德的內涵也在發生變化，滿口仁義道德卻無法面對新的世界，其德無益也無用。王韜就曾指出，國事全在乎得人，用人得當則良政興；用人不當，一切受制於守舊之人，則雖有美意良方，仍將一事無成。因此他堅信，人才首先應該實用，而政績突出者，肯定是那些具有處理實際問題經驗的人。〔註33〕

維新派認為，洋務派在人才培養和選拔方面之所以勞而無功，在於其受到「中體西用」模式之限，因而提出「中西會通」的人才模式。康有為提出「泯中西之界限，化新舊之門戶」，要求維新人才不僅應擁有近代自然科學知識，而且還應掌握西方社會科學知識，具備近代社會的意識，樹立自由和自立精神，以改造中國為己任。嚴復的人才思想，則更傾向注重近代人才的綜合素質，他明確提出「新德」的概念。嚴復認為，「人才者，民力、民智、民德三者之徵驗也」。近代人才是「新民」，即在德智體三方面得到均衡發展的人。他們應體魄健壯，智慧大開，中學、西學兼通，他們還必須具有「新德」，即體現自由、民主、平等精神的新道德。「在維新派眼中，它是指進化的宇宙觀、優勝劣汰的生存觀及進取精神；平等、自由的民權意識；國家觀、愛國精神的社會公德觀。也就是說，新民既有傳統的五倫私德，也有社會及國家倫理公德」〔註34〕。顯然，近代人才觀雖然沒有對傳統「以德帥才」的人才觀進行公開的批判，但實際上，卻以充滿近代先進思想文化氣息的新道德標準，替代了傳統的道德標準，為近代人才之道德要求注入了嶄新的內涵。這無疑是傳統人才觀向近代人才觀演化中一個質的飛躍。

其四，人才的培養首重學校。在人才培養選拔方面，強調學校育人，重視新型學校在人才培養中的作用，批判科舉僵化腐朽、貽誤人才，這也是近代人才觀的重大變化。王韜等人批評各級官學只是粉飾太平的工具，主張辦新學，改革科舉制度。他提出：「國之於人材，何國蔑有，然則盛衰有不同者，無他，由乎養與不養焉耳。欲養人材，必興學校。」〔註35〕鄭觀應則強調：「按古今中外各國，立教養之規，奏富強之效，原本首在學校。」主張發展專門化教育，改革選拔制度，人盡其才，材盡其用，他希望「一科有一科之用，

〔註33〕 參見《弢園文錄外編》卷二。〔美〕柯文著、雷頤、羅檢秋譯：《在傳統與現代性之間》，江蘇人民出版社 2003 年版，第 105 頁。

〔註34〕 楊齊福：《科舉制度與近代文化》，人民出版社 2003 年版，第 147～148 頁。

〔註35〕 《皇朝經世文編》，卷八《論宜去學校積弊以興人才》。

任使務盡其所長；一人有一人之能，驅策必久於其任」〔註36〕。他們所要求
舉辦的學校，是傳播新思想、教授西方科技知識技能的學校，均以講求西學
爲旨歸。

洋務運動中，也確實通過舉辦洋務學堂培養了一批人才。他們能否滿足
社會的需求姑且不論，但他們已受阻於科舉制度、無法得到社會的認同則是
事實。他們被排斥在「學而優則仁」的傳統進身途徑之外，即使身懷絕技也
難以發揮。於是，人們意識到科舉制度才是人才培養、選拔的瓶頸和戕害人
才的罪魁禍首。從鴉片戰爭後到 20 世紀初，隨著這種認識的深入和對人才的
饑渴的加深，人們對科舉制度的態度，也經歷了一個從批判到改良，從「待
廢」到「立廢」的過程。最終，使近代人才觀在經歷人才概念的更新、內涵
的擴充、人才標準的轉換、人才類型的拓展之後，方觸到了人才生成培育的
根本機制問題。它促使人們解放思想，深入反思科舉制度和教育制度的弊端，
增強了對科舉的批判力度，也引發了傳統考試觀的更新和向近代考試觀的轉
化。

四、近代科舉考試觀的嬗變

科舉制步入明清時期，已然定型，亦更複雜。考試選才之積弊經千餘年
積澱後更爲凸顯，改革思想卻也因之更加活躍。考試觀的革新，釀成了科舉
制演化的內部動因之一。

與人才觀的演變相對應，早在明末清初，顧炎武、黃宗羲等人紛紛指陳
科舉之弊端，提出了改革科舉制的要求與方法。他們對以八股文取士爲靶心
的批判，催動了新的考試觀的產生，同時對清末科舉革廢產生了巨大的影響。
其主要思想爲：

第一，科舉敗壞天下之才，毒化社會風氣，造成士人品格卑微，無力承
擔治國安邦之責任。顧炎武認爲八股取士之弊在於：「老成之士，既以有用之
歲月銷磨於場屋之中，而少年捷得之者，又易視天下國家之事，以爲人生之
所以爲功名者，惟此而已。故敗壞天下之材，而至於士不成士，官不成官，
兵不成兵，將不成將。」〔註37〕他認爲，「八股之害，等於焚書，而敗壞人
才，有甚於咸陽之郊：所坑者，但四百六十餘。」因此他提出：「今日欲革

〔註36〕夏東元編：《鄭觀應集》，上冊，上海人民出版社 1982 年版，第 261、301
　　　　頁。
〔註37〕顧炎武：《亭林文集》卷一《生員論》中。

科舉之弊，必先示以讀書學問之法。暫停考試數年，而後行之，然而可以得人。」〔註38〕歸有光則痛陳：「科舉之學，驅一世於利祿之中，而成一番人材之道，其敝已極。士方沒首濡溺於其間，無復知有人生當爲之事。榮辱得喪，纏綿縈繫，不可脫解，以至老死不悟。」〔註39〕

第二，科舉「囂爭」，導致學校教育名存實亡，學術研究走向衰微。科舉考試具有的「指揮棒」作用，不僅決定選拔什麼樣的官員，而且決定了士人應該按什麼樣的標準塑造自己，進而導致教育目的的偏移。明之前，「重科舉，輕學校」的風氣已盛。王安石等以「三舍法」之類努力，力促養士與選士的結合，但未告成功。明萬曆之後，學校完全被納入科舉軌道，成爲其附庸，學校育人的目的和功能無從談起。黃宗羲批評說：「所謂學校者，科舉囂爭，富貴薰心，亦遂以朝廷之勢利之一變其本領。而士之有才能學術者，且往往自拔於草野之間，於學校初無與也，究竟養士一事亦失之矣。」〔註40〕

科舉還通過對學校教育教學內容和方法選擇的制約，扼殺學者獨立思考能力，致使「學非所用，用非所學」現象加劇、蔓延，眞正意義的學術研究日漸消亡。所以顧炎武激憤地指出：「秦以焚書而五經亡，本朝以之取士而五經亡。」〔註41〕

第三，提出了一些改革科舉的設想。黃宗羲主張寬於取士，嚴於用士。他提出「取士八法」，要求增加考試內容，發展學校，重行薦舉，擴大取士範圍。〔註42〕顧炎武建議暫停考試，廢天下生員，然後行「生儒之制」，施「辟舉之法」。即以學校養士取代科舉選士，同時廣開推薦之路，並對考試的場次安排、考試時間、分場淘汰等提出了具體建議。〔註43〕

明末清初這些思想家，不約而同地認識到學校教育對人才培養和選拔的重要性，強調學校是選才育才之根本途徑。由此對考試功能、考試與教育的關係、考試管理模式等進行了深入思考。這些思想，既是對明清以前考試思想的總結，同時也對清末科舉改革思想的形成產生了巨大影響。

〔註38〕顧炎武：《日知錄》卷十六《擬題》。
〔註39〕《震川先生集》卷七，《與潘子實書》。楊學爲總主編：《中國考試史文獻集成》第五卷，高等教育出版社2003年版，第564～565頁。
〔註40〕《明夷待訪錄・學校篇》。
〔註41〕《日知錄》卷一《朱子周易本義》。
〔註42〕參見《明夷待訪錄・取士下》。
〔註43〕參見《日知錄》卷十六。

相對面臨內外巨大壓力的清末朝野有識之士來說，上面這些「昔議」，鋒芒所指，主要在科舉的流弊而非考試選才這一制度本身，故改革意見也主要是改良而並非廢除。因而，時至晚清對科舉還使用這種並非傷筋動骨的藥方迅速見效。但從觀念層面而言，當國門洞開之後，言語之禁已弛，屈辱和奮起壓力之下的有識之士，不斷對科舉制度提出不同看法，使科舉考試觀在廢除科舉前四五十年裏終於發生巨大變化，並爲廢科舉準備了條件。這種觀念變化主要表現在：

其一，對考試選才功能的認識更爲理性。對科舉之弊的認識愈加深切，選才之功能已不僅寄於考試，由此要求改革科舉。隨著對科舉認識的深入，對科舉選才功能由尊崇到逐漸淡然。馮桂芬認爲，嘉道以降，時文取士之功效確已漸不如前，考試取士不過是區別人之聰明智巧高下而已，試詩賦，人就把聰明智巧用於詩賦；試經義，人則把聰明智巧用之經義，故所試異而所得仍同，但如果所試之事太易，則難辨聰明智巧之高下。因此，考試內容要有一定的難度。〔註44〕這不禁令人想起蘇軾的話：「自文章言之，則策論爲有用，詩賦爲無益；自政事言之，則策論、詩賦均爲無用。雖知其無用，然自祖宗以來莫之廢者，以爲設科取士不過如此而已。」〔註45〕八百七十年後，晚清大臣鄂爾泰在反駁舒赫德反對八股科舉之論時說：「時藝取士，自明至今，殆四百年，人知其弊而守之不變者，非不欲變，誠以變之而未有良法美意以善其後……至於人之賢愚能否，有非文字所能決者，故立法取士，不過如是。」〔註46〕鄂爾泰重複蘇軾的話，也說考試是沒有辦法的辦法。然而，時至晚清，這個沒有辦法的辦法是「不過如是」地維持下去，還是「別思所以遴拔眞才實學之道」，無論如何作答，都已不容人們再討論幾百年了。興學校，改、廢科舉成爲漸趨一致的呼聲。這其中，不僅有對中國科舉存廢的認識，也包含對人類社會如何選育人才及人才育選的關係的認識，探討漸趨於社會發展的根本所在。梁啓超說：「變法之本，在育人才；人才之興，在開學校；學校之立，在變科舉；而一切要其大成，在變官制。」這已觸到專制官僚制本身，並促使由科舉單一的、少量的精英選拔，向廣立學校的開民智之

〔註44〕參見《校邠廬抗議》「改科舉議」。
〔註45〕蘇軾：《上神宗答詔論學校貢舉之法》，《宋朝諸臣奏議》卷七九，載楊學爲總主編：《中國考試史文獻集成》卷三，高等教育出版社2003年版，第249頁。
〔註46〕李調元：《淡墨集》卷一三。轉引自劉海峰：《科舉學導論》，華中師範大學出版社2005年版，第116頁。

舉轉變。此後，已不再把培養和選拔人才皆歸於科舉一途。表面上看，此舉似乎喪失了對科舉考試選才的信心，但其中卻深含對考試選才這一工具性認識的理性回歸。從龔自珍以來的近代思想家，如馮桂芬、王韜、鄭觀應等都主張，在徹底改革八股取士制度的同時，輔之以推薦制度。

其二，考試科目改革，以文武科並重、以單一向多樣化轉變爲主要取向。武舉雖然舉辦時間也很長，但與文科舉相比，卻一值得不到重視。鴉片戰爭後，變法自強成爲時代呼聲的最強音。這其中，練兵強軍是要務之一。但軍事落後並不僅僅反映於武器裝備，養兵練兵之法亦需革新。在此情形下，王韜提出「重武科」的主張。他針對當時「武人率不知禮讓爲何物，儒者亦藐視武事，以爲非我之所宜知」〔註47〕的情況，批評武舉之落後：「武試所專重在弓刀石而已，演練營兵亦以騎射爲先事，一旦臨敵剿賊，所謂制勝長技者並不在此。」〔註48〕由此他建議「文武兩途，兼收並進」，武舉改試槍炮，以學、藝、力三科取士，分智略、勇略、製器三等評定人才。〔註49〕

鄭觀應也強調武科舉的改革，主張「文試廢時文，武試廢弓矢」。他建議武科中列三等以考試之：一試能明戰守之宜，應變之方，深知地理險阻設伏應敵者；二試能施火器命中及遠，駕馭戰船深知水道者；三試製造機器、建築營壘炮臺，善選戰守攻諸具者。〔註50〕

洋務運動中的實力派官員也力圖改革武舉。光緒八年（1882年），山西道監察御史陳啓泰建議武科中「亦可別設水師一科，凡有能造戰艦、炮臺、火器及熟悉風濤、沙線、駕駛、測量並用槍炮有準者，由各省考取，咨送總理衙門驗試，如有成效，即以擢補海防各職」〔註51〕。他的建議實際上繼續了八年前李鴻章《籌議海防摺》中提出的思想，但結果一樣是未被採納。

如果說科類上文武並重思想是由於武科舉的長期不受重視而未激起太大波瀾的話，科目上的改革，則無論是早朝改良主義思想家、洋務派官員還是維新派人士，則形成了較爲一致的觀點，即科舉必須增開實用科目，拓寬取士範圍，考錄實用人才。

〔註47〕《皇朝經世文編》卷八，《論宜去學校積弊以興人材》。

〔註48〕《弢園尺牘・上丁中丞》。

〔註49〕《弢園文錄外編》卷二《變法自強中》。

〔註50〕鄭觀應：《盛世危言・考試》。

〔註51〕陳學恂主編：《中國近代教育史教學參考資料》（上冊），人民教育出版社1986年版，第212頁。

　　王韜建議，文科取士廢八股詩文後，可設十科進行，即經學、史學、掌故之學、詞章之學、輿圖、格致、天算、律例、辯論時事、直言極諫。〔註52〕馮桂芬主張實行多途取士之策，建議設特科招收百工技藝卓越之才。他從國人重科目的傳統出發，特別注意到了科舉設科對社會人才培育的制導作用，力圖讓素不被士大夫看重的百工技藝獲得與經史之道同等的地位，從而有效推動技藝類人才的歷練與培養，滿足社會要求。〔註53〕

　　比馮、王稍後的鄭觀應，明確主張「廣科目以萃人材」和「選材於學校」。他建議分設四科：文科、武科、專科（西學）和藝科。其中西學科包括格致、化學、電學、重學、礦學等當今最要者之數種，並且科目改革須基於學校教育前提下進行，從而可從根本上保障國家對有用人才的培養與選拔。〔註54〕他的考試思想，「可以說是對早期改良主義考試觀的進一步總結和深化，並爲維新派推行『改科舉、興學校』運動奠定了思想基礎」〔註55〕。

　　維新派改革科目的主張，以康有爲、梁啓超爲代表。尤其是梁啓超，提出了改科舉之上、中、下三策。其中的「中策」，是鑒於科舉「積習既久，未即遽除，取士之具，未能盡革」，暫無法實現上策——「合科舉於學校」而提出的折中方案（下策是只改考試內容）。他建議多途取士、選拔實學之士。除進士科外，他主張立明經、明算、明字、明法、使絕域、通禮、技藝、學究、明醫、兵法等爲一科〔註56〕，諸科名稱雖多倣古制，內容卻爲西學，體現中西兼通和實用的特點。戊戌年，梁啓超上《公學上書請變科舉摺》，將中、下策合奏，建議停八股，推行經濟六科（兵、農、工、商、內政、外交六種），並成爲變法詔諭中之重要內容。變法流產後，八股科舉復行。庚子年後，科舉由「待廢」馳入「立廢」的快車道。科舉將廢，其科目遂成無本之木。但還是於光緒二十九年（1903 年）舉行了一次經濟特科考試，終於將現代新學引入科舉。

　　其三，雖仍以「知識本位」爲價值取向，但考試內容由經義向西學轉變。儒家經典作爲科舉考試內容的主體地位，在從漸來變爲驟至的西學衝擊下，

〔註52〕　《弢園文錄外編》卷二《變法自強中》。
〔註53〕　《校邠廬抗議》卷下《製洋器議》。
〔註54〕　鄭觀應：《盛世危言・考試》。
〔註55〕　田建榮：《中國考試思想史》，商務印書館，2004 年，第 298 頁。
〔註56〕　《飲冰室合集》文集第一冊，《論科舉》。楊學爲總主編：《中國考試史文獻集成》第六卷（清），高等教育出版社 2003 年版，第 567 頁。

已難以爲繼。但是，即使由儒家經典而改爲西方新學，也仍以知識本位爲主要價值取向，只是其中透露出對能力的呼喚。

自王韜以來的近代思想家都痛切地認識到，八股取士的根本弊病在於「所習非所用，所用非所學」，主張「何不以有用之時，講有用之學」〔註57〕。他們或主張設立西學科，招錄與近代科技相關的實用人才，或主張先釐正文體，改八股爲策論，或乾脆廢科舉以廣開育人之途。其中集大成者，當以嚴復爲代表。

嚴復要求：「痛除八股而大講西學。」他指出：「夫科舉之事，爲國求才也，勸人爲學也。求才爲學二者，皆必以有用爲宗。而有用之效，徵之富強；富強之基，本諸格致。不本格致，將無所往而不荒虛，所謂『蒸砂千載，成飯無期者矣』」。〔註58〕顯然，嚴復在這裡確立了一個「有用」的價值標準。而所謂格致，即西方所言之科學，這才是最有價值的知識。嚴復認爲，科學才是中國走向富強的根本之道。由於深受西方思想影響，嚴復對八股乃至整個科舉體制的改革態度也更堅決。他主張把那些「其高過於西學而無實」，「其事繁於西學而無用」的東西，都「屏棄弗圖」〔註59〕。進而，他乾脆明確地提出了廢除科舉的主張：「另立選舉之法」，呼籲發展學校教育，以更好地傳播有用之學。

其四，在考試與學校關係方面，以考教一體、以考促學向考教分離、興學改考的方向轉變。傳統教育在本質上是一種高度政治化的教育。梁啓超曾指出：「儒家以政治教育合一爲職志者也。」〔註60〕儒家提倡通過對個體倫理的教育來施政。教育作爲培養倫理的手段，完全被政治化了。而有效連接政治與教育的，正是科舉制度。科舉以考試選拔將「學而優則仕」這一儒家教育理想轉化爲現實，從而更爲有力地銜接了政治與教育。所以西方學者說：「除了古代中國，古代人沒有一種教育制度同他們的政治生活是高度協調的。」〔註61〕因而，在科舉制下，學校教育就變成了考試的附庸，國家用考試指揮教學，學校則「儲才於科目」，形成了教考一體、以考促學的考試觀。嚴復曾歎息說：「不幸吾國往者捨科舉而外，且無教育。使人舉業不成，往往終身成廢。」〔註62〕

〔註57〕 《弢園文錄外編》卷二《變法自強中》。
〔註58〕 《救亡決論》，《嚴復集》（第一冊），中華書局 1986 年版，第 43 頁。
〔註59〕 《救亡決論》，《嚴復集》（第一冊），中華書局 1986 年版，第 44 頁。
〔註60〕 梁啓超：《先秦政治思想史》，東方出版社 1993 年版，第 210 頁。
〔註61〕 參見瞿葆奎：《教育與社會發展》，人民教育出版社 1993 年版，第 336 頁。
〔註62〕 《實業教育》，《嚴復集》（第一冊），中華書局 1986 年版，第 204 頁。

　　進入近代後，科舉科目之狹窄、內容之刻板空疏更加登峰造極，加之人口增多，仕途日狹，與西方堅船利炮所代表的近代文明相比，中國教育、人才之落後頓顯。因而有識之士一方面籲請改革科舉，一方面主張辦學堂，學習西文、西藝，邁出了從傳統教育向近代教育轉型的蹣跚腳步。對考試與學校關係的認識，亦向教考分離、興學堂廢科舉的方向演變。

　　鄭觀應等人在提出科舉改革方法時，往往同時主張大力興辦學校。而洋務運動後興辦學堂的成效不顯，說明只要有科舉入仕這一僥倖之途在，學堂終究難敵科舉。解決之道，在於選官考試必須與教育分途。嚴復明確主張：「學成必予以名位，不如是不足以勸。而名位必分二途：有學問之名位，有政治之名位。學問之名位，所以予學成之人；政治之名位，所以予入仕之人。若有全才，可以兼及，若其否也，任取一途。」〔註63〕他提出使從政人才和從業人才兩途分進的辦法，實質上也為教育分類指明了方向。此後，隨著學堂興起，科舉漸廢，選官考試與學問考試分途遂成定局。

　　總之，近代人才觀的嬗變，帶來了考試觀的變革，與傳統科舉考試的人才觀、考試觀比較，兩者表現出某種不可調和的對立性。這種對立，表面上看是出於近代人才觀和考試觀迥異於傳統，但若究其實質，則是轉型期社會現實的反映，這實為考試制度轉型的先聲。

　　在考試目標和功能上，近代考試觀以選拔專業人才，促進社會專業化教育為目標，主張考試滿足政治、經濟、文化的多種需求；科舉則以選拔單一統治人才、以考試管制教育為歸宿。

　　在考試標準上，近代考試觀要求選拔出各級各類專門人才，有政治人才，有科技人才，反映的是近代社會人才要求多樣化的趨勢；而科舉考試選拔的，則是滿腹經綸的政治型「通才」。

　　在考試內容上，近代考試觀主張引入西學，既考查自然科學知識，也考查社會科學知識，促使人文教育和科技教育走向平衡；科舉則限於傳統人文教育內容，囿於四書五經，以政治倫理代替學理。

　　在考試與教育關係上，近代考試觀持官員考試與教育分離主張，主張由學校承擔選才和育才的雙重功能；科舉則將教育變為自身之附庸，扼制了教育發展，最終造成「上下無才」的局面。

〔註63〕《嚴復集》。

五、民國時期考試觀念和理論的新發展

民國時期，文官考試與教育考試分途而行。文官考試在引進西方文官制度的基礎上，學習西方公務員考試制度，實現了考試內容、考試方式等一系列改革；在教育考試方面，西方教育觀念大量傳入，民國政府仿照日本、歐美的學制，制訂了民國學制，考試權下移到學校，學校在探究考試理論、進行實驗創新方面，擁有了比較寬鬆的環境和平臺。因此，民國時期關於考試改革的理論探索和實踐，主要集中在教育考試領域。特別是五四運動以來，在文化和民族心理層面上對以往教育的反思更爲深入，從而使教育思想得以解放，國外教育理論紛紛被大量介紹給國人，教育理論的爭鳴和教育思潮的湧現，呈現出百花爭豔的景象。作爲教育思想和制度的重要組成部分，教育考試的理論探索和實驗也頗具聲勢。人們審勢傳統和現有的考試制度，提出了一系列考試制度改革主張，並引進國外最先進的教育測驗和心理測驗理論與方法，進行了一系列大膽的教育考試實驗，對後來中國教育考試的改革和發展產生了重要的影響。

（一）關於教育考試問題的三次論爭

民國建立以後，新式教育大興，西方教育思潮傳入中國，教育理論呈現出多元化格局。在西方初興的教育測量、心理測量理論很快被引入中國，中西考試文化開始了新一輪的會通，並經過中國本土試驗，開始走向融合。在「五四」狂飆突進的新文化洪流中，傳統考試文化中的優秀遺產像其他文化遺產一樣，並沒有得到很好的認識與重視，而是在反傳統的吼聲中，被視同傳統教育、考試文化中的糟粕一起埋葬。由北京大學學生罷考引起的第一次考試問題論爭，就產生於「五四」前後，是否廢除考試成爲論爭的重要問題之一。其後，當人們從一味批判的熱忱中清醒過來，發現考試於教育實在是無可廢除時，又開始大量引進西方最先進的測量理論，並將此新法考試在中國進行實驗，力圖以此改造考試，於是在 20 世紀 20 年代，又圍繞新法考試產生了民國時期第二次論爭，對中國教育近代考試的發展產生了重要影響。民國時期第三次考試問題的論爭，發生於三四十年代。論爭的焦點，是會考、大學畢業總考的存廢等，並由此論及考試與學校的關係、中國傳統考試文化的去取等重要問題。

這三次較爲集中的激烈論爭，以及伴隨民國始終的許多考試評論，促進了中國近現代考試思想的發展，也使中國近現代考試理論縮短了與西方國家

的差距。西方測量理論的進一步傳播，教育考試界的論爭和討論，一批中國人自己的考試著作、論文的出版與發表，考試研究學術團體的形成與發展，陶行知、胡適、李宗吾等進步教育家在考試領域裏的論述和實驗，都為近現代考試思想增添了豐富的內容和絢麗的色彩，使民國的三十餘年成為中國考試思想最為豐富多彩的歷史時期。

1、「五四」前後的教育考試存廢之爭

「五四」前後，正值新舊教育接榫時期。此時科舉被廢，新教育興起，新學制、新課程體系雖已頒行，但教學理論、教學方法卻仍受舊教育的影響甚深，加之高等教育、中等教育發展較快，招生量增長較快，學生程度良莠不齊，學校便以加強考試來整齊程度，保證教學質量。當時的學校均有較高的淘汰率，考試密集而方式呆板，筆試一統天下，重死記硬背，輕視口試和實踐應用。故有人尖銳指出：「且今日的學校試驗與從前的科舉實在沒有什麼分別，從前則要強記《十三經注疏》，今日則要強記講義，只重因襲，不尚發明，如默講義對的，便可多得續分，不對的便降級。」〔註64〕此種情形之下，考試負擔重成為大中學生一個十分突出的問題。而新文化運動的蓬勃發展，國外教育思潮的引進，以及無政府主義思潮的影響，又成為誘使這一問題走向爆發的背景和引線。〔註65〕在「五四」澎湃的學潮中，終於爆發了一場「廢考運動」，引起了一場關於考試功能、考試利弊和如何改良考試的大討論。其中涉及的主要問題有：

第一，學校考試的存廢問題。

1920 年前後，學潮迭起，考試屢屢成為學潮的導火索；學生往往以批判考試始，而以要求廢除考試終。1920 年 3 月，北京工業專門學校學生集會，反對即將舉行的學期試驗。他們情緒激烈，竟將校長、學監主任牽曳出校，引發全校教師辭職。教育部因此開除 10 名學生，考試照計劃進行。同年，北京大學一些同學展開討論，要求北大廢除考試。是年 5 月，《北大學生周刊》專門出版「教育革命號」，集中發表徹底廢除考試、取消一切考覈和紀律的意見。北京高等師範學校顏保良所言，代表了這部分學生急切的心聲：「現在學校考試的弊害就是我們學生直接嘗著滋味，直接受著痛苦。那麼我們學生不

〔註64〕列悲：《學生解放問題》，《北京大學日刊》1920 年 3 月 31 日。

〔註65〕天一在《考試制度》一文中便說：「現在提倡改造教育底聲浪當中，對著考試制度的改良，議論的更加多了。」《教育雜誌》第二十卷第 5 號（1920 年 5 月）。

趕急的自己起來除去了他，還要等誰來幫助呢？」〔註66〕部分師生認為，應廢除學校考試的理由有三條：

一是考試危害學生身心健康。考試使學生養成自利的競爭心、虛榮心、僥倖心，促使部分學生弄虛作假，不利於形成良好的道德品質。〔註67〕考試在生理上壓迫學生，考前緊張的復習備考易使學生出各種病來，「其中最普遍的（此為用功學生獨有的病）就是：一、吐血，二、腦充血，三、飲食減少，四、體重減輕，五、排泄物變色」〔註68〕。

二是考試阻礙教育發展。天一在《考試制度》一文中指出，把考試做本位的教育，大有害於個性的發揮，「考試制度盛行，真正的教育，就難於普及了。」因為「學校行了考試制度，學生的勤勉努力，就大半注意到考試上面，對於學問上的態度，倒反鬆懈，教育的能率，也就自然低減」〔註69〕。錢穆則根據種種事實和道理說明「記分考試無『學理之根據』」，其後又列舉了考試的十三種「流弊」，認為考試「使學者重文字而略身心，有學問而無修養」，「使學者昧學問之真意，無以啟發其高尚之自動」。〔註70〕

三是考試無法選拔真才。當時的論者，甚至懷疑考試能否對教學和學生學習起到檢測作用，認為考試根本無法測量人才，無法選拔真才。議論最詳的，莫過於顏保良和錢穆的文章。

第二，考試制度的改革問題。

儘管有人力主「徹底廢除考試制度」〔註71〕，但除部分學生外，真正支持者並不多，連遍列考試流弊的錢穆，在文章最後附言中也特別指出，考試

〔註66〕 顏保良：《我們對於廢止現在學校考試制度的意見》，《北京大學日刊》1920年1月23～31日。顏將此意見寄與蔡元培。並不同意廢除考試，但又主張言論自由的北大校長便將此文刊出，並加按語「請本校同人發佈意見」。
〔註67〕 參見列悲：《學生解放問題》，《北京大學日刊》，1920年3月31日；錢穆：《廢止學校記分考試議》，《教育雜誌》，第11卷12號，1919年。
〔註68〕 顏保良：《我們對於廢止現在學校考試制度的意見》，《北京大學日刊》，1920年1月23～31日。
〔註69〕 天一：《考試制度》，《教育雜誌》第二十卷第5號（1920年5月）。
〔註70〕 參見錢穆：《廢止學校記分考試議》，《教育雜誌》第十一卷十二號（1919年）。
〔註71〕 還有人主張連文憑一起廢除，「沒有文憑，天然沒有畢業考試。就是一切學年、學期試驗，一律壽終正寢。並且連入學試驗，也不必費心」（參見湯爾和：《現行學制根本改革的意見》，《北京大學日刊》1920年3月31日）。認為考試是「文憑制的附屬品」，廢止文憑，開放學校，鼓勵來學的人真正為學問自動學習，學校自然無需考查成績。

「一旦廢止，則各問題相連而生。……記分考試，是否正當，是學理問題。如今廢止後當若何措置，是事實問題，不可相混而爲一談，云：『照今情形，便廢不得記分考試』也。」〔註72〕這無疑代表了一部分論者冷靜下來後的觀點。此後討論的重心，由此便轉向考試制度如何改革上了。有的主張，由各級政府分別出面組建考試機關來組織各級學校考試，以嚴格考試獎學勵才〔註73〕；有的主張，嚴格將學校考試與社會選拔考試（如文官考試、外交官考試等）分開。所有教育考試，「應廢去一切固定的程序，皆由教師依教授上的便宜與利益，隨時定之，其性質亦只在增進教育的效能，而絕非要作何種資格的保持」〔註74〕。還有人主張，分級設考，因需設考，靈活設考，讓著作、發明、平時積分、實驗實習等方法都用於考查學生學習情況。更有楊蔭慶等人從技術層面提出，考試方式不能僅限於筆試，而應口試、論文考試等方式並行。楊氏文章冷靜的結語，可以說很好地總結了 20 世紀 20 年代關於廢考問題的論爭，並反映出理論界討論考試問題已走上一個新的層面：「反對考試者固有種種理由以爲根據，亦頗有注意之價值」，「若絕對反對考試，是不瞭解考試之新功用，殊失今日用科學方法研究教育之本旨也」，「余對於考試制度雖不主張廢除，但對於其方法、歷程，與結果之各種難點，認爲確有研究之必要」〔註75〕。

第三，考試權問題。

面對民初學校管理較混亂、學生程度差異較大、教學質量無法確保、學校濫發文憑等問題，有人歸因於學期考試、畢業考試權限在學校，政府未盡到督策之責，因而要求將考試權從學校收歸政府〔註76〕；反對者則認爲教育界「所以造成這種現象，實爲許多重大的原因，決不是單單轉移一個畢業考試所可挽回。」況且在當時之情形之下，政府腐敗，根本無法完成這一任務，只有澄清政治、改良社會，才能眞正辦好考試、辦好教育。〔註77〕

〔註72〕錢穆：《廢止學校記分考試議》，《教育雜誌》第十一卷十二號（1919 年）。
〔註73〕湯濟滄：《舉行考試議案》，上海《民國日報》1924 年 4 月 22 日。
〔註74〕邵力子：《考試問題》，上海《民國日報》1924 年 4 月 22 日。
〔註75〕楊蔭慶：《考試之新功用》，《新教育評論》第一卷第 16 期，1926 年 3 月。
〔註76〕參見湯濟滄：《舉行考試議案》，上海《民國日報》1924 年 4 月 22 日；李華民：《改革考試制度之我見》，《教育雜誌》第二十卷第一號（1928 年）；呂思勉：《考試論》，《光華期刊》第 2 期，1928 年。
〔註77〕參見邵力子：《考試問題》，上海《民國日報》1924 年 4 月 22 日。

2、20世紀20年代關於新法考試的論爭

20世紀初，心理測驗和教育測驗在西方國家興起，並迅速傳入我國。1920年，廖世承與陳鶴琴出版了《智力測驗法》一書，在教育界產生了較大影響。1922年開始，教育測驗和心理測驗也在中國興起。是年中華教育改進社邀請美國哥倫比亞大學麥柯爾教授來華，開始大規模地譯介、編製教育與心理測驗。麥柯爾在華兩年，編製了50多種測驗，並組建編製委員會；隨後，陸志韋修訂的「比奈——西蒙智力量表」以及俞子夷、廖世承、劉廷芳、艾偉、陳鶴琴等人編製的中小學各種測驗，也紛紛在中小學推廣使用。測驗的興起，使圍繞測驗的爭鳴與討論也漸趨激烈。

1923年11月17日，張師石在《學燈》上發表的《德爾滿氏來滬「測驗各小校」的我見》，引發了關於教育測驗的論戰。他從測驗的方法和試題內容兩方面，列舉了德爾滿在上海的教育測驗中的失誤，如試題指導語不明了、禁止學生休息活動、不注意兒童的猜測等。11月21日，該報又發表了周志超、陸並謙、啓人以及徐劍緣的4篇文章和《測驗討論上編輯者的弁言》，對測驗問題展開了爭鳴。1923年12月7日，李清悚又在《學燈》上發表《柏格萊對於智力測驗之批判》，介紹了測驗的歷史以及 W.格柏萊提出的《平民教育與IQ》一文的基本觀點，從理論的層次上對測驗進行了反詰。〔註78〕還有更多的學者積極投身測驗編製和實驗，不斷將國外的測驗與中國兒童和中國教育實際相結合，頗有以測驗研究成果說明國外測驗之不足和改進之路徑的效果。如俞子夷、江景雙等4人在《崑山初小算術測驗編造法》一文中就曾提出：「（中華）改進社造測驗的常模，無論南方、北方，都是用較大城市的學校做根據。我們覺得北京、天津、上海等大城市在中國不是很多的……我們既要求常模，何以不用中國最大多數的內地式的城市做根據呢？」〔註79〕中國另一位教育測量先驅艾偉則強調：「教育測驗是科學教育中的重要工具，在這樣的工具不完備的時候，欲求近代教育之科學化，那真是緣木求魚了。」「這轉變甚速的時期中，測驗工具若不隨之而編製則不能應其需要。」〔註80〕不

〔註78〕 參見朱永新：《溝通與融合——中國近現代教育思想史》，人民教育出版社2004年，第31頁。

〔註79〕 俞子夷、江景雙、朱韻秋、戴文清：《崑山初小算術測驗編造法》，《教育雜誌》第十六卷第四號（1924年4月）。

〔註80〕 艾偉：《引言》，《小學教育測驗說明書》，中華書局1934年版。轉引自熊賢君主編：《湖北教育史》（上卷），湖北教育出版社1999年，第513頁。

僅充分肯定新法考試（測驗）對中國教育發展的重要作用，而且指出了因時而化是教育測驗工具、考試方法完備化的重要途徑之一。

關於教育和心理測驗的論爭，其實是科學教育思潮發展的必然結果，也是教育考試科學化的新嘗試。這場討論，對在中國普及現代教育和心理測量知識、引進先進的西方考試文化、建立和發展中國的教育考試、提高教育測驗的效度和信度都是極其重要的，也是功不可沒的。這場討論之後直到三四十年代，新法考試（測驗）的理論探討和實驗都一直在進行。

3、20世紀三四十年代考試統分之辯

「五四」前後關於考試存廢的討論，進入20年代後期便逐漸沉寂，而強化考試、整齊水平的呼聲增高，並且得到了社會和學生家長的認同。南京國民政府成立後，教育部收回高等學校和中等學校畢業考試權，先後創設中學畢業生畢業會考和大學入學招生考試統考、大學畢業總考和學業競試，在中國頗具社會認同的統考文化在教育考試領域中又占上風，但一場討論亦隨著而來。其核心，便是政府該不該統考。具體講，就是會考是否該取消，大學入學考試、畢業考試是否該由國家統辦，其利弊如何，又怎樣改進。與前兩次考試大討論相比，這次討論理論性更強，也更具理性色彩，同時，提出了一些極具建設性的意見。這場討論在30年代末形成高潮，其尾聲一直延續到40年代中期。

一種觀點認為，統考是中國優秀的文化傳統，國家實行的會考、大學聯考，「其制度精神仍一本統考的優良傳統」，這種制度精神有四方面的積極意義：第一，統一標準；第二，提高程度；第三，減少浪費；第四，診斷教學。〔註81〕從而可以促使改善教育風氣，使辦學者切實負責，督策教師教學和學生學業。〔註82〕

反對統考的人士則歷數統考的弊端。如著名教育家廖世承曾撰文列舉會考的流弊。作為一名測量專家，他尤其注意從考試管理與設計角度談會考利弊。他認為，會考的舉行，第一，與學校畢業考試疊床架屋，不利於培養學校信用，不利於學生身心健康；第二，妨礙功課進行並養成學生倖進的心理，破壞了正常的教學進程，驅趕師生應試；有的教育當局和學校師生徒事粉飾

〔註81〕何開：《論大學聯考》（1942年10月6日），中國第二歷史檔案館藏：國民政府教育部檔案，全宗號五，案卷號1431。
〔註82〕章柳泉：《中學會考問題》（1933年），《中華教育界》第二十一卷第5期。

鼓勵了虛偽的風氣；第三，考試過於「注重死知識不合教育原理」；第四，缺乏客觀性，不易得到準確的結果，各地各校程度不一，「題目出得太難，不及格的學生過多，勢必降低及格標準，那麼會考的宗旨又失掉了。題目出得太容易，大家一榜及第，真才實學又無所顯其能。」就閱卷來說，計分「也始終得不到一個客觀的方法」。第五，「會考易生弊端太苦了主持的人」，考試事務煩雜，主持者又為兼差，因此他主張考試主持者「必須對於考試方法有專門的研究，有相當的經驗，自己有充分的時間來全神貫注應付這個問題。」〔註83〕這實際上提出了考試專門化和考試管理人員職業化的問題，是頗有超前性的。

　　關於統考討論中更為主流的意見，則是既認識到統考對傳承文化、統一程度、督學勵才等方面的作用，也看到了統一考試帶來的弊端，從而提出了一些有建設性的意見。正如一位論者所提出：「反對之議論尚多……值得吾人之注意。惟均不足動搖會考制之本身。苟於會考規程，稍加修改，即可將所舉之弊端袪除。」〔註84〕心田所撰《中學會考辦法之我見——對於教育部中學會考規程之商榷》，也表達了相同的意思，並提出了更細緻的修改意見。〔註85〕這些可謂「穩健派」的意見的出現，更多地體現出教育理論界在考試問題上的冷靜與成熟，其在對國外先進教育測量理論的積極引進的同時，面對教育界的混亂和弊端，試圖繼承中國傳統的統考辦法，來以考促學、以考促教。無奈民國教育考試置身在戰亂、動盪的時代之中，缺乏必要的實施環境和條件，這些專家許多中肯的意見和建議都只能是付之東流，但是，其思想的光輝仍是不滅的星火，即使在七十年後，亦能給今天的我們以啟迪。

（二）「新法考試」的可貴實踐

　　教育和心理測量理論的引進和關於測量問題的論爭，普及了現代教育測量知識，對民國時期的教育考試改革起到了很大的推動作用。在 20 世紀 30年代，「舊式考試之弱點，遂逐漸暴露，標準測驗乃代之而興。標準測驗與舊式考試相較，實有種種優點，凡屬舊式考試之弱點，幾均淘汰。故現在學校考試與教育調查大抵採標準測驗」〔註86〕。但是標準的教育測驗又有編製題

〔註83〕廖世承：《畢業會考究有什麼價值》，《中華教育界》第二十一卷第 5 期，1933 年。
〔註84〕潘企莘：《畢業會考現行制度的批判與補充幾點》，《國聞周報》第一卷第 5 期，1934 年 1 月。
〔註85〕參見《國聞周報》第一卷第 5 期，1934 年 1 月。
〔註86〕史美煊：《客觀考試法概論教育測驗之一新趨勢》，《教育雜誌》第二十卷第七號，1931 年 7 月 20 日。

量大、難度大、針對性不強等弱點，其編造「手續極爲繁重，不是普通學校教師所能勝任」〔註87〕。專家們於是開始著手兼採舊式論文考試和教育測驗的優點，形成了「客觀考試」或稱「新式考試」、「新法考試」。中央大學吳南軒曾撰文說明什麼是新法考試，議論準確簡潔。他對舊式考試、標準測驗和新法考試的特徵對比，可用下表（表2-1）反映。

表2-1　舊式考試、標準測驗、新法考試之特點比較

舊式考試	標準測驗	新法考試
問題少	問題多	問題多
取樣狹	取樣廣	取樣廣
答案長而無標準	答案短而有標準	答案短而有標準
評判偏於主觀	評判客觀	評判客觀
記分不能用機械式	記分可用機械式	記分可用機械式
甚費被試者與評閱者之時間	不費被試者與評閱者之時間，但最多費編造者之時間	不費被試者與評閱者之時間，但較多費編造者之時間
臨時應用	永久應用	臨時應用
比較最多活動易於適當特殊需要	比較呆板不易於適應一學校或一地方特殊需要	比較活動易於適應一學校或一地方特殊需要
考試結果往往不足以表現被試者對某科目之整個有組織的智識	結果往往足以表現被試者對某科目之整個有組織的智識	結果往往足以表現被試者對某科目之整個有組織的智識
編製前未經精細實驗	經若干精細實驗而後編製	編製前通常未經若干精細實驗
無常模	有常模	無常模
實施手續不經嚴格控制或標準化	實施手續經嚴格控制或標準化	實施手續不經嚴格控制或標準化

資料來源：吳南軒：《什麼是新法考試》，《測驗》第2期（1932年7月1日）第1～6頁。

　　顯然，所謂「新法考試」，是根據近代教育測量和心理測量理論，結合中國教育考試面臨的社會環境與條件，對中國傳統考試方法所做的革新，它使考試趨於客觀化，擴大了試題覆蓋面、加大了題量，使答案具有確定性，評卷較爲客觀。但是它又放棄了在當時中國無法或難以做到的標準測驗的基本

〔註87〕陳選善：《舊式考試與新式考試的比較》，《測驗》第二期第1～6頁，1932年7月1日。

編製標準，既不建常模，也放棄了考題使用前先行試測、標準分析試題有效性這些關鍵的步驟。今天看來，這些「刪繁就簡」未免令人遺憾，但在當時的社會背景下，卻是可以理解的。平心而論，新法考試是極有價值的教育考試探索，它對中國考試的發展產生了重要的影響，直至今天，新法考試創造的基本方法仍在沿用，中國現行大規模教育考試中，除英語四六級考試等極少數考試外，實際均無常模。

民國時期的教育家們不僅對考試理論進行了大量的探索，也將這些理論付諸實踐。潘菽將之稱為「新考試法運動」。從 20 世紀 20 年代初到 30 年代，歷時十餘年之久。從實踐成效看，新法考試主要在命題和試卷評卷、分數計算等方面進行了改革。其中，以東南大學附中的招生考試改革最為引人矚目。〔註88〕

第二節　孫中山的考試思想及其影響

中國革命偉大的先行者孫中山先生對中國考試文化傳統有著深刻的理解，他在繼承傳統考試文化、學習西方公務員考試制度的基礎上，創立了獨特的考試學說。他的考試思想，構成了民國時期中國考試制度轉型的思想基礎。其考試思想的獨創之處，在於主張考試權獨立，主張所有官員包括公職候選人都應考試，被稱為「是採取中外考試制度之菁華及其獨見而創獲的結晶」。目前所能見到最早系統闡述孫中山考試思想「精義」的著作，當推 1929年 5 月出版的鄧定人著《中國考試制度研究》。鄧著坦白地指出，「可惜關於組織這種制度的具體方案，沒有遺著，以詔示我們」，「只得搜集其歷次演講錄中，關於主張考試權的根本原則，敘述出來而已」〔註89〕。因為孫中山的考試思想，形成較早，後來又多有論及，有一個逐步走向系統和完整的過程。本研究對其進行總結歸納，探究其對民國考試制度的轉型和重構所產生的極其深遠的影響。

〔註88〕關於東南大學附中這一時期在新法考試方面的實踐探索，當時和現在的一些著作均做過詳細介紹，這裡不再贅述。讀者有興趣可參閱謝青、湯德用主編：《中國考試制度史》，黃山書社 1995 年版，第 545〜553 頁；王奇生主編：《中國考試通史》卷四（民國），首都師範大學出版社 2003 年版，第 314〜315 頁。

〔註89〕鄧定人：《中國考試制度研究》，民智書局 1929 年 5 月初版，第 72 頁。

一、孫中山的考試思想

孫中山的考試思想，建立在對考試這一人類獨特的文化現象的正確分析基礎之上。孫中山充分肯定考試在選拔人才方面不可替代的重要作用，創造性地提出所有官員均須考試確定資格、考試權獨立於行政權等，直接爲民國考試制度體系的構建提供思想理論基礎。

（一）以考試銓定官員資格

孫中山認爲，考試是最嚴密、最公平的人才選拔之法。他希望通過考試，「使優秀人士掌管國務」〔註90〕，杜絕倖進，野無遺才，改變中國用人行政上的種種弊端，並改變中國人對做官的狂熱愛好。

孫中山對考試的功能的認識集中於以下兩個方面：

第一，考試是選拔官員最爲公允的制度。

在孫中山看來，考試是實現平民政治、平等政治的美意良制。這是他將科舉制度與西方政治制度相比較而得出的結論。他說：「至於考試之法，尤爲良善。稽諸古昔，泰西各國，大都係貴族制度，非貴族不能做官。」〔註91〕而在實行科舉制的中國，「自世卿貴族門閥薦舉制度推翻，唐宋屬行考試，明清峻法執行，無論試詩賦、策論、八股文，人才輩出；雖所試科目不合時用，制度則昭若日月」〔註92〕。「無論平民貴族，一經考試合格，即可做官，備位卿相，亦不爲僭」。足見「此制最爲公允，爲泰西各國所無」。〔註93〕

孫中山認爲，考試以其公平性，在形式上爲無論貧富貴賤的人提供了一個均等的機會，特別有助於草根階層、農村子弟通過努力讀書實行社會階層流動，改變自己的地位。他說：「朝爲平民，一試得第，暮登臺省；世家貴族所不能得，平民一舉而得之。謂非民主國之人民極端平等政治，不可得也！」〔註94〕在科舉驟廢，舉國上下討伐科舉之惡的時候，孫中山深刻地揭示出科舉制「公開競爭、平等擇優」原則所蘊涵的民主精神，並力主將科舉制度的合理性與其形式內容的僵化區分開來，顯示出一個偉大政治家目光的敏銳、深邃。應該說，孫中山透過科舉腐朽僵化的表象，揭示出考試這一人類特有社會現象在不同時代均具有的本質特徵——公平性和競爭性。

〔註90〕 《與該魯學尼等的談話》，《孫中山全集》第1卷，中華書局1981年版，第319頁。
〔註91〕 《以五權分立救三權鼎立之弊》，孟慶鵬編：《孫中山文集》，第523頁。
〔註92〕 《與劉成禺的談話》，《孫中山全集》第1卷，中華書局1981年版，第445頁。
〔註93〕 《以五權分立救三權鼎立之弊》，孟慶鵬編：《孫中山文集》，第523頁。
〔註94〕 《與劉成禺的談話》，《孫中山全集》第1卷，中華書局1981年版，第445頁。

第二，所有官員均須考試。

孫中山對官員須經考試方有任官資格的原則，一直反覆申論和堅持。早在 1906 年 12 月，他在第一次公開宣傳《五權憲法》時，就明確提出：「大小官吏必須考試，定了他的資格，無論那官吏是由選舉所抑或委任的，必須合格之人，方得有效。這法可以除卻盲從濫舉及任用私人的流弊。」〔註95〕

為什麼要以考試來確認資格？孫中山認為，考試可以選拔真才、發現真才，並且不致埋沒人材。他在《五權憲法》中說：「政府正要用人，又苦於不知道那個是好，那個是不好，反受沒有人用的困難。這個緣故，就是沒有考試的弊病。沒有考試，就是有本領的人，我們也沒有辦法可能知道，暗中便埋沒了許多人材。並且因為沒有考試制度，一班並不懂得政治的人，都想去做官，弄得弊端百出，在政府一方面，是烏煙瘴氣，在人民一方面，更是非常的怨恨。」〔註96〕而「如果有了考試，那麼必要有才能有學問的人，才能夠做官，當我們的公僕」〔註97〕。

孫中山還強調考試對所有官員的任用具有普遍適用性。他強調：「以後國家用人行政，凡是我們的公僕都要經過考試，不能隨便亂用的。」〔註98〕1924年 1 月 23 日，孫中山在起草《國民政府建國大綱》第十五條中又明確規定：「凡候選及任命官員，無論中央與地方，皆須經中央考試銓定資格者乃可。」〔註99〕顯然，這是孫中山反覆強調的任用官員的一個基本原則。

（二）以考試救選舉之窮

基於對西方國家選舉制度之不足的認識，孫中山認為，選舉看似公平，但實際上未必能真正做到人盡其才，甚至會讓許多「蠹貨」充斥官場。他提出，要克服僅用普通民選而產生的流弊，還是必須借用考試之法，以考試用人補救單純選舉之不足。

孫中山認為：「單憑選舉來任命國家公僕，從表面看來似乎公平，其實不然。因為單純通過選舉來錄用人才而完全不用考試的辦法，就往往會使那些

〔註95〕《在東京〈民報〉創刊週年慶祝大會的演說》，1906 年 12 月 2 日，《孫中山全集》第 1 卷，中華書局 1981 年版，第 330 頁。

〔註96〕《在廣東省教育會的演說》，1921 年 4 月 4 日，《孫中山全集》第 5 卷，中華書局 1981 年版，第 495 頁。

〔註97〕同上。

〔註98〕同上。

〔註99〕《國民政府建國大綱》，1924 年 1 月 23 日，《孫中山全集》第 9 卷，中華書局 1981 年版，第 128 頁。

有口才的人在選民中間運動，以佔有其地位，而那些無口才但有學問思想的人卻被閒置。」〔註100〕

　　1921 年 4 月，孫中山在關於《五權憲法》的一次演說中，更爲清楚地說明了以考試矯選舉之弊的理由：「在美國各州，有許多官吏是由民選而來。但是民選是很繁難的一件事，民選的流弊亦很多。於是想出限制人民選舉的法子：要有資格才有選舉權，沒有財產就沒有選舉權。但這種限制選舉與現代的潮流平等自由主旨不合，且選舉亦很可作弊，而對於被選舉的人民，亦沒有方法可以知道誰是適當。」〔註101〕

　　怎麼抵制這種不當呢？孫中山提出：「想補救他，單單限制選舉人亦不是一種好的方法。最好的方法是限制被選舉人。人民人人都有選舉權，這個就是『普通選舉』，即是近日各國人民所力爭的。但是普通選舉固好，究竟選什麼人好呢？若沒有一個標準，單行普通選舉，毛病亦多，而且，那被選舉的人不是僅僅擁有若干財產，我們就可以選他。兄弟想：當議員或作官吏的人，必定要有才有德，或有什麼能幹，或是沒有才沒有德，又沒有什麼能幹，單靠有錢是不行的。譬如有這種才德、能幹資格的人只有五（十）人，即對於這種資格的人來選舉。然則取得這種資格的人如何來定呢？我們中國有個方法，那個方法就是考試。」〔註102〕

　　在另一次演說中，孫中山對他的這種思想的闡述更爲具體。他說：「共和國家，首重選舉，所選之人，其眞實學問如何，易爲世人所忽，故黠者乘時取勢，以售其欺。今若實行考試制度，一省之內，應取得高等文官資格者幾人，普通文官資格者幾人，議員資格者幾人，就此資格中，再加以選舉，則選舉資格不妨從寬，而被選資格甚嚴，自能眞才輩出。」〔註103〕

　　顯然，孫中山的目的，是要以「普通選舉」保證人民的政治權利和自由，又以考試制度保證官員的能力、知識水平。這是既受中國傳統文化浸染，又多年游學歐美，對西方政治制度有較深瞭解的孫中山研究創新的政制，對西方選舉制和中國考試制，指出了它們各自優缺點，既不完全盲從，也不一概

〔註100〕《與該魯學尼等的談話》，《孫中山全集》，第 1 卷，中華書局 1981 年版，第 320 頁。
〔註101〕《在廣東省教育會的演說》，1921 年 4 月 4 日，《孫中山全集》第 5 卷，中華書局 1981 年版，第 488 頁。
〔註102〕同上。
〔註103〕《在杭州陸軍同袍社公宴會上的演說》，1916 年 8 月 18 日，《孫中山全集》第 1 卷，中華書局 1981 年版，第 347 頁。

排斥，而是取二者所長，摒二者之短，希望從而做到「最嚴密、最公平地選拔人才，使優秀人士掌管國務。」〔註104〕

（三）考試權獨立

考試權獨立，是孫中山五權憲法政體模式中設計的一種政治理想，它是五權憲法的主要內容和基本特徵之一。「五權憲法」是孫中山先生所獨創的學說，其關鍵點，是強調五權相互獨立，相互監督，相互補充，將其作爲與「政權」相對的「治權」的不同方面。誠如1906年他與該魯學尼等人談話中所說：「希望在中國實施的共和政治，是除立法、司法、行政三權外還有考選權和糾察權的五權分立的共和政治。」「考選制和糾察制本是我中國固有的兩大優良制度，我期望在我們的共和政治中復活這些優良制度，分立五權，創立各國至今所未有的政治學說，創建破天荒的政體，以使各機關能充分發揮它們的效能。」〔註105〕

爲什麼要在三權之外將考試權獨立出來？綜觀孫中山關於考試的一系列演說和論著，約略有兩大原因：

一是考試權獨立，有助於補救三權鼎立之不足。孫中山游學歐美時，曾有意考察歐美三權分立制度的不足，體察到盲從濫舉和任用私人之流弊，他以爲這些「都是考選制度不發達的原故」〔註106〕。他說：「自從行了此制（美國公務員考選制度），美國政治方有起色。但是他只能用於下級官吏，並且考選之權仍然在行政部之下，雖少有補救，也是不完全的。所以將來中華民國憲法，必要設獨立機關，專掌考選權。大小官吏必須考試，定了他的資格，無論那官吏是由選舉的抑或委託的，必須合格之人，方得有效。這法可以除卻盲從濫舉及任用私人的流弊。中國向來銓選，最重資格，這本是美意，但是在君主專制國中，黜陟人才悉憑君主一人的喜怒，所以雖講資格，也是虛文。至於社會共和的政體，這資格的法子正是合用。因爲那官吏不是君主的私人，是國民的公僕，必須十分稱職，方可任用。」〔註107〕

〔註104〕《與該魯學尼等的談話》，1906年11月15日，《孫中山全集》第1卷，中華書局1981年版，第319頁。

〔註105〕《與該魯學尼等的談話》，1906年11月15日，《孫中山全集》第1卷，中華書局1981年版，第319～320頁。

〔註106〕《在東京〈民報〉創刊週年慶祝大會的演說》，《孫中山選集》第1卷，中華書局1981年版，第87頁。

〔註107〕《在東京〈民報〉創刊週年慶祝大會的演說》，《孫中山選集》第1卷，中華書局1981年版，第87～88頁。

　　二是中國有著考試獨立的制度傳統，並且大有可取與可貴之處。孫中山認為，中國歷史上考試權獨立，包含兩層意思：一是獨立於君權，二是獨立於行政權。他說：「就中國政府權的情形講，只有司法、立法、行政三個權是由皇帝拿在掌握之中，其餘監察權和考試權還是獨立的。」〔註108〕因此，孫中山說，他的五權憲法就是「將君權去了，並將君權中的行政、立法、司法三權提出，作三個獨立底權」〔註109〕，加上原已獨立的監察權和考試權，構成五權。他強調說：「考試本是一個很好的制度，兄弟亡命海外的時候，考察各國的政治憲法。覺得考試就是一件補救的好方法，這個方法可算是兄弟個人獨創出來的，並不是從外國學者抄襲出來的。憲法中能夠有加入這個制度，我想是一定很完備，可以通行無礙的。」〔註110〕

　　作為對考試權獨立的體現，孫中山在其憲法制度體系中，確定應建立專門、獨立的機構來掌管考試權。他說：「所以將來中華民國憲法，必要設獨立機關，專掌考試權……但是這考選權如果屬於行政部，那權限未免太廣，流弊反多，所以必須成了獨立機關才得妥當。」〔註111〕

　　他的這些思想，先後在他擔任臨時大總統和主政廣州大元帥府期間制定的相關法律中得到反映，並為後來的南京國民政府所繼承。

二、孫中山考試思想的歷史成因

　　孫中山的考試思想，紮根於中國國情的土壤中，與其生活的清末民初中國社會和政治狀況密切相關；同時，又對西方各國的成功經驗進行了科學借鑒，在其對歐美政治的考察中得到發展，故充分體現了孫中山本人通貫中西文化的特點。誠如孫中山所言：「余之謀中國革命，其所持主義，有因襲吾國固有之思想者，有規撫歐洲之學說事迹者，有吾所獨見而創獲者。」〔註112〕下面即從繼承、借鑒、創新幾個方面探討孫中山考試思想的來源與成因。

〔註108〕　《三民主義‧民權主義》第6講，1924年4月26日，《孫中山全集》第9卷，1981年版，第353頁。

〔註109〕　《在廣東教育會上的演說》，1921年4月4日，《孫中山全集》第5卷，中華書局1981年版，第495頁。

〔註110〕　《五權憲法》，《孫中山選集》，第575頁。

〔註111〕　《在東京〈民報〉創刊週年慶祝大會的演說》，1906年12月2日，《孫中山全集》第1卷，中華書局1981年版，第330～331頁。

〔註112〕　《中國革命史》，1923年1月19日定稿，刊於上海《申報五十週年紀念專刊》。

（一）重視人才，希圖以完備考試制度澄清吏治

對人才問題的重視、對中國用人制度弊端的深刻認識與批判，構成了孫中山考試思想形成的重要動因。

1894～1895 年發生中日戰爭，中國戰敗後，孫中山放棄行醫，專事救國運動。他留意到當時國家迫切需要的是擺脫貧窮、爭取國際平等地位，因而他致力於這兩方面的工作。在對歐洲列強富強之路的考察中，他總結出求富強之「四事」。1894 年，孫中山上書李鴻章，提出「歐洲富強之本不盡在船堅炮利、壘固兵強，而在於人能盡其才，地能盡其利，物能盡其用，貨能暢其流。」〔註113〕明確地將「人能盡其才」置於「富強之大徑，治國之大本」之「四事」之首位。他進而將「人能盡其才」解釋爲：「教養有道，則天無枉生之才；鼓勵以方，則野無鬱抑之士；任使得法，則朝無倖進之徒。」〔註114〕

與孫中山提出的用人理想相比，晚清乃至民初的用人行政更顯得弊端百出，腐敗腐朽。孫中山對此進行了深刻的揭露和批判。1897 年 3 月，他在倫敦發表一篇英文著述，中文名爲《中國的現狀和未來》，對清廷用人狀況作了深入細緻的分析，把官場徇私、舞弊、走後門求陞遷的情節，描述得十分詳盡。他將傳統中國步入宦途和獲得陞遷的途徑分爲四種：科舉考試、服務軍職、有傑出功績並被保薦，以及購買官爵。在這四種途徑中，軍職陞遷「只意味著買官職和買官缺」；保薦賢才首要是官員保薦，而由於這些官員「是毫無例外的貪污，靠受賄爲生的」，所以除了自己的家屬和族人外「他們只能從那些用黃金打開了他們的眼睛的人當中來挑選『賢才』」；捐班買官，則是受到法律許可的買賣。比較而言，科舉考試這一選官途徑「是最古老的，而且無論如何也是最純正和最好的」，而「近年來即使在這些地方，貪污也偷偷地爬進去了」。〔註115〕

孫中山對封建中國用人行政弊端的認識，並未停留在現象的描述上，他還深刻地揭示了其制度性原因所在：「貪污行賄，任用私人，以及毫不知恥地對於權勢地位的買賣，在中國並不是偶然的個人貪欲、環境或誘惑所產生的結果，而是普遍的，是在目前政權下取得或保持文武公職的唯一的可能條件。在中國要作一個公務人員，無論官階高低如何，就意味著不可救藥的貪污，

〔註113〕《上李鴻章書》，《孫中山全集》第 1 卷，中華書局 1981 年版，第 8 頁。

〔註114〕《上李鴻章書》，《孫中山全集》第 1 卷，中華書局 1981 年版，第 8 頁。

〔註115〕《中國的現狀和未來》，1897 年 3 月 1 日，《孫中山全集》第 1 卷，中華書局 1981 年版，第 95～102 頁。

並且意味著放棄實際貪污就是完全放棄公務人員的生活。」〔註116〕這說明政權腐敗，用人不公是官場腐敗的原因。

值得注意的是，孫中山在《中國的現狀和未來》一文中，還對中國考試任官的過程作了扼要描述，介紹了在中國一個讀書人從讀書應試到作官所要經過的考試過程。由此可見，孫中山對於傳統考試用人的所謂考、訓、核、任，甚至對監察考課百官的制度，都有相當深入的瞭解。正是在對傳統中國考試制度深入瞭解基礎上，孫中山將解決用人行政弊端的希望，寄託於考試制度的重建與完善上。他認為，要想做到人盡其才、學為所用，解決前述用人之弊，必須建立公平合理的人才選拔機制，選出有才能、有知識的人為民服務。「以後國家用人行政，凡是我們的公僕都要經過考試，不能隨便亂用的。」而「沒有考試，雖有奇才之士，具飛天的本領，我們亦無法可以曉得，正不知天下埋沒了多少的人材呢！」〔註117〕

對於中國傳統的考試制度，孫中山持批判繼承的態度。

首先，他明確肯定歷史悠久的中國傳統考試制度在選拔真才方面的作用：「至於歷代舉行考試，選拔真才，更是中國幾千年的特色。外國學者近來考察中國的制度，便極讚美中國考試的獨立制度，也有仿傚中國的考試制度去選拔真才。」〔註118〕而且，他認為「中國也是三權分立。中國從前實行君權、考試權和監察權的分立，有了幾千年。」〔註119〕這正是他提倡考試權獨立的來源所在。

其次，孫中山對中國傳統考試制度並不是一味讚譽，也並不主張恢復科舉。他在幾次談話演講中，先後對科舉考試制度、考試內容等提出批評。從他對科舉程序的描述，可以看出雖然他肯定考試能選拔真才，但反對科舉為君主操縱，「黜陟人才悉憑君主一人的喜怒」；反對科舉考試僵化的內容和形式，認為中國官員被科舉訓練得「也完全沒有世界情況的知識」。他還反對科舉致人所學非所用，「不問其所學如何，群趨於官一途」。〔註120〕強調用人以

〔註116〕《中國的現狀和未來》，1897年3月1日，《孫中山全集》第1卷，中華書局1981年版，第102～103頁。
〔註117〕《在廣東省教育會的演說》，1921年4月4日，《孫中山全集》第5卷，中華書局1981年版，第495頁。
〔註118〕《三民主義》，1924年4月，第9卷。轉引自楊學為總主編：《中國考試史文獻集成》卷七（民國），高等教育出版社2003年版，第21頁。
〔註119〕同上。
〔註120〕《在杭州陸軍同袍社公宴會上的演說》，1916年8月18日，《孫中山全集》

資格論，非經考試合格不能做官。而所謂合格，則是要有德、有才方可。

（二）借鑒歐美，建立文官考試制度

孫中山雖然一再強調考試爲中國古制，其五權憲法中考試權來自中國傳統，但是，他的考試思想實際上卻打上了鮮明的西方政治制度烙印。對歐美政治制度，尤其是文官考試制度的借鑒，構成了他考試思想的又一來源。

19 世紀三四十年代，學術界曾爲科舉考試是否是西方公務員考試的起源，進行過一場廣泛的討論。1943 年美籍華人學者鄧嗣禹（Ssu～yu Teng）發表了他著名的論文《中國對西方官員考試制度的影響》，[註121] 他根據大量事實，說明中國科舉制度曾被介紹給西歐國家並產生了重大影響，充分證明了此前十年，另一名美籍華人學者羅納德·S.蘇（Leonard S. Hsu）所做出的判斷——西方公務員考試制度源於中國。羅氏在他的《孫逸仙——他的政治和社會理想》一書中寫道：「幾乎所有的西方學者都沒有注意到當今世界現存的高級公務員制度起源於中國這樣一個事實。我們有足夠的證據證明中國對這一制度的影響，而它往往被西方學者所忽視。我們認爲，中華帝國的科舉制度，隨著時間的推移得到傳播，並成爲世界其他國家實施和發展行政精英制度的基礎。毫無疑問，美國公務員競爭考試的特點主要受英國的影響，而英國的公務員制度則來源於中國。」[註122]

比他們更早提出中國科舉考試是西方近代公務員制度之淵源的，正是孫中山先生。他在 1921 年 4 月的一次演講中指出：「英國行考試制度最早，美國行考試制度才不過二三十年，英國的考試制度就是學我們中國的。中國的考試制度是世界最好的制度，現在各國的考試制度亦都是學英國的。」[註123]

羅納德·S·蘇、鄧嗣禹等人是否有意印證孫中山的判斷，我們不得而知。[註124] 問題的關鍵在於，中國的科舉考試對西方近現代公務員考試制度

　　　　第 3 卷，中華書局 1981 年版，第 347 頁。
[註121] Ssu-yu Teng："Chinese Influence on the Western Examination System". Harvard Journal of Asian Studies, No.7（1943）,PP.267～312.
[註122] Leonard S. Hsu： Sun Yat-ser： His Political and Social ideals. University Park, Los Angeles：University of Southern California Press, 1933.
[註123] 《在廣東省教育會的演講》，1921 年 4 月 4 日，《孫中山全集》第 5 卷，中華書局 1981 年版，第 498 頁。
[註124] 劉海峰認爲，「正是在孫中山這一說法的啓導下，一些中國學者對科舉西傳問題進行了艱難的探索。」劉海峰：《科舉制對西方考試制度影響新探》，《中國社會科學》，2001 年第 5 期，第 189 頁。

有多大影響？它與後者有何不同？西方近現代公務員考試制度對孫中山制定民國文官考試制度又產生了什麼影響？

就科舉是否西傳並對西方文官考試制度產生過影響的問題，劉海峰博士的研究結論是肯定的。他認為，有 120 種以上的西方文獻表明，英美等國建立的文官考試制度曾受到科舉制的啓示和影響；科舉考試「公開競爭、平等擇優」原則的合理性、近代歐美國家政治經濟文化發展的現實需要、文官選用方法發展的內在需求和必然趨勢，使得西方國家借鑒科舉建立了現代文官考試制度。〔註125〕顯然，他強調了科舉考試任職原則對西方文官考試的作用和影響。

而任爽、石慶環的研究則認為，「古代中國的科舉制度不僅與近現代西方國家的公務員制度在性質上風馬牛不相及，對近現代西方國家建立公務員制度所產生的影響實際上也是極為有限的。近現代西方國家吸收的僅僅是科舉制度中的考試任職因素。而近現代西方國家不僅對考試的內容與方法做了根本性的改造，而且把考試任職置於資本主義民主政治的基礎之上，做了通盤的調整。」〔註126〕

儘管理論界對科舉是否對西方文官制度產生影響、影響的程度如何這些問題的看法並不一致，但是也有一些共識：一是科舉制度曾經西傳；二是科舉制度「公開競爭、平等擇優」的本質精神確實在西方文官考試制度建立過程中被借取。上述兩個有代表性的研究者在討論科舉對西方影響時，被影響對象其實在表述上是不同的，一為西方文官考試制度，一為西方公務員制度。兩者內涵不同，所強調方面亦不同。因此，其爭議的前提不同，即對公開考試在公務員制度中作用和地位的認識並不完全一致。

考試任職在近現代公務員制度中處於相當重要的位置，但遠遠不是近現代西方公務員制度的全部。西方近現代政治體系之所以能夠基本克服用人的腐敗，就是因為在資產階級民主的基礎上，建立了公務員制度。在近現代西方國家建立公務員制度之前，由於政治和行政之間並未形成明確的界限，致使一黨當選，全黨分贓。這種「政黨分贓制」使政客控制了官員的任命，把近現代西方國家所謂的民主選舉變成了骯髒的交易——這正是孫中山《在東京〈民報〉創刊週年慶祝大會的演說》中提到的美國選舉政治「腐敗散漫」

〔註125〕參見劉海峰：《科舉制對西方考試制度影響新探》，《中國社會科學》2001 年第 5 期。

〔註126〕任爽、石慶環：《科舉制度與公務員制度——中西官僚政治比較研究》，商務印書館 2001 年版，第 135 頁。

的現象，使政府的工作難以保持連續、穩定和高效。到了 19 世紀中期，任職制度改革的必要性已經逐步為人們所重視，1853 年，英國查爾斯·屈維廉爵士和斯坦福德·諾斯科特爵士發表了《諾斯科特——屈維廉報告》，奠定英國公務員考試制度的基礎。之後的樞密院法令（1870 年 6 月 4 日）補充了報告內容，將公開的競爭考試作為進入樞密院供職的正式要求，並且強令所有的部門舉行任職考試，此後公務員制度在英國境內推廣開來，並開始傳播到歐洲的其他國家。可見，西方公務員制度以考試任職的建立為標誌或關鍵。然而，公務員制度並不止於此，它包括官員的考試、任職、考覈、待遇等所有內容，是一套完整而獨立的體系。在這一點上，它與科舉制度的差異是顯而易見的，並且是本質性差異。

孫中山嘗言，遊歷歐美，「奔走餘暇，兄弟便從事研究各國政治得失源流，為日後革命成功建設張本。」〔註 127〕他顯然注意到了英美的公務員制度，並很看重西方考試任職的做法。正如他在 1921 年一次演講中所說，一是五權憲法是獨創，因為西方雖有考試，卻是學習中國；二是他看到的是別國都「學英國的考試制度」，即西方即時的公務員考試制度，但他的視野，顯然沒有局限於考試任職這一點上。並且僅就考試任職講，孫中山顯然也清楚地知道英美公務員考試制度的優長所在。他在 1906 年東京演講中說：「考選本是中國始創的，可惜那制度不好，卻被外國學去，改良之後成了美制。」〔註 128〕這指出了西方公務員考試與中國科舉制存在差異的事實。我們或許還可以說，英美對中國考試任職的借取，又反過來提示和啓發了孫中山，促其反思對科舉這一文化遺產如何繼承與揚棄。因此，雖然孫中山力陳五權憲法是其獨創，但並不是沒有思想淵源的；可以說，近現代西方公務員制度是其最為重要的借鑒之一。

（三）其他革命黨人的支持與推動，也促成和完善了孫中山的考試思想

在以孫中山為首的資產階級革命黨人陣營中，還有一些思想家和政治家高度重視選官制度和考試制度的建設。他們的文官考試思想與孫中山的考試

〔註127〕《在廣東省教育會的演說》，1921 年 4 月 4 日，《孫中山全集》第 5 卷，中華書局 1981 年版，第 487 頁。
〔註128〕《在東京〈民報〉創刊週年慶祝大會的演說》，1906 年 12 月 2 日，《孫中山全集》第 1 卷，中華書局 1981 年版，第 330 頁。

思想相激相蕩、相得益彰，共同爲民初文官考試制度的創建打下了思想和理論基礎。這中間，宋教仁是最主要的代表之一。

宋教仁積極倡導、組織和推行資產階級民主和法制。稔熟西方文官制度的他，先後翻譯和推介了大量關於俄國、日本、英國和美國、德國等國官制的著作，在民國成立前後，他更是積極投身於法律制訂和政制設計之中。早在 1911 年辛亥首義後成立的武漢軍政府時期，他就代表軍政府起草了《中華民國鄂州約法及官制草案》，對各種官職設置與官吏任免作了詳細的規定，爲資產階級革命政權擬就了一個較爲完備的組織方案。1912 年南京臨時政府成立後，他受命擔任法制局長，主持擬定了《中華民國臨時組織法草案》《文官考試令草案》《法官考試令》等文官法和文官考試法規；南北議和後，他又在孫中山的授意下主持制定約法。就是在這部「臨時約法」中，在中國歷史上首次在法律中規定人民有任官、考試和選舉的權力。他主持起草的這些法令草案，反映了孫中山爲首的資產階級革命派的政治理想與要求，爲以後推行文官制度，包括文官考試制度提供了法律保障。蔡元培曾指出：「民國官制，先生（指宋教仁）所創定也。」〔註129〕有鑒於此，我們可以明確地說，宋教仁也是民國文官考試制度的創建人之一。

宋教仁積極推行近代文官制度，提出了一系列有價值的文官制度和思想，並較早明確提出要建立專門的文官考試機構的設想。他在民初建議，中央實行責任內閣制，由閣員副署總統命令，省行政長官實行委任；裁去冗員，合併「閒署」，「以節國費」；主張「勵行官吏登庸考試」，「實行懲戒官吏失職」。他認爲「前此官吏之縱肆無忌，而今亦不免者，以官吏雖失職，不能懲戒於其後也，故欲政治修明，非實行懲戒官吏失職不可，是二項均須專立考試及懲戒機關，而以法律爲之保障，以免爲官吏勢力所摧殘。」〔註130〕這就明確提出了建立專門的文官考試和監察懲戒機構，並指明了文官制度法制化的路徑。這些思想，與孫中山的有關論述相互輝映，共同構成了民國考試制度重構的思想根基。

三、孫中山考試思想的深遠影響

孫中山先生在發動推翻滿清王朝的辛亥革命和規劃中華民國新政權時，充分吸取中國古代科舉考試制度中蘊含的合理成分，廣泛參考英美等西方國

〔註129〕轉引自於沛霖：《宋教仁與民初法制》，《南京社會科學》，1992 年第 5 期，第 73 頁。
〔註130〕陳旭麓主編：《宋教仁集》下冊，中華書局 1981 年版，第 493 頁。

家文官考試制度中的成功經驗，創立了極富特色的考試權獨立的學說，提出了考試用人、建立文官考試制度的種種主張，為南京國民政府文官考試制度的推行奠定了思想理論基礎，也為近代中國考試制度的重建、為近代考試管理體制變革在觀念思想上起到了導航作用。

（一）孫中山的考試思想為民國考試制度的重構打下了堅實的理論基礎

孫中山在其一系列著作中，較為系統地論述了其考試權獨立學說，為南京國民政府建立後，設立五院、由考試院獨立行使考銓之權建立了思想基礎。他的考試思想提出了考試用人、以考選補選舉之弊、考試權獨立行使等原則，為民國文官考試制度的構建確立了明確的理論框架。

並且，孫中山沒有止於原則的確立，他還對民國文官考試制度的具體實施辦法作過詳細的規劃。1912 年擔任臨時大總統和 1923 年至 1925 年主政廣州「大元帥府」期間，他也十分重視考試法規和制度建設，提出了較為系統的文官考試制度設想。

南京國民政府建立後，於 1927 年 10 月 8 日公佈了《中華民國國民政府組織法》，規定設立考試院，並以考試院為國民政府最高考試機關，掌理考選、銓敘工作，所有公務員均須依法經考試院考選、銓敘，方得任用。〔註 131〕由此觀之，中國也是世界歷史上第一個將考試權從行政權中剝離出來獨立行使的國家。孫中山關於在國家機構中設立五院、考試權獨立行使的主張得以實現。正如一位學者所評論的那樣，「儘管在實際政治實踐中『五權分立』的構想仍有其自身的流弊，但這一構想本身卻反映了孫中山在設計未來民主共和國的藍圖時，既效法西方最好的民主制度模式，又試圖避免在西方政治制度中已經出現的弊端的良好願望。」「可以說是集中外政治理論的精華，而創制出的有關中國現代政治發展和國家建設最具有魅力的學說之一。」〔註 132〕

（二）孫中山考試思想推動形成了既有時代性又有中國民族特色的考試文化

孫中山考試思想的巨大影響力，不僅在其生前有充分的體現，而且在其幾代後繼者身上得到發揮，並未因他的去世而消失。如毛澤東對吸收外國進

〔註 131〕參見《中華民國現行法規大全》，商務印書館 1933 年版，第 196 頁。
〔註 132〕馬敏：《論孫中山的現代國家建設思想》，載《馬敏自選集》，華中理工大學出版社 1999 年版，第 104、112 頁。

步文化、批判繼承本國傳統文化的論述，就與孫中山融貫中西、綜合創新的文化觀念是一脈相承的。〔註133〕孫中山綜合創新的文化觀念，反映在考試思想上，就體現爲批判繼承中國傳統考試文化遺產，科學取捨西方資產主義國家公務員考試的觀念和方法。南京國民政府考試院第一任院長戴季陶，自認爲是孫文主義之衣鉢傳人，他也堅持將考試制度與專制君主不合理地利用考試制度而產生的種種弊端區分開來，沒有因爲這些弊端而全盤否定中國傳統的考試制度。在其任考試院長一個月後，戴季陶就設立編譯局，編譯各國行政考試制度的著作、文件，顯示出博采古今中外考試制度思想精華的氣度。他更明確地提出，中國公務員考試制度要實行中西結合的方針，「承中國固有制度之精神，採取各國特長，適應現代需要，以立良美完備之政制」。〔註134〕孫中山先生的考試思想，在戴季陶的言論和實踐中均得以承襲並光大。

（三）孫中山的考試思想對當前我國公務員和黨政幹部考試仍具有啟迪和借鑒的作用

　　當今中國，正在貫徹改革開放方針，以科學發展觀建設有中國特色的社會主義，這本身就是一場充滿挑戰的思想觀念更新的過程。作爲社會主義事業的一部分，中國當代考試正進入一個全新的發展時期，考試規模迅速增大、考試種類繁多、考試技術發展較快。在這一過程中，如何正確對待中西考試文化，如何體現中國特色，如何正確處理傳統考試文化與考試現代化的關係，如何創造中華考試新文化，諸如此類的問題擺在人們面前，均需要給以科學的回答。余英時先生曾特別指明，傳統制度裏面確有一些理性的成分可以和我們所追求的「現代化」接榫。「事實上，孫中山先生提倡『考試』和『監察』兩權，並主持『耕者有其田』的原則，早已指出了傳統和現代接榫的途徑。」〔註135〕而孫中山的考試思想正可以爲我們提供這些方面的諸多啓發和借鑒。我們也可以因此說，今天中國考試事業的發展，所進行的考試改革和考試觀念的更新，正是孫中山當年倡導的考試思想的繼續與發展。

〔註133〕參見《毛澤東選集》第 2 卷，第 699～701 頁。

〔註134〕陳天錫編訂:《戴季陶先生文存》第 1 卷，(臺灣)中國國民黨中央委員會 1959 年版，第 168 頁。

〔註135〕余英時:《中國思想傳統的現代詮釋》，江蘇人民出版社 1998 年版，第 113 頁。

第三節　戴季陶的考試思想述論

　　戴季陶是中國近代史上一位頗具爭議的重要人物，更是民國考試史上對民國考試制度的設計與發展都曾產生了重要影響的人物。與其所處的時代一樣，戴季陶的生平經歷和思想表現都複雜而多變。他曾是鼓吹民權、反對帝制的名記者，孫中山倚重的機要秘書；但他後來對孫中山三民主義的理論闡釋，卻又備受爭議，被稱爲「戴季陶主義」；他早年曾以研究社會主義、宣傳馬克思主義而著稱，並參與過中國共產黨的早期籌建活動，但很快就成了堅決的反馬克思主義者和反共急先鋒；他是國民黨的文膽，擔任五院之一的考試院院長長達二十年，苦心維繫黨國大業，但卻不肯追隨蔣介石去臺灣，在新中國誕生的前夜選擇自殺終結人生。戴季陶一生著述頗豐，涉及面極廣。其中，由於長期主政考試院，致力於國民政府考試制度的建設，他留下了較爲豐富的考試思想論著。戴季陶的考試思想和考試活動，既是對孫中山考試思想的闡釋發展和踐行，也是民國文官考試制度的總結，對研究民國時期考試制度及其實行狀況，具有重要的參考價值。

一、民國考試制度的構劃者和實踐者

　　作爲孫中山的追隨者和國民黨理論家，戴季陶與考試結緣並非始於 1928 年 10 月擔任考試院院長之時。早在 1924 年 4 月，廣州「大元帥府」時期便任命 33 歲的戴季陶爲大本營法制委員會委員長，負責主持起草了《考試院組織條例》、《考試條例》、《考試條例施行細則》三個法案。〔註 136〕這三個條例對中央、地方考選機構的設置及文官考試辦法作出了規定。尤其是《考試院組織條例》，規定根據五權憲法精神及考試與行政相分離的原則，設立考試院。實際上爲中央和地方設立國家的考選機構提出了預案，爲眞正實現孫中山「五權分立」思想進行了制度建設的探索。

　　1928 年初，隨著北伐的勝利，全國「統一」在望，南京國民政府著手於建國準備，戴季陶參加了一系列法律的制訂工作。是年 9 月，他當選爲審查草案及起草五院組織法成員，與張靜江、李石曾等人向中央提交《中華民國國民政府組織法草案》〔註 137〕，實際上是爲實現孫中山的「五院制」提供了實施藍本。

〔註 136〕黎潔華、虞葦：《戴季陶活動年表》，《戴季陶傳》，廣東人民出版社 2003 年版，第 353 頁。
〔註 137〕黎潔華、虞葦：《戴季陶活動年表》，《戴季陶傳》，廣東人民出版社 2003 年版，第 356 頁。

　　1928 年 10 月，戴季陶當選考試院院長。1929 年 1 月，他受聘擔任立法院顧問，開始在考銓制度建設方面傾盡心力。他領導考試院籌備處起草了考試院有關組織法案和考銓制度實施法案，國民政府先後公佈了《考試院組織法》《考試院銓敘部組織法》《考選委員會組織法》等法規，使考試院機構建設和考選制度、銓敘制度在法制軌道上日趨完善。這些法規制度，按南京國民政府考試院秘書處 1947 年編印的《考銓法規集》的分類，分爲官制、官規、考選、銓敘四類，覆蓋了考選和人事管理的各個方面，數量也相當之多，「在（國民黨政權）末期尚能適用者，計有官制 5 種，官規 3 種，考選部分 71 種，銓敘部分 47 種」〔註 138〕，應該說是相當完備。

　　戴季陶自考試院成立至國民黨政權退出大陸，領導考試院和各省多次舉辦組織文官高等考試、普通考試和特種考試。據統計，自 1931 年至 1949 年，這三種考試共錄取 166027 人〔註 139〕。使文官考試得以推行，並產生了一定的影響。在這一過程中，戴季陶曾多次主持考試，從擔任典試委員會委員長到評卷和發榜的具體安排，他都曾親力親爲，管理細緻謹嚴，同考試院官員一道，在考試管理的實踐中，他探索了一整套管理制度與方法。其周密詳盡，在世界考試管理史上並不多見。

　　戴季陶主政考試院二十年，其間無論是法規建設、制度構劃，還是考試與銓敘管理，都面臨著紛繁複雜的政治和社會形勢。後人說：「政府自設置考試院，一切草創，悉賴重新規劃。」〔註 140〕應是不虛之言。因不少內容都是前無所因，故實爲開創。而這其中，戴季陶的工作是不能抹殺的。曾長期與之共事的考試院秘書長陳大齊曾撰文回憶說：「考試雖爲吾國固有的制度，但昔日的科舉制度已不復能適用於現代，只可師其意，不能襲其迹。考試院成立之初，便負起了新創考試制度的責任。最初的考試法是戴先生所手訂的，其後經過數次修正，亦都由戴先生主持起草。現行的考試法雖公佈於戴先生卸職以後，但其草案亦是戴先生所擬具的。」〔註 141〕對民國考試制度來說，他既是一個從孫中山考試思想出發、有著自己獨特見

〔註 138〕黎潔華、虞葦：《戴季陶傳》，廣東人民出版社 2003 年版，第 242 頁。

〔註 139〕參見楊學爲總主編：《中國考試史文獻集成》第七卷（民國），高等教育出版社 2003 年版，第 455 頁。

〔註 140〕考試院編纂室：《建國九十年之考銓制度》，（臺灣）考試院 2002 年 7 月自刊，第 410 頁。

〔註 141〕陳大齊：《戴季陶先生與考試》，載陳天錫編《戴季陶先生與考銓制度》，臺北正中書局，1984 年，第 532 頁。

解的構劃者，又是一個治事嚴謹的實施者。只是民國考試制度自有其波詭雲譎的時代背景，其實施與構想是否相符，卻不是戴季陶和他的考試院班底所能掌控的。

二、戴季陶的考試思想

戴季陶的考試思想散見於他的諸多論著，在有關考試的原則問題上，他往往是從闡釋孫中山的思想出發，發表其獨特見解，現擇要分述如下：

（一）冷靜分析傳統考試遺產，主張「熔中西於一爐」

戴季陶在 1929 年 10 月發表的《考試院的籌備成立和五院制的運用講詞》中，在解釋考試院籌備一年多而未能按中央三屆二次全會決定的期限成立的原因時說：「我們曉得考試制度，在中國固然實行了很久，而考試院卻是一個從來不曾有過的新的組織。況且中國過去的考試制度、考試方法，已經不合現代的潮流，考試院的一切法令規章，都要從新釐定起來。」〔註142〕此外還談到中西政治組織的不同特點。這說明，戴季陶曾對中國傳統考試制度和西方的公務員考試制度有一個細緻和慎重的考量。這一點，也在他另一些著作和演講中體現出來。

首先，他充分肯定中國傳統考試制度的合理內核，主張承襲其精神實質。戴季陶在 1931 年 9 月發表的《第一屆高等考試總報告書序》中說，考試制度本是中國古代獎學勵才、選拔官吏的良制。近古以降，統治者為了鞏固地位、牢籠英才、消磨學者的志氣，發展到用八股試帖取士，使天下英才於死讀書中消磨終身，以至種弱國衰。造成這種惡果當然是君主的責任，而不是考試本身之過。在政權集中在君主，勢力掌握在豪族親貴的時代，如無考試制度，政治將更加腐敗，用人將更加浮濫；人民受害的程度，比科舉用人時代更嚴重十倍甚至百倍。而「近代歐美日本，於封建制度既廢、行政之統一既成之時期，皆仿傚中國之考試制度，以為用人行政之原則，而成現代行政制度之一特質，則可見中國考試制度之可貴。而八股試帖之害，乃完全另一問題，絕不能混為一談者也。」〔註143〕他將中國傳統考試制度和封建專制君主不合理地利用考試制度而產生的種種弊端區分開來，沒有因為這些弊端的存在而

〔註142〕戴季陶：《考試院的籌備成立和五院制的運用講詞》，載《中國考試史文獻集成》第七卷（民國），高等教育出版社，2003 年 7 月，第 514 頁。

〔註143〕戴季陶：《第一屆高等考試總報告書序》，載《中國考試史文獻集成》第七卷（民國），高等教育出版社，2003 年 7 月，第 518 頁。

全盤否定中國傳統的考試制度，可以說，他對傳統考試的利弊有一個較爲清醒的認識，採用的是揚棄的態度。同時，他又認識到科舉制度造成的文官政治同貴族政治、武人政治相比，是具有相對的清明度和進步意義的，其間包含的開放政權、公開競爭等精神內核，爲世界文化所認同和容納。他強調，考選行政在中國是自古已有的，「而且是中國歷代政治上一種很切實的制度，所以總理的五權憲法除了採用外國的政治規模外，仍將中國固有優良的考試制度採入，相互滲合成爲一個新的制度」〔註144〕。當然，在戴季陶晚年，他對傳統考試文化從揚棄發展回到了一味尊崇，從而對民國考試產生了一些消極的影響，這將在後文中具體談到。

其次，戴季陶主張學習西方現行的考選制度和經驗，並主張與傳統制度和現實需要相結合。他明確提出建設考試制度的方針是：「承中國固有制度之精神，採取各國特長，適應現代需要，以立良美完備之政制」〔註145〕。爲了研究中外古今考試，並爲擬定現行需要的各種法令、規章提供充分的參考資料，他在被任命爲考試院院長一個月後，就在考試院設立了編譯局，聘請主任、副主任、編撰和編譯各員，開始組織編譯各國行政制度的著作、文件，並儲備考試工作人才。戴季陶強調：「一個制度的措施，必須要適合時代的情形，像歐洲、日本，他們的考選制度、文官制度，我們從記載上可以知道，完全是學中國的，因爲政治上科學上的進展，遂有不同的變化，現在我們如果要將中斷了的考選制度重新建立，作合乎時宜的措施，自然不能把過去的陳規拏來用，也不能隨便仿傚人家，必須另行設計」。〔註146〕有學者指出，戴季陶「主持制定的考選、銓敘制度，初期多借鑒日本，並採納歐美新制，又與我國舊制相糅合。」〔註147〕此爲中肯之論。

（二）積極闡釋五權憲法，主張考試權獨立

孫中山先生的考試思想，發表在不同歷史時期不同文獻之中，較爲零散；而戴季陶卻專門發表過若干關於考選制度的文章，對考選制度的規劃和建設特別是對孫中山的考試思想有較爲詳細的闡述。這是自命爲孫中山衣鉢傳人和國民黨理論家的戴季陶自然不肯放棄的使命。

〔註144〕中國第二歷史檔案館藏：戴季陶專檔，全宗號三〇二〇，案卷號31。
〔註145〕陳天錫編訂：《戴季陶先生文存》第 1 卷，（臺灣）中國國民黨中央委員會 1959 年版，第 168 頁。
〔註146〕中國第二歷史檔案館藏：戴季陶專檔，全宗號三〇二〇，案卷號31。
〔註147〕黎潔華、虞葦：《戴季陶傳》，廣東人民出版社 2003 年版，第 235 頁。

　　第一，戴季陶詳細闡述了考試權獨立的歷史淵源、傳統文化根基以及融貫中西的優越性。他認為，世界政治組織因環境與需要的不同，可分為東、西兩個不同的系統。東方政治系統偏於人治而無法治，西方系統則偏於法治而無人治。東方因此重視人才，而用人的唯一方法，就是考試。「因為中國歷朝注重以人治國，對於用人特別注意，所以考試權與監察權，得與行政權並立為三。因為外國以法治國，對於法令規章的規定特別嚴密，所以外國的立法權和司法權，得與行政權並立為三。」他認為中西這兩種「三權政治」，各有所長又各有所短。而孫中山提出的五權政治，則能取兩者之長而又去兩者之短，使之「相互為用，熔東西於一爐，結果就主張採用五權政治。這五權政治，是合併兩種不完備的三權政治而成功的，也可以說五權政治，是東西政治系統上，自古以來，沒有這樣完備，沒有這樣精善的政治制度。」戴季陶由是常說，「考試院的最大任務，就是在選擇人材」，而「在這一個紛亂與治安的交替時代，我們最重要的基本建設工作，就是立法」〔註148〕。他力圖採中外之長，主張在法治的軌道上求得人材。

　　第二，對考試權獨立的程度和使用的範圍給出了一個明確的界限，將公職候選人考試視為孫中山以考試救選舉之窮的主要措施。戴季陶認為「一切的用人，都要用考試的方法來選舉」，「考試的範圍，不只是考政治上行政上的用人，就是各種醫、工、農的人材，都是要考試的。不但是考各種專門人材，而且各種選舉與被選舉的人材，也是用考試的方法來選舉。這是我們考試制度的特點。」〔註149〕他特別強調公職候選人的考試，稱「我們更要知道總理特別注重的一種考試，就是公職候選人的考試。真正的五權憲法，要完成了這種考試制度才能實現。」為什麼呢？戴季陶說，五權憲法是建立在權能區分基礎上的，以考試救選舉之窮，「在五權憲法的精神上來說，必須要用考試的基礎，否則不能得被選舉權。三民主義，民族、民權、民生。民生、民族是目的，民權是方法。」「要實行民權主義，就必須建立考試制度。」〔註150〕考試院關於公職候選人員的考試制度，由於受到許多地方的反對，在學理上也

〔註148〕戴季陶：《考試院的籌備成立和五院制的運用講詞》，楊學為總主編：《中國考試史文獻集成》第七卷（民國），高等教育出版社2003年版，第514～515頁。

〔註149〕戴季陶：《考試制度中教養人材的問題講詞》，楊學為總主編：《中國考試史文獻集成》第七卷（民國），高等教育出版社2003年版，第516頁。

〔註150〕戴季陶：《考試與銓敘講詞》，楊學為總主編：《中國考試史文獻集成》第七卷（民國），高等教育出版社2003年版，第521頁。

受到質疑（有人認爲考試合格與民意選舉有矛盾），最終在 1947 年明令廢止。戴季陶對此尤爲氣憤。1948 年，戴季陶在考試院院長卸任宴會上致辭時，對民國憲法進行了抨擊，他說，中華民國憲法已失去了孫中山建設大綱精神，尤其是公職候選人考試，是五權憲法最爲重要的部分，卻不能與公務員考試、專門職業及技術人員考試同列於憲法之上，孫中山此項在政治上的創獲，由本人而失墜，何以對孫在天之靈。〔註 151〕由此可見在戴季陶的思想中，對公職候選人考試是極爲重視的，視之爲五權憲法乃至三民主義的精義所在。

考試權要獨立到什麼程度？戴季陶是有自己的想法的。從制訂的法規看，要求一切公務人員，皆從考試而來。而考試院司全國人事，自應全力推行這一制度。他在考試院初建時，曾對老朋友謝健說：「你說考銓制度推行要怎樣才算徹底呢？要做到考試院長有權可以撤換阻礙這種制度的部長省主席，才合理想，不然，還不能算徹底分權。」〔註 152〕可見在戴的理解中，五權分立中考試權的權重較大。這也表明了戴推行考銓制度的決心。然而，他的想法距現實太遠，考選人員在國民政府公務員隊伍裏始終只是少數，未能佔據主要地位。這其中的原因太過複雜，自然不是戴季陶憑一己之力所能改變。

第三，強調「五權政治的連鎖關係」，指明考試權的運用要得其他四權的配合。他認爲，「這五院的分立，在國家事務的表面上，雖是各自辦事，不過在推行上，我們應該有統一性和整個性，而且要各院部同時平均發展……這樣運用五權，才能夠表現出五權政治的眞精神和眞骨髓。……如果把考試的事務，作爲考試院一個機關單方面的事，那麼一定做不出好的成績」，「考試院雖負起考試的責任，但是考試以後的工作成績和鼓勵及任使，要由監察院來負責監督，而大部份的責任，還是在行政院身上。再從另一個方面講呢，考試院的一切法令規章，都是由立法院來決定，立法與考試也是有密切的關係。這是從考試院一院的事務上，可以證明這五權政治的連鎖關係。」因此，「其實五權政治的眞正完全施行，一定要各院部相互爲用，在分工中，兼收合作之效。」〔註 153〕可以說，戴季陶對當時中國的用人實際和考試院在五院

〔註 151〕參見陳天錫編：《遲莊回憶錄》第 4 編，臺北文海出版社 1974 年版，第 169 頁。
〔註 152〕陳天錫編：《戴季陶先生文存三續編》，（臺灣）中國國民黨中央委員會黨史資料編纂委員會 1971 年版，第 293 頁。
〔註 153〕戴季陶：《考試院的籌備成立和五院制的運用講詞》，楊學爲總主編：《中國考試史文獻集成》第七卷（民國），高等教育出版社 2003 年版，第 514～515 頁。

中的「弱勢地位」有著清醒的認識。他認爲沒有其他各院的配合，考試制度斷難推行。這也許可以視爲他強調考試制度的創建要融通中西，同時又特別強調「大凡一切制度，必須與現狀符合，否則便行不通」〔註154〕的原因。

（三）強調考試與教育的結合，將教育與仕進之途相聯繫

戴季陶 1930 年 1 月在中山大學曾發表《考試制度中教養人材的問題講詞》，對教育與考試的關係作了論述。1931 年首屆高等考試舉行後，戴季陶爲《考試總報告書》親書序言，談到四點意見，其中三點是闡明考試與教育、學校之關係。在民國初建，百廢待舉的形勢下，他敏銳地認識到，必須建立一種考試與教育相結合的機制，讓更多的人材脫穎而出，以爲黨國服務。他明確指出，當前「在中國關於人材的問題，一個是選擇人材的問題，還有一個是教養人材的問題」，主張「總理從前說過，『教養有道，鼓勵以方，任使得法』這三句話，實在可以作爲我們考試上、行政上、施政上的格言。」〔註155〕關於教育與考銓的關係，他的認識主要有三點：

第一，教育是國家強盛、社會進步之根本，關係著考試制度推行的成功與否。他闡述孫中山所言「教養有道，則天無枉生之材；鼓勵以方，則野無抑鬱之士；任使得法，則朝無倖進之徒」時說，在制度法律上，「考試權之獨立行使，爲五權憲法之精神，而在政治實質上，則教育、考試、銓敍、任使、監察之一貫聯絡，互相維持，乃爲五權之妙用。究竟文化之發展，國家之強盛，社會之進步，一切制度之完成，教育實爲其根本。」教育要負責教養有道的責任，考試才有材可選。

第二，改良學校教育內容。戴季陶在其爲《第一屆高等考試總報告書》所書序言中，根據「三年來各種考試之試卷」「而作一精密之統計」情況說，現今「中學畢業學生程度之劣，尤其在沿江海以外的地方，眞令人不寒而慄。」因此，「今欲確立考試制度，而學校教育之內容與行政，不求改良充實，則斷無良好成績之可知也。」他要求學校對教學內容和行政管理進行改良，法律、政治、經濟、教育、文學等關係國家用人的學科之標準，「尤宜與國家之考試科目相呼應，然後學者得其用，而用者得其能。」

〔註154〕戴季陶：《考試與銓敍講詞》，楊學爲總主編：《中國考試史文獻集成》第七卷（民國），高等教育出版社 2003 年版，第 521 頁。

〔註155〕戴季陶：《考試制度中教養人材的問題講詞》，楊學爲總主編：《中國考試史文獻集成》第七卷（民國），高等教育出版社 2003 年版，第 516～517 頁。

　　第三，打通學校考試與國家考試相結合的道路，確立學位制度以最大限度吸納人才。戴季陶認爲考試要考察的「學問與經驗」，「此二者都非一次之文字考試所能確知」，主張「採用中國舊日所行之辦法而變通之，使學校考試與政府舉行之考試，互相關聯」。他針對當時學校皆無畢業考試、而學級考試程度不一、學風散漫怠惰的現狀，要求校內考試「須認眞改革，方法要嚴密，評定要確實公正」，中等以上學校的畢業考試要由政府主持，校內考試成績則可作爲政府考試時之一種成績（不參加政府主持畢業考試的學校不得享受同等待遇），這樣實現學校考試與國家考試的對接，「政府舉行之公務員從業員考試可以簡單而確實，無捨千日之長，取一日之短之弊」，也有助於促進學校辦學，密切國家與學校的關係。〔註156〕這種大膽而又符合中國教育傳統的設想，無疑是建立在戴季陶對考試功能局限的認識基礎之上的，對一個強調考試權獨立行使的考試院院長來說，這既是一種科學的態度，又可見其不單從本位出發、秉持公正之決心。即使從今天看來，戴季陶這一在公務員考銓中注重平時考察以克一次性考試之弊的設想也是極有價值的。

　　戴季陶還主張設立學位制度，由政府與教育學術機關考試授予。其目的，一是對主持考試者這裡主要指命題者等有個衡量標準；二是不願接受文官考試的人才可授學位，也可讓難分名實的人民能夠識別學者程度地位。1941年他在一次會議上提出應建立獎學考試制度，要「凡屬在學在官及其他社會人士，均應使之有參加獎學考試機會，不但學科方面舉行考課，即技術方面，如體育音樂兩科，關係國民教育甚大」。〔註157〕在討論現今自學考試制度產生時，有些學者考慮到科舉考試的自學考試性質〔註158〕，其實，在戴季陶的上述考試思想裏，也呈現出自學考試的雛型。蓋因一遇到教育事業不舉，社會百廢待興之時，有識之士都會想到用考試將社會中潛在人材選拔出來，以敷急用，也起到獎學勵才之功。長此以往，這似乎也成爲另一傳統。可惜在民國動蕩不安的社會形勢下，戴季陶的這些「美意良制」也都沒有下文。

〔註156〕參見戴季陶：《第一屆高等考試總報告書序》，楊學爲總主編：《中國考試史文獻集成》第七卷（民國），高等教育出版社2003年版，第519頁。

〔註157〕陳天錫編：《戴季陶先生文存續編》，（臺灣）中國國民黨中央委員會黨史史料編纂委員會1967年版，第33頁。

〔註158〕參見劉海峰：《科舉考試的教育視角》第六章「科舉的教育考試性質」，湖北教育出版社1996年版。

　　戴季陶還親自審定文官考試的科目，在各類考試將「黨義」列爲必考科目，不及格者取消再試資格。面對社會「黨義非學校開設科目」的指責，戴解釋說，加考黨義是「以黨治國」制度下「做一個國民應該瞭解的」〔註159〕，堅持將意識形態延伸到文官考試之中。這固然是「黨化考試」之舉，但從此也可見戴氏對考試的政治、文化功能認識是相當到位的，其爲國民政府籠絡人才人心之意，殷殷可見。

（四）主張知識和能力並重，強化考試管理

　　作爲國民政府考試院院長，戴季陶既站在政治家的角度闡述過五院關係，也對一些具體的考試管理問題發表過意見。臺灣正中書局 1984 年出版的《戴季陶先生與考銓制度》一書，收錄了他寫給考選委員會委員王太蕤、陳百年的一封信，是研究戴季陶考試管理思想的重要史料（以下本小節引文均出自該書第 327～329 頁，不再一一注明）。信中他明確要求，「考試理解國書能力，中等程度之考試，以四書五經爲標準」，「此目的在於提倡人人讀經，學校即無此科，而將來讀者自然普遍也」。顯然，戴季陶提倡儒家傳統文化，希望通過考試弘揚儒家文化，以此影響考生和社會。

　　戴季陶在信中還針對「現在國文考試之出題方法，漫無標準，不獨有涉及其他科目之嫌，且亦非純正考試國文之道」的情況，對國文科目的考試目的作出三條規定：一是「考試理解國書能力」，二是「考試今古文活用能力」，三是「考試各種實用文字做法」。他認爲，各科試卷既然用的都是國文，則作文能力「已可於他卷中觀察得之」，因此他提出的國文考科三目的，沒有作文而只有實用文字做法。他認爲這樣便有一標準，「方足以免除出題者之困難」。對文字活用能力，他提出考文言文譯白話文或白話文譯文言文；對實用文字能力考覈，主張考「判詞、狀詞、起訴文、報告文、通報文、命令文、宣言文、公函等」，按程度不同選擇不同文種進行考試。從這裡，我們可以看出戴季陶對考試內容和方法及管理標準均有研究，概言之，其主張有三：一是爲了維護公平，也是爲了降低考試管理難度，主張國文這類科目盡量要考測客觀性強的內容，這樣「出題閱卷評分，均甚易也」；二是認爲國文考試，「一者試其讀書能力，所謂學也；二者試其處事能力，所謂識也」主張知識與能

〔註159〕戴季陶：《第一屆高等考試的經過與感想》，《中央周報》1931 年第 167 期。轉引自張皓：《從兩次高考觀察國民政府的考試院制度》，《學術研究》1999 年第 9 期，第 73 頁。

力並重，並強調實用能力；三是要求「出題之範圍」，「最好能以一定之書籍爲標準」。否則，命題者「所出題目之難易，可以相差如隔世」。這實際上提出了考試命題客觀化、標準化的要求。其目的，既是爲公平，也爲方便考生學習。

三、戴季陶與民國考試制度的實施

戴季陶的考試思想對民國考試制度的形成和實施產生了什麼影響？如何評價戴季陶的考試思想？這是今天大陸學術界較少論及的一個問題，但本研究卻難以迴避。筆者認爲，在進行制度史研究時，一是不能僅從文本出發。若僅從文本看優劣，必然會「恍若隔世」；二要研究制度背後的思想。既要從制度看制度制訂者的思想，也要從思想看制度之形成；三是看施行情況。對民國史來說，法令制度與實施分途的情況較多，若僅看制度不知實施情況，則中國則早已到達法治社會矣。因此，本節將著重考察戴季陶對民國考試制度的實施，作爲客觀評價戴季陶考試思想影響力的憑據。

（一）忠實執行孫中山考試思想，但制度推行步履維艱

戴季陶深入理解、忠實執行孫中山的考試思想，在民國考試思想發展方面佔有重要地位。他將孫中山考試思想系統化，強調將孫的考試思想放在五權憲法框架內理解和運用，對考試權獨立，考試院與其他四院的關係，考試行政對社會發展、加強黨國統治中的作用，考試與教育的關係等重要理論問題進行了闡述。儘管他將公職候選人考試列爲孫中山五權理論之「精義」所在，主張堅決推行。儘管這受到當時包括現在一些人的質疑，但應該說，他對考試權獨立、「以考試救選舉之窮」等孫中山的考試思想的理解，還是比較準確的。

戴季陶作爲南京國民政府建立後任期最長的一位考試院院長，他在宣傳考試權獨立思想、強調考試在「爲國求賢」中的重要作用、設計和建立考試制度體系和法規體系等方面都作出了自己的努力。可以說，他是孫中山之後民國最爲重要的考試思想家，是民國考試制度的設計者、實施者。有學者評價說：「南京國民政府文官考試制度的建立與運作，基本上符合孫中山的初衷，體現了較諸封建政治的資產階級民主政治公開競爭、公正無私的某些特色，有利於選拔人才和反對官場腐敗。」〔註160〕此論可謂公允。

〔註160〕馮敏：《民國文官考試制度的確立及其影響》，《中國考試史專題論文集》，高等教育出版社 1999 年版，第 309 頁。

但是，民國考試制度的推行情況又如何呢？是否眞正達到了制度設計時的初衷？有關統計數據和史料表明，民國文官考試制度並未得到良好的實施。任命人員考試錄取人數較少，在文官總數中所佔比例較低，並且這些有限的及格人員在分發時還受到百般阻撓，分發到機關後有些又被投閒置散，陞遷困難，以至於部分及格人員大呼受騙，組織「考政學會」，聯名上書中央政治會議申訴。〔註161〕有學者評論說：「考試院雖有嚴密的組織和眾多人員，但卻是一個政治上無能爲力的機構，無法執行許多預定的任務。戴季陶任職二十多年，經考選錄用的爲數很少，而大多數高級官吏都是通過個人影響和家庭關係任命的。」〔註162〕戴季陶可以使考試院機構變得組織「嚴密」，卻無力改變民國用人的現實。對此，他既心知肚明又無可奈何。他曾指出：「各機關與各機關之人員，樂於各自尋求自己之方便，對於國家法令，便於己者，則奉行之，不便於己者，則棄置之。」〔註163〕

（二）明確以中西結合爲建制方針，試圖復興科舉遺制

如果說戴季陶對民國考選制度架構設計，更多地是實踐孫中山的考試思想的話，那麼他在具體考試制度的設計和實施上，則更多地打上了戴氏烙印。

有如前述，戴季陶在考選制度創立之時，立下中西結合之方針，設編譯局，派員出洋，學習日本和歐美的文官之官制、官規，建立了一套包括文官考試、銓敘任用、考績、陞遷等比較全面的法規和制度，使民國文官考試有了資產階級文官制度的性質。但是，民國考試制度畢竟建立在社會轉型的中國，當文官考試施行時，崇古的戴季陶所主張「與我國舊制而糅合」中的舊制，也就佔了上風。有論者乾脆稱之爲「科舉考試的變種」〔註164〕。筆者認爲，此論或許有些道理。因爲至少在以下三個方面，可以得到事實印證：一是在考試科目、程序、形式方面，都與科舉相似或相近。文官考試分三試（必考科目、專業科目、口試），類似於科舉的三場考試傳統；其局闈、迴避、彌封等辦法，則是北宋以來鎖院、別頭、彌封等辦法的直接沿用。二是在考試

〔註161〕參見金紹先：《戴季陶與南京國民政府的高等文官考試》，《江蘇文史資料》第24輯。

〔註162〕〔美〕包德華主編，沈自敏譯：《民國名人傳記辭典》，第十分冊，中華書局1981年版，第38頁。

〔註163〕陳天錫編：《戴季陶先生文存》第1卷，（臺灣）中國國民黨中央委員會1959年版，第212頁。

〔註164〕張皓：《從兩次高考觀察國民政府的考試制度》，《學術研究》1999年第9期，第70頁。

內容方面，要求國文科目考四書五經，作文題目如「德當其位，功當其祿，能當其官議」等，與科舉之策論試題極爲相似。三是在形式上，戴也很強調復古。考試院轄銓敘部，各司取名，戴要求倣古，親自命名爲「甄核」、「考功」等司。文官禮服不使用中山裝，而定爲藍袍黑馬褂。幾位及格人員回憶說：考試院按戴季陶的要求，建成類似孔廟格局，「大門中額是『爲國求賢』四大字，閱卷大樓題名爲『衡鑒樓』，大考場題名『明志樓』，圖書館題名『華林館』，辦公大樓題名『寧遠樓』……他還特設古樂隊，凡遇慶典，笙、簫、琴瑟、大胡、二胡合奏，不到迫不得已，不用軍樂。他特意把整個考試環境弄成古色古香，古意盎然。人們常稱他爲『戴古董』。」戴季陶制定一整套程序，從口試、發榜、授證、謁陵，到賜宴與傳見，一應俱全，均倣科舉古制。更荒唐的是，戴季陶還師法明清的考官和皇帝，親筆寫榜，過足了「點狀元」的癮。如第二屆普通行政人員考試，論考試成績第一名應爲禹應聲，戴卻根據禹夫妻同姓，主觀臆斷爲其是親兄妹結婚，斥之爲「道德敗壞至此，何以表率群僚」，親筆把朱大昌提爲第一名，徐家齊提爲第二名，「降禹爲第三名。」這些做法「類似看相拆字，令人難以捉摸，根本談不上客觀標準」。〔註165〕

　　毫無疑問，這些對文官考試這種國家考試的聲譽是有很大影響的。誠如有學者所指出，在後期，「戴本人也愈來愈保守，他力圖用他的職權恢復舊的科舉制度的原則和形式。他要像舊王朝他的先輩那樣，竭力把教育的目標和仕進之途相聯繫，強調應考的人必須適應當政者的意識形態。由於這些和其他原因，大專院校許多有才華的畢業生就寧可另找出路了」。〔註166〕

（三）從嚴治考，注重建設，考試管理多有創制

　　戴季陶在重視考試法規建設、努力讓考試在法制軌道上運作的同時，非常重視考試院的營建和設備購置，著力爲文官考試的施行創造良好的條件。他親自爲考試院辦公地點選址，並不斷擴建，建成了辦公樓、禮堂、閱卷樓、考場、卷庫印刷廠，配設了水塔、鐘樓、電氣消防等設施，還爲考試院購置了大量圖書。他崇尚節約，考試院在五院中經費預算最少，卻留下了價值幾百萬元的資產。

〔註165〕　參見金紹先：《戴季陶與南京國民政府的高等文官考試》，《江蘇文史資料》第24輯，第6～9頁；黃貽謀：《戴季陶二三事》，《文史資料選輯》第119輯，中國文史出版社 1989 年版，第 108～109 頁。

〔註166〕　〔美〕包德華主編，沈自敏譯：《民國名人傳記辭典》，第十冊，中華書局 1981 年版，第 38 頁。

　　從嚴治考是戴季陶擔任考試院院長時的一大特點。他治事嚴謹，領導下屬制訂了嚴密嚴格的考場管理辦法和防弊辦法，保證了文官考試良好的考風考紀。1931 年首屆高等考試發榜後，發現一名考生分數計算有誤，影響了該生及格，致其落榜。報告到戴季陶處後，他「大驚大恐，痛苦自責」〔註 167〕，有人建議掩蓋過去，戴嚴詞拒絕，以為國家第一次掄才大典，便有此錯，對考試信譽有很大損害，必須嚴肅處理。他在國府會議上陳述必須嚴處之理由，並聲淚俱下，自請處分。結果對主考官戴季陶罰俸由一月加至三月，秘書長陳大齊罰俸一月，相關科員分別記過處分。這種上重下輕的處罰，在民國政府是極為少見的。此案震動全國，戴及下屬之勇於負責、守法不苟之精神，受到社會好評，使新誕生的文官考試顯得氣象一新。而考試院副院長鈕永建的女兒參加高等考試，連試敗北，名落孫山，〔註 168〕此例堪為當時從嚴治考之風的鑒證。

　　在考試管理方法方面，戴季陶領導的考試院也多有新創。1931 年 9 月，戴季陶在《第一屆高等考試總報告書序》中，提出了三個當前需要研究的重大問題，其中兩條，一是探求考試「簡便之舉行」的辦法，二是「如何謀考試行政機關與教育學術機關及學者之密切的聯絡，俾隨時舉行考試，均得有適宜之典試人員。」〔註 169〕這均與考試管理相關。後者實際上提出了今天考試機構仍面臨的問題，即如何商請教育和學術機構，以配合提供合格的命題人員和評卷人員。由此可見，戴在具體的考試管理問題上亦有用心。並且，這些用心探索的管理辦法對我們今天的考試管理仍有借鑒意義。如，每次考試均重組典試委員會，主持考試和管理人員的人選變動不居，使人難以走門子徇私舞弊；加倍命題，並由典試委員長臨時圈定試題以防泄密，這實際是今天的題庫和 A、B 卷相結合的辦法；試卷密封，由襄試委員初閱和典試委員復閱，可有效防止請託舞弊，同時也保證了評判質量，能維護公平公正。正是在如此用心組織和嚴密管理下，南京國民政府時期的文官高等和普通考試，極少出現考場醜聞。

〔註 167〕陳天錫編：《戴季陶先生文存三續編》，（臺灣）中國國民黨中央委員會黨史史料編纂委員會 1971 年版，第 294 頁。

〔註 168〕參見黎潔華、虞葦：《戴季陶傳》，廣東人民出版社 2003 年版，第 244～245 頁；金紹先：《戴季陶與南京國民政府的高等文官考試》，《江蘇文史資料》第 24 輯，第 8 頁。

〔註 169〕參見戴季陶：《第一屆高等考試總報告書序》，楊學為總主編：《中國考試史文獻集成》第七卷（民國），高等教育出版社 2003 年版，第 520 頁。

第三章　民國文官考試制度的重構

　　辛亥革命的勝利和中華民國的建立，結束了漫長的封建統治。它雖然摧毀了封建皇權體制，卻並未適時建立起新型現代國家體制。民國在「共和」的招牌下，長期陷於軍閥割據和分裂狀態，國家現代化和社會發展遲遲走不上正常發展軌道。「中國近代社會歷史演化的總趨勢是勉力朝著獨立資本主義工業化社會的目標邁進，但由於封建歷史傳統的巨大慣性力量和外來殖民勢力的干擾，這種不斷的邁進運動又始終難以達到目標，新社會的誕生陷於痛苦的難產，與之相伴隨的是長期社會動盪和一次又一次的歷史反覆。」〔註1〕

　　考試，作為人類特有的反身評價活動，因其能夠促進人的發展、實現人的社會價值、推動社會進步而為社會發展所必需。尤其在中國近代這樣一個過渡性特徵明顯的社會形態中，民國文官考試的制度重構、模式更新、技術進步和功能發揮，無不為民國社會發展需求所呼喚；同時，又深受傳統與現代、封閉與開放、外來因素與內部因素等相互矛盾力量的制約，呈現出生機與滯化並存、發展與羈絆雜陳的複雜情形。

第一節　南京臨時政府、廣州革命政府時期的文官考試規劃

　　學術界一般認為，民國文官考試制度確立於北京政府時期，完善於南京國民政府時期。而在北京政府之前，南京臨時政府已遵照孫中山的設想和願

〔註1〕馬敏：《過渡特徵與中國近代社會形態》，《馬敏自選集》，華中理工大學出版社 1999 年版，第 7 頁。

望，設計了文官考試制度的基本框架；廣州革命政府時期，更是通過考試法規的制定，提出了實踐孫中山文官考試思想的具體藍圖，對南京國民政府文官考試制度的建立產生了重要影響。

一、南京臨時政府時期

南京臨時政府遵照孫中山的設想，設計了文官考試制度的基本框架。

1912 年 1 月 1 日，孫中山在南京出任臨時大總統。南京臨時政府成立伊始，創建文官考試制度被迅速提上議事日程。「其時北方仍為袁世凱的勢力所把持，中央及地方雖然照常推展政府事務，但萬廢待舉，人才奇缺，特別是地方政府的事務，仍須假手於滿清政府的舊人，他們對民主體制沒有領略，陳舊的思想觀念和官僚作風，無法配合新體制推展事務。在這種情況下，人事體制的建立固是要務，而人才的選拔更刻不容緩。」〔註 2〕當時內務部總長程德全呈文臨時大總統指出，若要從根本上解決上述弊端，「莫如速行文官試驗，將其所得之才分發各省，俾得改革之眞際，而地方賴以鞏固，即國本賴以不搖。」〔註 3〕孫中山接此呈文後，立即批示法制局曰：「查國家建官位事，惟任賢選能，乃懋厥職，古今中外，罔越斯旨。第考選之法，各有不同，尚公去私，庶無情弊。今當民國建立伊始，計非參酌中外，詢事考言，不足以網羅天下英才，而裨治理。合就令行該局，仰即迅將文官試驗章程草案，妥為編纂，呈候咨交參議院議決頒佈，從速施行。」〔註 4〕

南京臨時政府為建立新型官員錄用制度，選拔人才服務新政，採取了三大舉措：

其一，增設考銓機構。在臨時大總統下設「銓敘局」，掌理職員任免、陞遷及給予階位、勳章、榮典、賞恤等事務。

其二，明確規定人民之考試權。1912 年 3 月 11 日公佈的《中華民國臨時約法》第二章中，明確寫入「人民有應任官考試之權」的條款。首次將人民的考試權寫入國家根本大法，以法律保障人民應考參政的權力。

其三，擬具法規條例，規劃文官考試制度。孫中山督令法制局迅速編纂各種文官考試法草案。法制局制定了《文官考試委員官職令草案》《文官考試

〔註 2〕考試院考銓叢書指導委員會主編：《中華民國高普考試制度》，臺北正中書局1984 年版，第 25 頁。

〔註 3〕中國第二歷史檔案館藏：《臨時政府公報》第 17 號，1912 年 2 月 20 日。

〔註 4〕中國第二歷史檔案館藏：《臨時政府公報》第 19 號，1912 年 2 月 22 日。

令草案》《外交官及領事官考試委員官職令草案》《外交官及領事官考試令草案》《法官考試令草案》《法官考試委員官職令草案》等六個關於文官考試的法令草案，呈臨時大總統咨請參議院審查。孫中山亦迅即咨文參議院，請其對各該草案進行議決。

依據上述法令草案規定，文官考試分爲高等文官考試和普通文官考試兩種，均設文官考試委員會掌理考試、任用、銓敘事項。高等文官考試委員會隸屬內閣總理，普通文官考試委員會，視普通文官考試之舉辦方所在確定設置，若在中央舉辦則於內閣設置，在地方舉辦則在各官廳。凡中華民國人民年齡二十歲以上並具有完全公權者，均可參加文官考試。大學畢業有學位者，免考任用；國內外專科以上學校畢業者，免其預試。高等文官考試，每年在京師舉行一次，必試科目爲憲法、刑律、行政法、民律、國際公法、經濟學；選試科目爲財政、商律、刑事訴訟、民事訴訟、國際私法，均以法政學科爲重。普通文官考試，中央及地方可隨時舉行，應試科目以中等學校的科目爲標準，由普通文官考試委員會酌定。

孫中山領導的南京臨時政府，在籌建文官考試制度的同時，還制定了《任官令草案》，對文官任用的資格與方式作了具體規定，以促進和保證文官考試順利推行。該草案將文官分爲簡任、薦任、委任三類，規定：受高等文官考試而有合格證書者，可以擔任除一等簡任官以外的各級官職；應普通文官考試而有合格證書者，或雇員在同一官廳服務五年以上經普通文官考試之銓衡認爲合格者，可以擔任委任官。草案還提出了文官任用的基本原則：凡二人以上同有受任之資格者，以有文官考試之合格證者任之；同有此證書者，以曾任官職者任之；同曾任官職者，以等級高低任之；等級相同者，以未受懲戒者任之。顯然，《任官令草案》等與《文官考試令草案》相配套，不僅規定了文官考試合格者的使用，而且體現出考試及格與其他資格相比具有優先權，明確傳達了臨時政府力圖使考試成爲任官主要途徑的意向，這正是孫中山主張考試用人思想的反映。

南京臨時政府文官考試的法令草案，顯示出孫中山文官考試規劃的一些特點：

第一，考試開放性大爲增強，除年齡和公民權外，沒有其他資格限制，科舉對女性和所謂賤民參考權的限制被突破，這是一個歷史性的進步。

第二，臨時政府仍持選拔「通才」的考試觀，對人才要求比較全面，同

時也比較模糊。文官考試雖分爲高等和普通兩種，卻沒有對其應考資格加以區分，兩者極易產生混淆。也沒有根據社會上已出現的專業劃分分出考試類別，無法適應國家對各類專業人才的選拔需要。

第三，考試科目以刑律爲主，經濟輔之，既反映了臨時政府對法律、財經人才需求的取向，也體現出考查面過窄的弊端。雖然如此，「但與古代科舉考試以制義爲主者相較，則又具有劃時代的進步」。〔註 5〕

第四，法令草案規定了免試資格，一定程度的學歷教育可以替代文官考試及格而直接獲得任官資格，開任官考試與學校教育相銜接之先例。既體現出考試制度的靈活性、開放性，又反映出當時社會人才奇缺，政府急於用人的情狀。

南京臨時政府的存在時間只有短短的 3 個多月，擬定的文官考試法令草案尚未能由參議院以正式立法程序通過，當然也不可能付諸實施；而本擬設置的銓敘局，實際上也未能建立。但是，這些草案已經形成了文官考試制度的基本框架，初步確定了若干基本原則，「雖未實施，但對於其後北京政府關於考試用人的建制，則有啓導的作用。」〔註 6〕

二、廣州大元帥府時期

廣州大元帥府根據孫中山的思想，規劃了文官考試的具體藍圖，對南京國民政府文官考試制度產生了直接影響。

南京臨時政府被北京政府取代後，以孫中山爲代表的中國資產階級爲重建自己的政權，與北洋軍閥展開了反覆鬥爭。1923 年 3 月，孫中山第三次在廣州建立政權，其政府機構全稱爲「中華民國陸海軍大元帥大本營」，即「大元帥府」。這個與後來的國民政府血脈相通的政權，只是一個以中央政權形式出現的軍政合一、組織簡單的臨時政府機構，但孫中山正是在這裡，實現了其對文官考試規劃的進一步設計與完善。

爲了強化政府職能，加速籌建正式政府和招攬人才，孫中山及其大元帥府把設立考試院、建立由考試院執掌選拔任用官吏的一套文官考試制度作爲重要任務。1924 年 1 月，孫中山在廣州主持召開國民黨第一次全國代表大會，會議宣言強調了五權分立原則不僅能濟西方代議政治之窮，亦可矯選舉制度

〔註 5〕考試院考銓叢書指導委員會：《中華民國考選制度》，臺北正中書局 1983 年版，第 8 頁。

〔註 6〕同上書。

之弊。4月12日，孫中山手書《國民政府建國大綱》，規定憲政之始中央政府當設五院，試行五院之治。同年8月26日，孫中山以中華民國陸海軍大元帥的名義公佈《考試院組織條例》《考試條例》《考試條例施行細則》，這3個條例對中央考選機構設置及文官考試辦法作出了新的規定。

《考試院組織條例》規定：考試院是按五權憲法精神及考試與行政相分離的原則而特設的機關，直接隸屬大元帥，掌管全國考試及考試行政事務。考試院設院長、副院長、秘書長各一人，參事、秘書、事務員各若干人，由院長綜理考試行政事務。舉辦全國性考試時，臨時分別設置薦任文官、委任文官、外交官領事官、司法官等13個考試委員會掌理各類考試事務。同時在各省區設置考試分院，掌理各該省區的考試及考試行政事務，其機構設置與中央考試院相仿。「該《條例》是中國近代第一份在中央與省級設立固定考選機構的方案，成爲南京國民政府有關考試院立法之先導。」〔註7〕

《考試條例》和《考試條例實施細則》，則具體規定了考試分類、考試方法、成績評定、及格待遇以及薦任文官考試、委任文官考試和其他11種文官考試的應試資格、應試科目等內容。《考試條例》及其細則規定，薦任文官、外交官領事官、律師、警官考試，每3年在中央考試院舉行一次；委任文官、法院書記官、警官、監獄官考試，每2年在各考試分院舉行一次；中學教員、小學教員、醫生考試，每一年在各分院舉行一次。其他特種考試舉行的時間、地點，由考試院酌定，或由分院呈請考試院核定。各種考試的應考資格，主要包括學歷和任職經歷兩種，以一定程度的學歷爲基本資格。而褫奪公權未復者、有精神病者、虧欠公款尚未清結者、吸食鴉片者及充當宗教宣傳師者，不得參加任何考試。

在考試程序與科目方面，共分爲三試：第一試必考國文、三民主義和五權憲法；第二試分門別類，由考試院或考試分院從《考試條例》所列科目中選定6種以上進行考試。第一試爲甄別試，不及格者不得參加第二、第三試。第一、二試爲筆試，第三試爲口試。第一試以各科平均滿60分者爲及格；第二、三試各科合計平均滿60分者爲及格，但第二試有1科不滿50分者不予錄取。考試及格人員，由考試院或考試分院給予及格證書，並由考試院呈報大元帥，發交各主管官署分別任用或註冊。

〔註7〕劉海峰等著：《中國考試發展史》，華中師範大學出版社2002年版，第307頁。

《考試條例實施細則》對考試實施的具體事項，如考期通告、報名程序、考試紀律、監考制度等作出了規定。特別是還規定了迴避、彌封和扃闈制度，以防各種舞弊行為的發生。迴避是指考試委員與應試人有親屬關係者，口試時應聲明迴避，由考試委員長易員考試，違者其口試無效；彌封是指所有試卷均於卷角編號彌封，另在卷面上貼上封簽，寫明應試人姓名及座號，交卷時由監試委員揭去浮簽；扃闈是指考試委員、監試委員應於考試前三日以前遷入試場，在考試結束前不得與外人接觸。

上述三個條例、細則，確立了大元帥府的文官考試制度，較之南京臨時政府時期的考試法規草案，它們反映了孫中山晚年關於文官考試制度設想的一些變化，顯示出以下一些特點：

第一，考試權獨立的原則第一次寫入法規，並設了專司考試的中央政府考試機構——考試院。這既使孫中山考試權獨立思想在法律上得到反映，又在機構設立上進行了考試權獨立的探索和實踐。

第二，此時期之文官考試，將「三民主義」和「五權憲法」內容納入必考科目，體現了對各類文官的政治要求，反映了孫中山正確認識到考試可以貫徹國家意志、推廣官方意識形態的功能，並力圖加以強化。

第三，應考資格的規定中，十分重視學歷，反映了孫中山及大元帥府相當重視應考者的知識水準，表達了對文官隊伍整體文化素質的要求。在條例所列禁止與試的幾種情形中，「吸食鴉片者」、「為宗教之宣傳師者」，是北京政府文官考試法規中所未列。後者正是當時「非宗教運動」的直接成果，這反映了廣州革命政權的進步性。

第四，《考試條例實施細則》中對迴避、彌封和扃闈制度的設計，吸取了中國傳統考試防弊規定中的合理因素，表現出對中國傳統考試文化的批判繼承態度，這與孫中山考試思想中批判繼承、綜合創新的特點是相符的。查戴季陶年譜可知，條例及實施細則為戴季陶組織起草，戴時任大本營法制委員會委員長。〔註8〕聯想到戴季陶任南京國民政府首任考試院長後，對傳統考試制度和考試禮儀的充分肯定與吸收、仿傚，此可謂戴季陶考試觀中對待傳統考試文化態度之端倪。

第五，考試類別較南京臨時政府時期有所增加，體現了社會分工趨細的

〔註8〕《戴季陶活動年表》，載《戴季陶傳》，黎潔華、虞葦著，廣東人民出版社2003年版，第353頁。

特點；考試分門別類，僅薦任文官就有政治、經濟、法律、文史哲、數理化、教育、地質、土木、機械、採礦、冶金、建築、織染、醫藥、農林、蠶桑、獸醫、商業等 26 科 320 餘門類，包羅萬象，相當詳盡，反映了大元帥府對社會需求、職業分類、學科門類發展的敏感和包容胸懷。同時，此期考試設計也存在分類分科相互混雜、層次不清的問題，容易造成混亂。

與南京臨時政府時期一樣，廣州大元帥府對文官考試所定規則，同樣未能付諸實踐。但是，從南京國民政府的考試制度建設中，不難發現南京臨時政府和廣州大元帥府時期文官考試制度設計的影響，它們是孫中山考試思想的制度化體現，爲民國考試制度文化的創新和發展打下了基礎。

第二節　北京政府時期文官考試制度的構建

南京臨時政府根據孫中山的考試思想，擬定了《考試委員官職令》和《考試令》等考試法草案，但因未完成立法程序，亦未頒行，客觀說來文官考試制度只是構建了基本框架，並未眞正建立起來。誠如有學者所指出，「清末改革法律時制訂的許多新律法，南京臨時政府時期草創的許多新制度，不少是在北京臨時政府時期趨於完善的，清政府和南京臨時政府尚未來得及制訂的應有制度也由後者塡補了空白。北京臨時政府在制度建設方面，借鑒西方、日本等國家的經驗，對清末預備立憲時期建立的制度與南京臨時政府時期建立的制度加以磨合，並有一定程度的創新。」〔註9〕在文官考試制度方面，也正是以袁世凱爲首的北京政府，以強化文官立法、依法辦考爲路徑確立起來的。

一、確立文官考試制度框架

南北議和後，袁世凱於 1912 年 3 月在北京就任中華民國大總統。軍閥出身的袁世凱雖然奉行鐵血政策，曾公開宣稱「公法非御人之具，鐵血爲經國之謀。吾自握兵符，常持此旨。」〔註10〕但是，他接手的畢竟是一個資產階級建立的「共和國」，出於政治需要，在政治制度方面又套用了西方政治制度，

〔註 9〕嚴昌洪：《民國初年部院之爭》，載《慶祝章開沅先生八十華誕中國近代史論集》，華中師範大學出版社 2005 年版，第 142 頁。

〔註10〕張一麐：《古紅梅閣筆記》，轉引自章開沅、羅福惠：《比較中的審視：中國早期現代化研究》，浙江人民出版社 1993 年版，第 729 頁。

如國會、總統、內閣等資產階級政治制度以裝點門面，其中亦包括文官制度。北京政府法制局在南京臨時政府規劃的文官考試制度啓導下，〔註11〕考察學習日本等國的文官制度，先後頒佈了一系列文官制度和文官考試制度法律章程，對文官分類分等、文官考試資格認定、開考科目、主持機關、考試種類與程序、考後的任用和甄別等，以立法方式予以確定，形成了較爲完善的文官選任法定程序，民國文官考試制度終於在此間得以正式確立。

（一）文官制度和文官考試法規的確立

1912 年 7 月，北京政府頒佈修正後的新官制。它帶有資產階級文官制度性質，構成了民國文官考試制度運行之基礎。此官制規定銓敘局之職責爲：（1）關於薦任官以上之任免及其履歷事項；（2）關於文官考試事項；（3）關於恩給及撫恤事項；（4）關於榮典授予事項；（5）關於外國勳章受領及佩用事項。又規定：銓敘局設局長一人，簡任；秘書一人，薦任；僉事四人，薦任；主事八人，委任；另酌用雇員處理雜務。

關於文官的任用，《文官任用法草案》規定，文官分爲特任、簡任、薦任、委任四種。文官的官等，除特任官之外，分爲九等。第一等、第二等爲簡任官，第三等至第五等爲薦任官，第六等至第九等爲委任官。

1914 年 5 月，袁世凱頒佈「新約法」，同時廢止國務院官制，組織總統府政事堂。政事堂設五局一所，其中仍設銓敘局負責文官的任免、陞轉、資格審查、考試、考績、撫恤、勳爵榮典授予等。其中，「關於文官任免事項」和「關於文官資格審查事項」，屬新增加的職掌。同年 12 月 16 日，頒佈《文官任職令》，分文官爲特任、簡任、薦任、委任。使文官的任職資格大體上可分爲文官考試及格和曾任職經歷兩種，官等越低，文官考試及格所佔比重越大。應該說，北京政府建立的以文官制度爲核心的人事管理制度還是比較完整的。

至於文官考試制度，則在此前已頒相關法令。1913 年 1 月 9 日，袁世凱頒佈《關於文官任免執行令》，規定《文官考試法草案》《典試委員會編製法草案》《文官任用法草案》《文官任用法施行法草案》《秘書任用法草案》《文官保障法草案》《文官懲戒法草案》《文官懲戒委員會編製法草案》《文官甄別

〔註11〕 「法制局以原編纂之文官試驗章程草案，編議文官考試法草案」。參見考試院考銓叢書指導委員會主編：《中華民國高普考試制度》，臺灣正中書局 1984 年版，第 29 頁。

－134－

法草案》,「於其本法未公佈以前,關於文官之考試、任免適用之」〔註12〕。
這些法案規定,文官考試由典試委員會辦理。典試委員會分為高等典試委員
會、中央普通典試委員會及地方普通典試委員會三種。各以委員 1 人,監試
委員 1 人至 2 人,及若干主試委員組成,負責辦理文官考試典試事宜。

　　至此,文官考試制度架構已成,但因值新舊交疊之際,文官考試並未舉行。
至 1916 年 4 月 30 日,改頒《文官高等考試令》及《文官普通考試令》,1919
年又對文官考試法規進行修訂。1916 年 6 月,1917 年 4 月和 1919 年 10 月,分
別於首都舉行了兩次文官高等考試、一次文官普通考試。前後共錄取 979 人。

　　綜合北京政府幾次修訂文官考試法律章程的主要內容,可將北京政府文
官考試制度的框架用下表列示(表 3-1):

表 3-1　北京政府文官考試制度框架

1913 年法規制度框架		
	文官高等考試	文官普通考試
報考資格	凡年滿 21 歲之中華民國男子,均可報考。有下列情形之一者,不得報考:(1)褫奪公權尚未復權者;(2)受禁治產及準禁治產之宣告確定後,尚未有撤銷之確定裁判者;(3)受破產之宣告確定後,尚未有復權之確定裁判者;(4)其它法令有特別規定者	
考試程序	分為甄錄試、初試、大試,甄錄試為筆試,落第者不得參加初試。在中學以上學校畢業或有相當之資格者,得免甄錄試。初試及大試皆先筆試後口試。初試及第,分發學習兩年後參加大試。未及格者延長學習期一年以下再送大試	不分試
考試科目	甄錄試　國文,歷史,地理,筆算	國文,歷史,地理,筆算,法學通論,經濟學 除以上科目外,各官署得斟酌情形將該署所掌事務加入一、二科目,須於考前一個月登報公佈
	初試　主科:國法學,刑法,民法,國際公法,行政法,經濟學,財政學 附科:商法,政治學,刑事訴訟法,民事訴訟法,通商約章 主科不得去取,附科任應試人自擇其一	
	大試　現行法令解釋,設案之判斷,草擬文牘	

〔註12〕《政府公告》命令第 243 號,民國二年元月九日。

典試人員構成	委員長1人，監督委員管理一切事務，其對應試人的評定權任何人不得干涉 主試委員無定額，受委員長監督管理考試事宜，遇有親屬與試時應先聲明迴避 監視委員2人或1人，受委員長監督管理監視事宜	
	高等典試委員會：受國務總理監督，管理文官高等考試事宜，由大總統在下列各員中選派組織：大學校校長，大學校法科大學學長及教授，法制局長，銓敘局長，法制局參事，各部參事，大理院推事，平政院評事	中央普通典試委員會：受各該官署長官監督，管理該署普通考試事宜，由各該官署長官自該署內薦任官中選派組織 地方普通典試委員會：受各該省行政長官監督，管理該署普通考試事宜，由該省行政長官於所屬之薦任以上官及官立中學以上學校教員中選派組織
分數評定	應試人及第落第並其等第，以主試委員對其考試成績意見過半數決定；意見參半時，由委員長加入決定	
考後任用	大試及第者，授以試補官證書，按照其等第之高下，依文官任用法敘補。大試落第者，由文官高等委員會決定補習期，經由國務總理通知於各該長官責令照期補習期滿再試，至三試落第不得再與試	考試及格者，授以試補官證書，按照其等第之高下，依文官任用法敘補

1915年法規制度框架

	文官高等考試	文官普通考試
報考資格	凡年滿25歲之中華民國男子，在以下任一學校修習三年以上畢業獲得文憑者，均可報考： （1）國立大學或高等專門學校；（2）教育部指定的外國大學或高等專門學校；（3）教育部認可的私立大學或高等專門學校	凡年滿20歲之中華民國男子，具有下列資格之一者，均可報考： （1）符合文官高等考試資格之一者；（2）經教育部制定或認可的技術專門學校畢業獲得文憑者；（3）經各省各特別行政區域地方考試及格，取充選士者；（4）曾任委任以上文職者
	有下列情形之一者，不得報考： （1）褫奪公權或停止公權尚未復權者；（2）品行卑污被控有案查明屬實者；（3）受破產之宣告，尚未復權者；（4）有精神病或年力衰弱者；（5）虧欠公款或侵蝕公款者；（6）關於考試有不正當行為或違背考試規則者；（7）其它法令有特別規定者	
考試	每三年舉行一次，如有必要須延長期限、臨時考試、或暫緩考試時，得由政事堂呈請大總統核准先期公佈之	於文官高等考試後行之，但委任人員有不敷用時，得由政事堂呈請大總統特令舉行

時間	考前由政事堂將各官署所需人員名額及所考專科先行通告。考試日期及取錄名額由大總統定		錄取名額於考期前由大總統以命令定之	
考試程序	分爲第一試、第二試、第三試、第四試，前三試爲筆試，第四試爲口試。四試平均合取者爲及格		分爲第一試、第二試、第三試。前兩試爲筆試，第三試爲口試。三試平均合取者爲及格	
考試科目	第一試	經義，史論，現行法令解釋	第一試	國文
	第二試	政治，經濟，法律，文學，物理，數學，測量，化學，地質，採礦，冶金，機械，造船，船機，土木工，建築，電工，醫學，製藥，農學，農藝化學，林學，獸醫。各科目由典試官臨時指定，每試至少以四項爲率	第二試	行政職：憲法大綱，現行法令解釋，策問，文牘
	第三試			技術職：就考試所需技術按被試學業分別考試，至少以四題爲限
	第四試	典試襄校三人以上出席，口試內容爲應試人曾經筆試的學科	第三試	典試襄校三人以上出席，口試內容爲應試人曾經筆試的學科
成績等次	每試爲一場，每場合定一總分數，合每場分數平均計算（高等考試四場，普通考試三場）。其平均分滿 60 分者爲及格，60 分以上者爲中等，70 分以上者爲優等，80 分以上者爲最優等			
	及格人數超過應取名額時，由典試官按定額擇優錄取。不及定額時，盡及格之卷錄取			
典試人員構成	一、典試官：1 人，由大總統特派，掌理文官高等考試事務。 二、副典試官：2 人，由大總統特派，輔助掌理文官高等考試事務 三、襄校官：按報考學科分別遴選，臨時定額，呈請大總統派充，分掌文官高等考試事務。此外還得聘用專門學問人員充典試評議員 四、監試官：4～6 人，由大總統於肅政史及高等以上檢察廳檢察官中簡派，掌糾察文官高等考試事務		一、典試官：1 人，由大總統簡派，掌理文官普通考試事務 二、副典試官：1 人，由大總統簡派，輔助掌理文官普通考試事務 三、襄校官：按報考學科分別遴選，臨時定額，呈請大總統派充，分掌文官普通考試事務 四、監試官：4～6 人，由大總統於肅政史及各級檢察廳檢察官中簡派，掌糾察文官普通考試事務	
	一、二、三類人員如與應試人有親屬關係，應在相應之考試自行聲明迴避；如有特殊情形應聲明是否迴避，由大總統核定之。考試事竣，由一、二類人員將考試及格者姓名呈報大總統，並具備個人基本情況並考試成績清冊，咨呈政事堂交由銓敘局註冊。所有考試事竣，典試各官即行裁撤			
分數	各場分數由襄校官酌擬，送典試官核定；口試分數以典試官襄校官合意定之。 高等考試之典試評議員由政事堂臨時聘用，在口試必要之時出席爲襄校官之			

評定	補助	
	考試及格各員之分發由政事堂就其考試成績及所習學科定之	
考後任用	考試及格者，由大總統依文官官秩令授以上士，其有原官高於應授之秩者，仍從其原官 前項授秩人員應按所考科目分發京外各官署學習，以兩年爲限，學習期滿成績優良者經甄別試後作爲候補，由政事堂銓敘局註冊備案，歸各該長官以相當的職缺按薦任職任用程序令呈請任用	考試及格者由大總統依官秩令授以同少士，其有原官高於應授之秩者，仍從其原官 前項授秩人員應按所考科目分發京外各官署學習，以一年爲限，學習期滿成績優良者作爲候補，由政事堂銓敘局註冊備案，歸各該長官以相當的職缺按委任職任用程序令任用。

資料來源：

1. 《文官考試法草案》（1913 年 1 月）；
2. 《典試委員會編製法草案》（1913 年 1 月）；
3. 《文官高等考試令》（1915 年 9 月 30 日）；
4. 《文官高考考試典試令》（1915 年 9 月 30 日）；
5. 《文官普通考試令》（1915 年 9 月 30 日）；
6. 《文官普通考試典試令》（1915 年 9 月 30 日）。

均參見楊學爲等主編：《中國考試制度史資料選編》，黃山書社 1992 年版。

　　北京政府文官考試，由銓敘局負責。但銓敘局是專司人事行政管理的中央機構，事務繁雜，有限人員無法完成文官考試的具體籌劃和直接操作。於是，依照 1913 年公佈的《典試委員會編製法草案》，遂於每次考試前臨時成立的典試委員會，作爲主持文官考試的組織機構。該委員會在考前成立，從大學校長、法科大學校長及教授、法制局長、銓敘局長、法制局參事、各部參事及長官、大理院推事、平政院評事中選擇人員組成，考後立即解散，並非政府之常設機構。

　　地方普通典試委員會受各該省行政長官之監督，管理該署文官普通考試事宜。考後，委員長須將考取人數及姓名報告銓敘局。其人員組成，由該省行政長官於所屬之薦任以上官員及官立中學以上學校教員中選派組織。〔註 13〕

　　用法律形式規定銓敘局和各種典試委員會的職掌與組成，實際上是在組

〔註 13〕參見《典試委員會編製法草案》，中國第二歷史檔案館藏，北京民國政府《政府公報》第 243 號，1913 年 1 月 9 日。楊學爲等主編：《中國考試制度史資料選編》，黃山書社 1992 年版，第 630～631 頁。

織管理上，將各類文官的考試權分別納入了中央和省級行政管理之下，在法理和管理級別上表現出對文官考試的高度重視。這一點，既是對科舉考試管理辦法的繼承，也為南京政府採取更高層次和級別的考試行政管理打下了基礎。

（二）文官考試的分發與任用

文官高等考試及格者，由大總統依《文官官秩令》授以上士，普通考試及格者則授以同少士（原官秩高於應授之秩者，仍從其原官）。授秩人員按照所考科目，分發京外各官署學習。學習期限，高等考試及格者為兩年，普通考試及格者為一年。期滿後，依《學習規則》之規定，成績優良者作為候補，由政事堂銓敘局註冊備案。文官高等考試及格者，由各署長官按委任職任用程序以相當之職缺任用。〔註14〕

1916 年 1 月頒行的《文官高等考試令施行細則》，明確規定根據各考試專業的不同分發及格者到不同政府部門學習。文官普通考試及格者的分發學習，也依照「按照所考科目，分發京外各官署學習」的原則。〔註15〕具體分發標準如下表（表3-2）所示：

表3-2　北京政府文官高等考試及格人員分發標準

專科名稱	分發官署
政治	外交部、內務部、財政部及其他官署
經濟	外交部、財政部、農商部、交通部及其他各官署
法律	外交部、內務部、司法部及其他各官署
文學	內務部、教育部
物理	陸軍部、海軍部、教育部、農商部
數學	陸軍部、海軍部、教育部、農商部
測量	內務部、陸軍部、海軍部、教育部、農商部、交通部
化學	內務部、陸軍部、海軍部、教育部、農商部

〔註14〕參見《文官高等考試令施行細則》（1916 年 1 月 27 日）；《文官普通考試令》（1915 年 10 月 1 日）。楊學為等主編：《中國考試制度史資料選編》，1992 年版，第 639～643 頁。

〔註15〕《文官普通考試令》（1915 年 10 月 10 日）第十二條第二款。《政府公報》命令第 1221 號。

地質	教育部、農商部
採礦	財政部、教育部、農商部
冶金	財政、陸軍部、海軍部、教育部、農商部
機械	陸軍部、海軍部、教育部、農商部、交通部
造船	教育部、海軍部、農商部、交通部
船機	海軍部、教育部、農商部、交通部
土木工	內務部、陸軍部、海軍部、教育部、交通部
建築	內務部、司法部、教育部、交通部
電工	陸軍部、海軍部、教育部、農商部、交通部
醫學	內務部、陸軍部、海軍部、司法部、教育部
製藥	內務部、陸軍部、海軍部、教育部
農學	教育部、農商部
農藝化學	教育部、農商部
林學	內務部、陸軍部、海軍部、教育部、農商部

資料來源：《文官高等考試令施行細則》（1916 年 1 月 27 日），中國第二歷史檔案館藏，
　　　　　北京民國政府《政府公報》第 23 號，1916 年 1 月 28 日。

　　1919 年頒佈《文官高等考試法》，又增加了 10 種專科。其施行細則，亦相應規定了增設各科的分發標準，並對原有各科之分發略作調整。

　　北京政府時期的文官考試及格者的分發任用原則，規定十分明確，但其主要表現為制度設計方面的價值。「當時文官任用之設計，乃與文官考試密切配合，不惟官等與考試等級配合，其任用資格，更以考試及格為主。〔註 16〕當時的文官考試，分文官高等考試及文官普通考試，係為任用薦任及委任文官而設計。但民國肇造初期，由於政局動盪不安，文官任用制度以及文官考試制度，迄未能有效施行。儘管如此，就考試與任用設計上，已以相互配合

〔註16〕依照民國二年（1913 年）一月頒佈的《文官任用法草案》規定，簡任、薦任和委任官員的任職資格，除去工作經歷要求外，便是文官考試及格的要求，並明確規定一些依任職經歷入官的官員只能擔任指定職務，不經文官考試，不得擔任指定職位之外的職務。很明顯表現出任官以文官考試及格者為主的取向。參見《文官任用法草案》（1913 年 1 月），《政府公報》命令第 243 號（1913年 1 月 9 日）。此注為筆者所加。

為準則，換言之，即文官之任用，應以考試及格者為主要對象，因之，考試及格者必須分發任用。這對於後來公務人員高普考試之分發任用，具有很大的影響。」〔註17〕

二、外交領事官和司法官考試的「獨立」

北京政府時期文官考試還有外交官領事官考試和司法官考試。這兩種考試的應考資格等，與文官高等考試相似，並且與文官高等考試合併舉行。應該說，在性質上也是文官高等考試的一種。但由於選拔對象與目的的特殊性，北京政府又將這些考試單獨列出，並以法律形式加以規定。北京政府頒有《外交官領事官考試令》、《司法官考試令》〔註18〕等法規，分別規範這兩種特殊的文官考試。

（一）外交官領事官考試

《外交官領事官考試令》規定，外交官領事官考試與文官高等考試合併舉行。其典試事宜，適用《文官高等考試典試令》各條之規定，典試官以高等考試的典試官兼任，襄校官就外交部遴選各員中呈請大總統派充。

外交官領事官考試的應試資格，與文官高等考試大致相當。但是，應試者必須先經外交部甄錄試及格，並由外交總長咨送方能參加考試。甄錄試驗，由甄錄委員會負責進行，外交部次長兼任委員長。顯然，外交官領事官的考試資格高於文官高等考試。這一不同之處，反映了外交官、領事官工作性質的特殊性和職務的重要性。

外交官領事官考試分為第一、第二、第三和第四試。四試平均合格者為及格。第一試科目為國文，英、法、德、俄、日等一國以上之文字，為主科。第二試科目為憲法、國際公法、國際私法、外交史，均亦主科，不得取捨。第三試科目為行政法規、刑法、民法、商法、刑事訴訟法、民事訴訟法、政治學、經濟學、財政學、商業史，均為附科，應試人任選四科。第四試科目為約章成案、外交事件、草擬文牘。其中前兩科先筆試後口試，第三科用國文與外文同時考試。應試人如於應試外國文字之外兼通其他外國文字，可以同時考試該外國文字。1919年頒佈的《外交官領事官考試法》，又對科目略為

〔註17〕考試院考銓叢書指導委員會主編：《中華民國高普考試制度》，正中書局1984年版，第227頁。
〔註18〕《政府公報》第1221號，1915年10月1日。

調整，於第三試中增加殖民政策一科，第四試中增加外國語一科。較多的科目、複雜的程序，都顯示外交官領事官考試要求要高於和繁於一般文官高等考試。

在成績評定標準與程序方面，外交官領事官考試與文官高等考試有關規定完全相同。考試及格者，按官秩令授秩後，由外交部分派駐外使領各館學習，學習期限為兩年，期滿由使館長官出具考評意見咨報外交部。其成績優良者作為候補，由外交部咨行政事堂銓敘局註冊備案，由外交部按薦任文職任用程序，以相當之薦任職缺呈請任用。〔註19〕

（二）司法官考試

司法官考試依《司法官考試令》〔註20〕，亦與文官高等考試合併舉行。其典試事宜，適用《文官高等考試典試令》各條的規定，由高等考試的典試官、襄校官兼任。

司法官考試的應考資格，除《文官高等考試令》第三條第一項第一、二、三各款畢業學生之修習法律專科者外，其經司法部甄錄試驗，認為與法律專科三年畢業學生有同等之學力，堪應司法官之考試者，由司法總長咨送，亦可一體考試。甄錄試由甄錄委員會負責進行，司法部次長兼任委員長。

司法官考試亦分為第一至第四試。四試平均合格者為及格。第一試考經義、史論、法學通論。第二試考憲法、刑法、民法、商法。第三試考刑事訴訟法、民事訴訟法、法院編製法、行政法規、國際公法、國際私法、監獄學、歷代法制大要（前三科為必考，後五科由應試者任考一科）。第四試為口試，就前三試已經考試過的各科目，另設問題提問。其評分錄取規則亦均與文官高等考試相同。〔註21〕

1919年，北京政府頒佈《司法官考試法》〔註22〕，對司法官考試進行了更為詳盡的規定，同時，典試事宜也不再與文官高等考試合併進行，實際上將司法官考試獨立於文官高等考試。該法在應考資格方面規定，使報

〔註19〕《政府公報》第23號，1916年1月28日。

〔註20〕《政府公報》第1221號，1915年10月1日。

〔註21〕參見《司法官考試令》，《政府公報》第1221號，1915年10月1日；《司法官考試令施行細則》，1916年1月27日北京政府發佈，《東方雜誌》第13卷第4號「法令」（1916年4月）。

〔註22〕中國第二歷史檔案館藏：全宗號一〇二，案卷號991。載楊學為主編：《中國考試史文獻集成》第七卷（民國），高等教育出版社2003年版，第129～131頁。

考者來源更寬。除得有相關大學文憑等要求外，該法還規定，曾任推事或檢查官，繼續辦理審判或檢察事務一年以上者；曾應前清法官考試及格者，均可應試。這一方面使考試制度雖經改朝換代亦得以接續，另一方面，顯示出司法考試對具有司法工作經驗者的重視。該法還規定了一個免試條件，即在國內外大學修習法律專業本科得有畢業證書、成績優秀，且精通一門外語者，以及在國立大學教授司法官考試主要科目五年以上並精通外語者，經司法官考試典試委員會半數以上通過，可以免試。說是免試，實際上條件頗難達到。〔註23〕但這一規定在嚴格考試甄選的同時，畢竟表現出了一種靈活性。

《司法官考試法》規定，該考試分為初試和再試，初試及格者授以證書，送入司法講習所學習，期滿後舉行再試，但在司法講習所考試得有成績優良證明者，可視為再試及格。再試及格者授以司法官再試及格證書。初試分筆試、口試兩種，筆試及格者方得應口試。筆試科目為民法、刑法、民事訴訟法、刑事訴訟法、商法、國際私法、國際公法、憲法、法院編製法、行政法、國文，這11個科目中，第六科起至第十科的國際私法、國際公法、憲法、法院編製法、行政法，為附科，「得依情形臨時指定二種施行之」。〔註24〕口試由襄試委員二人以上出席，就指定科目舉行。再試以考驗學習成績為主，亦分為筆試和口試。筆試以二件以上訴訟案件為題，令應試人詳敘事實及理由，擬具判詞。口試方法由典試委員會臨時決定。

北京政府對司法人員的考試，僅從制度建設上看，是十分重視的。除多次修改修訂司法官考試令（法），制訂章程細則外，對司法系統的各類官員也都制訂了考試規章，頗有「涉『法』必考」的意味。此期所頒佈的相關法規詳見下表（表3-3）：

〔註23〕就此免試事宜，北京政府曾頒《司法官再試典試委員會審議免試規則》凡十三條詳加規定。如認為符合免試條件者，得由司法總長或大理院長、總檢察廳檢察長等審查通過後，連同有關證明文件，由司法總長送交委員會審議；證明材料包括與申請人相關的駐外大使、留學生監督、大學校長等「出具切實考語」，以及各學年分數、證書等；委員長接受申請後要指定專門委員調查等等，程序頗為繁複，要求也很高（參見《政府公報》第649號，1917年11月16日。中國第二歷史檔案館藏）

〔註24〕中國第二歷史檔案館藏：全宗號一〇〇二，案卷號991。楊學為總主編：《中國考試史文獻集成》第七卷（民國），高等教育出版社2003年版，第131頁。

表 3-3　北京政府時期司法人員考試法規概況

法規名稱	頒佈時間	資料來源
1. 司法官考試令	1915 年 9 月 30 日	《政府公報》命令第 1221 號（1915 年 10 月 1 日）
2. 關於司法官考試令第三條甄錄規則	1915 年 9 月 30 日	《政府公報》命令第 1221 號（1915 年 10 月 1 日）
3. 司法官考試施行細則	1916 年 1 月 27 日	《東方雜誌》第 13 卷第 4 號「法令」（1916 年 4 月）
4. 司法官考試令	1917 年 10 月 18 日	《東方雜誌》第 14 卷第 11 號「法令」（1917 年 11 月）
5. 修正司法官考試令各條	1919 年 5 月 15 日	《東方雜誌》第 16 卷第 6 號「法令」（1919 年 6 月）
6. 縣司法公署審判官考試任用章程	1917 年 5 月 1 日	《政府公報》第 469 號（1917 年 5 月 2 日）
7. 律師考試令	1917 年 10 月 18 日	《東方雜誌》第 14 卷第 11 號「法令」（1917 年 11 月）
8. 司法官再試典試委員會審議免試規則	1917 年 11 月 14 日	《政府公報》第 649 號（1917 年 11 月 16 日）
9. 司法官考試法	1919 年	中國第二歷史檔案館藏：全宗號一○○二，案卷號 991
10. 修正司法官考試令各條	1919 年 5 月 15 日	中國第二歷史檔案館藏：全宗號一○○二，案卷號 991
11. 法院書記官考試暫行章程	1919 年 6 月 20 日	《政府公報》第 1218 號（1917 年 6 月 26 日）
12. 各縣承審員考試暫行章程	1919 年 6 月 20 日	《政府公報》第 1218 號（1917 年 6 月 26 日）
13. 監獄官考試暫行章程	1919 年 6 月 20 日	《政府公報》第 1218 號（1917 年 6 月 26 日）
14. 承發吏考試任用章程	1920 年 7 月 1 日	中國第二歷史檔案館藏：全宗號一○○二，案卷號 178
15. 甄拔特種司法員會章程	1920 年 10 月 31 日	《政府公報》第 1692 號（1920 年 11 月 1 日）
16. 司法儲才館章程	1926 年 10 月 15 日	《政府公報》第 3777 號（1926 年 10 月 19 日）
17. 司法儲才館學員獎勵辦法	1926 年 10 月 15 日	《政府公報》第 3777 號（1926 年 10 月 19 日）

　　北京政府時期正值民國法制建設的奠基時期，對法律人才需求較大。因此除大力考選人才外，政府還建立司法儲才館，把培養和選拔結合起來。爲此頒佈的司法儲才館學員考試章程及學員考驗獎勵辦法規定，學員考試，由司法部設立考試事務處，辦理司法儲才館學員入學考試事宜；又設典試委員會，委員長由司法次長兼任，負責主持考試。入學考試分爲甄錄試、正試兩種。甄錄試科目爲國文、法學通論，正式科目爲民法、商法、刑法、民事訴訟法和刑事訴訟法。各科目以平均滿六十分以上者爲及格。學員入學後，設月考、學期考驗和畢業考驗，分別給予「一次獎金、免除學費、優予津貼、提前任用」的獎勵。〔註25〕

　　北京政府時期外交領事官考試和司法官考試的建立與發展呈現出自己的特點。一是由於外交官領事官和司法官職業的特殊性，其考試與文官考試逐步分開，在制度、科目、考試組織與實施等方面，均「另立爐竈」；考試組織方面，更爲倚重行業部門和本專業的專家，並且注重實踐經驗。二是考試科目設置更注重專業化。所有科目均與職業有密切關係。因而在近代文官制度或稱公務員制度一引入中國時，它們便與一般職業的公務員考試分開實施。其後的南京國民政府時期如是，中國大陸改革開放後重建國家司法考試制度時亦如此。

三、知事試驗

　　知事是北京政府時期縣行政長官的稱謂。這個短暫的官稱，僅存 10 餘年。1913 年 1 月 8 日北京政府公佈《劃一現行各縣地方行政官廳組織令》，將原來的府、直隸廳、直隸州等地方一律改稱爲縣，行政長官一律改稱爲縣知事，行政機關一律改稱爲縣知事公署。1914 年 5 月 23 日公佈《縣官制》，再次明確規定：「縣置知事，隸屬道尹，爲縣行政長官。」〔註26〕南京國民政府成立後，縣知事改稱爲縣長。

　　縣知事作爲地方行政長官，既瞭解基層民情，又負責貫徹執行中央政府的政令措施，其地位十分重要。袁世凱深諳縣知事對國家政治的重要性，因而決定以篩選現任知事、選拔候補知事的方式，抓牢縣知事的任命權，以鞏固權力基礎。他從 1913 年 2 月到 1914 年 4 月，先後頒佈了《知事任

〔註25〕《政府公報》第 3777 號，1926 年 10 月 19 日。
〔註26〕《北洋政府公報》，1914 年 5 月 24 日。

用暫行條例》、《知事試驗暫行條例》及實施細則、《修正知事試驗條件》及實施細則等法規，〔註27〕明確規定：縣知事的任用資格分為兩種，一是經過考試及格的，二是須保薦並在內務部註冊的。並在1914年舉行了首屆知事試驗。

知事試驗的報考條件是，年滿30歲以上，具有下列資格之一：（1）在本國或外國大學或專門學校修法律、政治、經濟之學三年以上，得有畢業文憑者；（2）在前述學校修習一年半以上，得有證明書，並曾辦行政事務滿二年以上者；（3）曾任簡任或薦任文官滿三年以上者；（4）曾有相當於簡任或薦任文官的資格，並歷辦行政事務滿三年以上者；（5）曾有相當於簡任或薦任文官資格，在本國或外國專門以上各學校或本國法政講習所學習法律、政治、經濟學一年半以上，有證明書，並曾辦理行政事務滿一年以上者；（6）不具備以上資格，由國務總理、各部總長、各地方最高民政長官特送參加考試者。不得參加考試的消極條件限制，與文官高等考試相似。

知事試驗分為甄錄試、第一試、第二試、口試。甄錄試須提交論文一篇，不及格者不能參加第一試。第一試考現行法令解釋、國際條約大要。第二試考關於地方行政的策問、設案判斷、草擬文牘。第一、二試及格，方可應口試。口試就地方民情風俗習慣及應試人之經驗設為回答。考試各科以60分為及格，平均滿80分以上列為甲等，70分以上為乙等，60分以上為丙等。取到甲乙等者，由內務部分發各地任用；列為丙等者則送到地方行政講習所肄業後再行分發。

在1914年2月到1915年4月的一年多時間裏，北京政府舉行了四屆縣知事試驗，其概況如下表（表3-4）：

〔註27〕參見楊學為總主編：《中國考試史文獻集成》第七卷（民國），高等教育出版社2003年版，第138～140頁。

表 3-4　北京政府時期知事試驗情況表

項目 屆別	考試組織			考生					考試結果				
	主試委員長	主試委員、覆校委員	監試委員	各省送驗現任知事	投考合格者	各部、省特送人員	報名免試	總計	甲等	乙等	丙等	免試	總計
第一屆	朱啟鈐	朱家寶、趙惟熙等12人	李杭文等4人	21	2068 合計2418人	329			73 合計619人	311	235	120	
第二屆	汪大燮	汪鳳瀛、江瀚等14人	熊兆周等4人		合計2600人		280	19538	49 合計472人	295	128	187	6497
第三屆	周樹模	張元奇、夏壽康等6人	王瑚等6人		不詳		1350		116 合計786人	508	162	777	
第四屆	章宗祥	陳漢第、王樹枏等16人	俞明震等6人	200	6560 合計13170人	2950	3460		928 合計1128人		200	2408	

資料來源：中國第二歷史檔案館館藏檔案，全宗號一〇〇一，卷宗號 5571、5572。參見張海梅：《北洋政府時期的知事試驗制度述略》,《中國考試史專題論文集》，教育部考試中心編，高等教育出版社，1999年版，第 324～335 頁。

上表列示的知事試驗情形說明，這一時期知事試驗有如下特點：

第一，北京政府繼承了中國政府重視官員考試的傳統，希望藉此達到整頓吏治、鞏固中央政權同時也排斥異己的目的，因而高度重視知事試驗的組織。擔任主試委員長、主試委員、襄校委員以及監視委員的人員，均為政府相關部長、次長級的高官。其中許多人如朱啓鈐、章宗祥等，也是通過科舉或留學獎勵考試的層層選拔而得官，對「掄才大典」別有一份感情，因而考試的組織過程隆重、嚴密，竭盡全力地維護國家選官考試的權威。

第二，考生來源複雜，且呈現出在職人員少、呈請免試者多的特點，致使甄別官員的目的並未達到。知事試驗具有雙重性質，它既是對在職縣知事的資格認定考試，又是選拔縣知事補充隊伍的選拔考試。從袁世凱的設考目的來說，對在職的縣知事，希望通過認定考試重新任命，將派系複雜的知事隊伍統歸於袁氏旗下；對新選拔考試出的人員，則更是自充座主，一廂情願地將他們歸於「袁家軍」。然而，民國新創，新舊雜陳，官員隊伍來源複雜，加上這些基層的「父母官」，既要徵捐收稅，又要保境安民，要他們一下子都到北京參加考試，根本無法做到。因而內務部原定於 1914 年的 2、4、6、8 月舉行四屆知事試驗，由於各地調驗的知事太少，不得不將第三期試驗延至 9 月，第四期延至 1915 年 4 月。事實上直到四屆試驗結束，也並未將全部現任知事考完。內務部為了讓未考試的現任知事免於失去任職資格，決定凡在 1913 年 12 月以前曾奉任命的縣知事及 1915 年 4 月以前曾經委署縣缺報內務部備案，在任辦事得力之人，仍准許各地限期送內務部，由內務部參照前清吏部考選辦法，「按月就報到人員定期傳部，分別考試文藝判斷及口試兩場，評定名次，開單送覲，恭候選擇分發任用，不堪勝任者即行放歸原籍。」〔註28〕

一面是在職縣知事不能悉數抽驗，一面是呈請免試者眾多。本來，知事試驗設立了 3 條途徑：考選、抽驗、免試，核准免試「推原例意，當為各省賢能老吏或山林隱逸不願應試之人，與夫現任重要差缺、萬難輕離職守之員，不能不稍示變通，為破格求才之計，用意極為周妥。」〔註29〕但實施起來，

〔註28〕《北洋政府公報》1915 年 4 月 23 日。轉引自張海梅《北洋政府時期的知事試驗制度述略》，《中國考試史專題論文集》，高等教育出版社 1999 年版，第 332 頁。
〔註29〕《內務部辦理知事試驗事務處呈報大總統知事試驗辦畢情形》（1914 年 3月），中國第二歷史檔案館藏：全宗號一〇〇一，案卷號 5548。

作爲「稍示變通」的免試小徑竟成「大道」，由第一屆的 120 人免試，逐屆增加，變爲第二屆免試 187 人、第三屆 777 人，第四屆竟達 2408 人。而且，第四屆免試名單還是從 3460 人中核出的。主試委員長章宗祥無奈地表示，第四屆保薦免試的人員「比較第三期加至數倍。人數既多，深恐稍涉冗濫」，然而「本會審查，僅文冊但與條目相符，即不能不認爲合格。一再覆核，始經決定」，還是有二千多人。〔註30〕四屆試驗下來，考選抽驗共 3005 人，而免試共達 3492 人。此結果，不免令人懷疑設立試驗的目的。

第三，知事試驗存在考與用分離的問題。考選出的知事分發到地方難以得到任用；地方選官各行其是，致使知事試驗的功效大打折扣。1914 年第一屆知事試驗後分發各地的候補知事，已遭部分地方抵制。之後袁氏稱帝，各地掀起護國運動，時局動蕩，南方各地自治風潮彼伏此起，軍閥割據愈演愈烈。地方大員無一不緊握用人大權，明確提出人用本籍，對經中央甄選的官員任用敷衍拖延，致使許多分發到地方的知事上書內務部，請求分部或改派，並發津貼以維護生計。〔註31〕1920 年 1 月，大總統徐世昌曾通令各省區，不得呈請任命非經試驗或保薦核准者，並重申知事任用應迴避本省省籍人員。但收效不大，各省專擅如故。更有甚者，有的省區乾脆另行考試，選用縣長。如 1920 年冬趙恒惕任湖南省長後，在「湘人治湘」的招牌下決定自行考選縣長。1925 年 7 月公佈了考試條例，有 1100 餘人報名，核准報名的有 437 人。8 月舉行初試，62 人合格，旋即復試，由趙恒惕、章太炎（任主試委員長）和吳景鴻（任監試主任委員）親自進行口試，最後錄取 30 名。至 11 月，錄取的第一名發表爲寧鄉縣長，第二名發表爲常寧縣長，第三名爲汝城縣長，至次年 3 月底，考取人員發表了半數。〔註32〕

〔註30〕《章宗祥呈報審查保薦縣知事免試各案情形文及大總統批令一件》（1915 年 5 月 30 日），中國第二歷史檔案館藏：全宗號一〇〇一，案卷號 2039。

〔註31〕如 1916 年 8 月，分發湖南候補知事裴瑾、王祐等人書呈內務部，訴說候補無望，請求設法維護；1920 年 10 月分發安徽任用的縣知事張鍾武、王雲龍等 36 人因候補無望，呈請內務部予以救濟；1924 年 3 月分發安徽、浙江、江蘇、山西、直隸、江西等地知事周士吉等 53 人聯名上書內務部，請求因無法上任給予津貼。這些要求也遭到拒絕，有的候補知事直到北洋政府結束也未得到任命。參見中國第二歷史檔案館藏檔案，全宗號一〇〇一（2），案卷號 291。轉引自張海梅《北洋政府時期的知事試驗制度述略》，《中國考試史專題論文集》，高等教育出版社 1999 年版，第 333～334 頁。

〔註32〕參見甘融：《回憶縣長考試》，湖南文史館編：《瀟湘絮語》，上海書店 1992 年版。

地方考試的功效已大過了中央，這也是當時中央政府權威衰微，地方割據勢力專權的反映。

第三節　南京國民政府時期文官考試法規體系的創建

1927 年 4 月 18 日，南京國民政府在蔣介石的領導下成立。7 月 15 日，武漢國民政府主席汪精衛宣佈與共產黨決裂，不久與南京國民政府合流。之後南京國民政府開始「二次北伐」，擊潰了直魯聯軍和孫傳芳所部。1928 年 12 月 29 日，東三省保安總司令張學良發出「易幟」通電，表示「遵守三民主義，服從國民政府」。至此，南京國民政府「統一」了中國，並聲稱要秉承孫中山的遺教，開始建立「五院制」政治體制。

1928 年 10 月，南京國民政府頒佈《訓政綱領》和《國民政治組織法》，並依此爲據建立「五院制」的中央政治體制。10 月 20 日，國民政府公佈《考試院組織法》，於 1930 年 1 月正式成立考試院，作爲國民政府最高考試機關，主管考選、銓敘事宜。從 1931 年起，在考試院的規劃、組織下，南京國民政府的文官考試制度迅速確立，形成了一套比較完整的考試系統和比較全面的考試法規，通過陸續舉辦多種文官考試，爲改善公務員結構、提高政府效率、重建社會分層流動機制，發揮了一定的積極作用。

一、考試院的創建及其職能

1928 年 10 月 8 日南京國民政府頒佈《中華民國國民政府組織法》，規定「考試院爲國民政府最高考試機關，掌理考選、銓敘事宜，所有公務員均須依法律，經考試院考選、銓敘，方得任用。」〔註 33〕同日，國民黨中央執行委員會選任戴傳賢（季陶）爲國民政府考試院院長，10 月 10 日成立了考試院籌備處；10 月 20 日，國民政府公佈《考試院組織法》，對考試院的機構設置和職能作出具體規定。1928 年 12 月 17 日和 1929 年 8 月 1 日，國民政府又先後公佈《考試院銓敘部組織法》和《考選委員會組織法》〔註 34〕。至此，考試院建立所依之的法規大致出齊，考試機構構建的方案趨於完善。1930 年 1

〔註33〕《國民政府組織法》，陳天錫編：《考試院施政編年錄》初稿第一編，第 12 頁。此條後修正爲「考試院爲國民政府最高考試機關，依法行使考試、銓敘之職權。」見《中華民國現行法規大全》第 196 頁，商務印書館 1933 年版。
〔註34〕《考試院公報》第 1～6 期，1930 年。

月 6 日，考試院「與所屬考選委員會、銓敘部同時成立，院長兼考選委員會委員長戴傳賢（季陶），副院長孫科，考選委員會副委員長邵元沖、委員劉蘆隱、焦易堂、余井塘、桂崇基、陳立夫，銓敘部部長張難先、副部長仇鼇，同時宣誓就職。」〔註35〕至此，考試院正式成立。

　　按前述有關法律，考試院設正副院長各 1 人，院長負責綜理全院事務，提請任免全院各機關人員。院長因故不能執行職務時，由副院長代理。考試院本部設置秘書處和參事處。秘書處設秘書長 1 人，秘書 6 至 10 人，負責文書收發、分辦、文件撰稿、典守印信、會計等事項。參事處設參事 4 至 6 人，職掌為撰擬、審核關於考選和銓敘之法律命令事項。考試院除院本部外，下設考選委員會和銓敘部。

　　考選委員會專司考選，其職權範圍包括：1. 關於考選文官、法官、外交官及其他公務員事項；2. 關於考選專門技術人員事項；3. 辦理組織典試委員會事項；4. 關於考選人員的冊報事項；5. 關於舉辦考試其他應辦事項。考選委員會以委員長 1 人，副委員長 1 人，委員 5 至 7 人組織之，委員長特任，副委員長、委員簡任。考選委員會之行政事務，由委員長執行之。設秘書長 1 人，秘書 4 人，科長 4 至 6 人，每科科員 4 至 8 人。秘書長承委員長之命，處理會務。「從而使常設之考選委員會代替了北京政府時期臨時性的典試委員會」。〔註36〕

　　銓敘部掌理全國文官、法官、外交官、其他公務員及考取人員之銓敘事項。其職權範圍為：1. 關於公務員的登記事項；2. 關於考取人員的分類登記事項；3. 關於成績考覈登記事項；4. 關於公務員任免的審查事項；5. 關於公務員升降轉調的審查事項；6. 關於公務員資格審查事項；7 · 關於俸給和獎恤的審查登記事項。上述職能規定說明，「銓敘」範圍十分寬廣，包括了公務員任免、考績、升降、轉調、獎懲、俸給、撫恤等一系列工作，實為南京國民政府人事行政管理的主體工作。

　　銓敘部設部長 1 人，特任，副部長 1 人，簡任。銓敘部下設秘書處、登記司、甄核司、育才司、銓敘審查委員會 5 個機構。

　　考試院的機構設置如圖（圖 3-1）所示：

〔註35〕陳天錫編：《考試院施政編年錄》初稿第一編，第 67 頁。
〔註36〕謝青、湯德用主編：《中國考試制度史》，黃山書社 1995 年版，第 721 頁。

圖 3-1　考試院機構設置圖

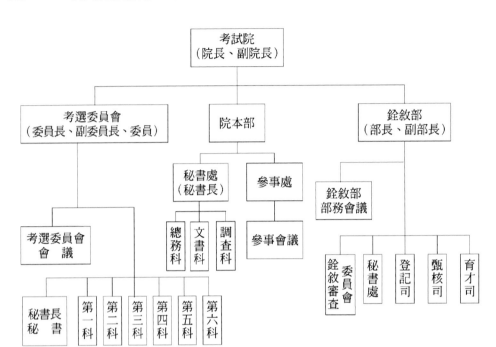

資料來源：陳天錫編：《考試院施政編年錄》初稿第一編。

　　考試院在成立之初採行首長制。1947 年國民政府「行憲」後，3 月 31 日公佈的《考試院組織法》規定，考試院除設院長、副院長外，並設考試委員19 人。考試院設考試院會議，以院長、副院長、考試委員組成，負責執行法律規定的考試院職掌的政策及有關重大事項。這實際上將原來的首長制改成了委員制。原有的考選委員會隨之撤銷，改設「考選部」。考選部部長和銓敘部部長均為考試委員，參加考試院會議議定重要事項。

二、考試法規體系的建設與演變

　　民國考試制度的一個顯著特徵，就是建立了一套完整的考試法規體系，並依照「先立法、後行考」的原則，一切考試均依法舉辦。

　　南京國民政府建立後，形成於北京政府時期的民國文官考試制度進入發展完善時期。南京政府時期的文官考試法規數量龐大，內容繁雜，歷經幾個時期的修訂，內容變化亦很大。1935 年發表的《考試院總報告書》，依據各種考試法規的制訂與修訂，將考選法規的釐定過程分為三個階段。第一時期為

考試法規的「草創時期」，自考選委員會成立（1930 年 1 月）至第一次高等考試舉行（1931 年 7 月）；第二時期爲考試法規的「實驗時期」，自第一次高等考試至第二次高等考試（1933 年 10 月）；第三時期爲第二次高等考試舉行後，「以迄今日」（1935 年）。〔註37〕南京國民政府的主要考試法規，首次制定於 1929 年至 1930 年，於 1933 年、1935 年先後做了兩次規模較大的修訂與調整。1938 年，爲適應抗日戰爭非常時期考試之需要，又對考試法規的實施作了調整。1947 年「行憲」後，又再次對《考試法》等法規進行了一次修訂、整合。但未及實施，南京國民政府在大陸便宣告終結。

從內容方面看，民國時期的考試法規可分爲兩大類〔註38〕，一類是關於考試的基本原則和方法的法規，以《考試法》爲核心，包括其施行細則和各類考試的單行法規；第二類是關於考試組織管理、操作實施的法規，以《典試法》爲核心，包括《襄試法》《監試法》《典試規程》及其他有關條例、規程、規則。

（一）《考試法》的公佈及其四次修訂

1929 年 8 月 1 日，南京國民政府考試院和立法院經過近一年的工作，公佈了第一部《考試法》。它是民國文官考試制度的最基本法規，其主要內容有如下六個方面：

（1）考試的範圍。爲候選人員、任命人員、應領證書的專門職業或技術人員。

（2）考試的種類。分爲普通考試、高等考試和特種考試。

（3）普通考試和高等考試的應考資格。包括學歷、經歷、專門著作和同等學力的檢定。

〔註37〕《五年來考選工作的報告》（1935 年），中國第二歷史檔案館藏：全宗號五，案卷號 470。

〔註38〕1935 年《五年來考選工作的報告》對當時已有考試法規曾作過一個初步分類：第一類，基本法，即《考試法》；第二類，關於組織方面的法規，即《典試委員會組織法》；第三類，關於手續方面的法規，包括《考試法實施細則》、《典試規程》、《監試法》；第四類，單行法規，包括《普通考試條例》、《高等考試條例》、《特種考試條例》；第五類，補充法規，包括《考試覆核條例》、《檢定考試規程》。這五類劃分符合當時考試管理的實際，但 1935 年後的發展無法劃入上述分類之中，如《典試委員會組織法》後改爲《典試法》，已無法再算作「關於組織的法規」。本文采這種劃分爲兩大類的分類法，雖嫌籠統，但基本覆蓋各類法規，並便於敘述。參見《五年來考選工作的報告》（1935 年），中國第二歷史檔案館藏：全宗號五，案卷號 470。

（4）高等考試、普通考試舉行的區域及年限。高等考試於首都或考試院所指定的區域，普通考試於各省區或考試院所指定的區域，每年或間年舉行一次。

（5）考試方式。高等考試及普通考試都分一、二、三試，第一試考國文和國民黨黨義，第二試為分科考試，第三試為面試和成績審查。分科考試的科目由考試院另行規定。第一試、第二試的筆試，除有特別規定者外，一概用本國文字。

（6）考試組織。普通考試、高等考試分別由國民政府簡派、特派主考官，由主考官擔任典試委員會委員長。舉行考試時，由典試委員負責典試事宜，由監察院派員負責監試事宜，並由考試院調動各機關人員襄理考試事宜。〔註39〕

《考試法》於 1933 年 2 月 23 日進行第一次修訂，修訂要點如下：

（1）重新劃分考試類別。原法把考試分為普通、高等、特種三種，候選人員考試隸屬於特種考試。修正法則重訂考試類別為：任命與依法應領證書的專門職業及技術人員考試；候選人員考試。第一種考試又分為普通與高等兩種，情形特殊者另設特種考試。

（2）重新規定三試名稱及科目。修正法釐定了各分試的意義，將一、二、三試分別改名為甄錄試、正試、面試，採分試淘汰，規定甄錄試不及格不能應正試，正試不及格不能應面試。並不再明文規定各試的考試科目。

（3）廢除主考官名目。原法中雖有主考官之名，但並未詳細規定其職權，實際與典試委員長的職責相同，而且二者由同一人擔任，主考官名目的存在並無實際意義，所以修正法予以廢除。

（4）增加舉行臨時考試的條款。這是為了在事實上需要或各機關申請的情況下，考試院可以隨時舉行考試，以備不時之需。

（5）限制應考資格由六種減為四種，刪除了「有反革命行為」和「受破產之宣告尚未復權」二款。〔註40〕

1935 年 7 月 31 日，國民政府公佈了第二次修訂的《考試法》。與 1933 年《考試法》相比主要作了下列變動：

〔註39〕《考試法》，1929 年 8 月 1 日，《考試院月報》第一期，1930 年。楊學為等主編：《中國考試制度史資料選編》，黃山書社 1992 年版，第 817 頁。

〔註40〕《修正考試法》，1933 年 2 月 23 日，楊學為等主編：《中國考試制度史資料選編》，黃山書社 1992 年版，第 818 頁。

（1）取消甄錄試、正試、面試的名稱，規定考試視其類別不同分爲三試或二試，仍採分試淘汰制。「大抵職務性質偏於行政方面者，其分三試，先試以基本知識，次試以專門學科，最後更面試其才識經驗；其偏於技術性質者，則分二試，先試以專門學科，次試以一般知識，並附之面試。」〔註41〕

（2）將候選人名稱改爲公職候選人。

（3）舉行考試時增設試務處，與《典試法》修訂後規定典試組織相適應。

（4）規定在高等考試和普通考試之前均應先舉行檢定考試。

1937年抗戰全面爆發後，各種考試已無法依考試法正常舉辦。1938年8月，爲適應戰時考試之需要，國防最高會議常委會原則通過了《非常時期考試暫行條例草案》，並交立法院審議。這實際上是又一次修改了考試法，確立了「戰時考試法」。其主要內容有：各種考試，由考試院依事實需要隨時舉行；考試的分類、分科、考試科目、應考資格，由考試院以各種條例定之；各種考試分爲初試再試，其初試再試，並得各分若干試，由考試院依考試類別定之；檢定考試得與各種考試合併舉行。〔註42〕戰爭時期，各類考試依此舉辦，具有較大的適用性和靈活性。

1947年1月1日，南京國民政府公佈《中華民國憲法》，規定考試院爲國家最高考試機關，掌理考試、任用、銓敘、考績、級俸、陞遷、保障、褒獎、撫恤、退休、養老等事項。考試院設院長、副院長各一人，考試委員若干人，由總統提名，經監察院同意任命之。規定公務人員選拔應實行公開競爭之考試制度，並應按省區分別規定名額，分區舉行考試。非經考試及格者，不得任用。並規定考試院依法舉行考試、銓定資格之範圍爲：1.公務人員任用資格；2.專門職業及技術人員執業資格。公職候選人已不在此範圍之內。

爲配合「行憲」，國民政府又於1948年7月21日重新公佈《考試法》，廢止《專門職業及技術人員考試法》，將《專門職業及技術人員考試法》併入本法，列爲專章，與公務人員考試並行。同時，刪去了公職候選人考試。增訂的主要內容有：各省區之公務人員考試，分別在各省區舉行，應考人以本籍爲限；全國性之公務人員考試應分省區或聯合數省區舉行，並應按省區分定錄取名額，由考試院於考期前三個月公告之；應考人之年齡，應依考試性

〔註41〕《考試院成立後歷年考選情形》（1947年），中國第二歷史檔案館藏：全宗號三七，案卷號554。

〔註42〕《非常時期考試暫行條例草案》。陳天錫編：《考試院施政編年錄》初稿第四編，第146～148頁。

質及種類之不同,由考試院定之。這是南京國民政府對《考試法》的最後一次修訂,該法未及實施,它即隨著國民黨政權一同終結於中國大陸。

(二)《考試法施行細則》及相關法規的釐訂與修正

1929年《考試法》公佈後,為實施《考試法》,國民政府於一年後公佈《考試法施行細則》,對《考試法》中的有關條款進行解釋和補充規定,同時制定了考試的成績評定及錄取標準。其主要內容有如下三個方面:

(1)界定應受考試人員的範圍。施行細則規定,所謂候選人員是指「有被選舉資格之人員」;任命人員是指「政務官以外之簡任及薦任、委任人員」。應領證書的專門職業或技術人員則包括:「一、律師、會計師。二、農工礦業技師及公營事業技術人員。三、醫生、藥師、獸醫、化驗技士、助產士、看護士。四、其他法令規定應領證書之人員。」

(2)規定考試的舉辦程序。考試院應於考試三個月前公佈考試種類、區域、地點、日期等。應考人報告時須填寫履歷書、呈繳照片、取具保證人的保證書、呈驗各類證明文件,經典試委員會審查合格後,還須經體格檢驗合格,方可參加考試。

(3)規定及格標準和錄取等級。第一、二試所考各科目,合計平均滿60分以上者為及格,不及格者不得應第三試。第三試的面試應擬定題目分科測驗,成績審查主要是審查應試人的著作或經驗,第三試的分數應占三試總成績的1/5。前兩試及格者的總平均分數,滿60分以上為中等,70分以上為優等,80分以上為最優等。〔註43〕

1931年6月20日,國民政府修正公佈《考試法施行細則》,這只是針對保證人資格規定所作的一點「微調」——原細則規定,普通考試應以現任委任以上公務員、現任中等以上學校校長或教員二人為保證人,高等考試應以現任薦任以上公務員二人為保證人。修正條款在普通考試保證人資格中增加了現任中央黨部、省黨部、特別市黨部、海外總支部助理幹事以上的黨務工作人員,在高等考試中增加了現任中央黨部科主任總幹事、省黨部、特別市黨部、海外總支部秘書以上的黨務工作人員,以及大學教授。〔註44〕國民黨「黨治」策略開始進一步侵入考試領域,此舉有力提高國民黨黨務人員的社會地位,也間接強化了「黨」對應試人員的影響和控制。

〔註43〕《考試法施行細則》(1930年12月30日)。《考試院公報》第一期,1931年1月。
〔註44〕陳天錫編:《考試院施政編年錄》初稿第一編,第234頁。

　　1933 年 3 月 10 日，與《考試法》的修訂相適應，施行細則也作了一些變動，主要有：原定由審查委員會審查應試人的著作，典試委員會審查應試人資格，均改由考選委員會辦理；考試報名和其他籌備事務，在首都舉行時考選委員會負責，在各省區或考試院指定區域舉行時由當地最高教育行政機關辦理。在典試委員會秘書處成立後，這些事務即移交秘書處辦理；規定應考人可以用通訊方法報名，但不得同時報考兩類考試；與《考試法》相呼應，將第一至三試名稱變爲甄錄試、正試、面試，並對各試分數所佔總分數的比例作了規定。其中甄錄試、正試各占總分的 40%，面試占 20%。甄錄試或正試及格但總成績不及格者，下一屆在同地應同類考試，可以免其甄錄試或正試，但均以一次爲限。〔註 45〕

　　1935 年 8 月 6 日，《考試法施行細則》作第三次修正公佈。主要修改內容集中於對邊遠地區應考人員的照顧和調整各試分數比例兩個方面。即：規定受教育人數較少的邊遠省區，可以「初級中學以上或其他同等學校畢業」爲普通考試應試資格，這些地區應考者參加高等考試或首都普通考試時，其平均及格分數可由考試院從寬另定之；恢復第一、二、三試的名稱，並規定各試分數在總分數中所佔比例。考試分爲三試者，第一、二試各占 40%，第三試占 20%；考試分爲二試者，第一試占 70%，第二試占 30%。〔註 46〕

　　1936 年 5 月 13 日，國民政府修正《考試法施行細則》第 11 條，將原高等考試、普通考試取具保證書之保證人須二人爲之，改爲一人爲之。〔註 47〕

　　《考試法》及其施行細則雖經多次修訂，但並不能涵蓋民國文官考試的方方面面及過程始終。考試院又於《考試法》及其施行細則公佈前後，制訂了一系列相關考試法規細則，配套實施。

　　1930 年 11 月 29 日，國民政府公布施行《考試覆核條例》。規定凡在國民政府統治下，京內、外各官署於考試院未依照《考試法》舉行各種考試以前，遵照中央法令所舉行之各種考試，均依本條例之規定進行覆核。覆核事宜由考選委員會呈請考試院轉呈國民政府組織考試覆核委員會進行。覆核之標準

〔註 45〕《考試法施行細則》，1933 年 3 月 10 日。陳天錫編：《考試院施政編年錄》初稿第二編，第 57～60 頁。

〔註 46〕《考試法施行細則》，1935 年 8 月 6 日。陳天錫編：《考試院施政編年錄》初稿第三編，第 95～98 頁。

〔註 47〕《考試法施行細則》，1936 年 5 月 13 日。考試院參事處編：《考銓法規集》第一輯，中華書局 1947 年版。見楊學爲總主編：《中國考試史文獻集成》第七卷（民國），高等教育出版社 2003 年版，第 337～338 頁。

爲：考試章程鬚根據中央法令或經中央核准，考試方法須依照考試章程，考試科目須與所考之職務相當，考取人員之考試成績須確實及格。考試覆核應由原考試官署或主管官署將考試經過情形連同考試章程、考試官名冊及履歷書、考試人員名冊以履歷書、相片、試題及考取試卷、考取人員現任職務及其服務成績之報告等，備文送交考選委員會。考選委員會送交考試覆核委員會審查，審查終結後加具意見，提交委員會會議以三分之二之同意決定之。考試覆核委員會對於各種考試得決定全部或一部之及格或不及格。覆核及格人員將原考試及格證書、履歷書、保證書、相片等呈繳考試覆核委員會後，由考試院發給考試及格證書。覆核期限由考試院決定，覆核期滿，本條例即行廢止。〔註48〕

根據《考試覆核條例》，考試覆核委員會於 1931 年 2 月 1 日成立，6 月15 日撤銷。其未完之案，移交考選委員會繼續辦理。至 1933 年 7 月止，計准予覆核者 57 案，不予覆核者 11 案，無從覆核者 7 案，委託覆核者 17 案；准予覆核案中，及格人員爲 2110 人，不及格者爲 8 人。〔註49〕《考試覆核條例》的頒佈與實施從法律上完成了《考試法》公佈前後考試制度施行的法律銜接，通過覆核使考試法施行前的考試活動合法化，也藉此維護了考試法的權威。

在考前應考人體檢方面，考試院於 1931 年 2 月和 1933 年 3 月先後制訂公佈了《應考人體格檢驗規則》〔註50〕和《應考人體格檢驗證審查規則》。〔註51〕詳細規定了體驗的強制性、體檢主持者、體檢程序、體檢標準和體檢合格後的審查程序與辦法。

在應考資格審查法規方面，考試院於 1936 年 4 月 10 日修正公佈《應考人專門資格審查規則》（原公佈日期爲 1932 年 1 月 26 日），規定：凡欲取得修正考試法第七條第四款之資格者（即：「確有專門學術技能或著作經審查及格者」，也即報考文官高等考試資格），應將其專門學術著作或發明改良之憑

〔註48〕 《考試覆核條例》（1930 年 11 月 29 日公佈同日施行），《中華民國現行法規大全》第 1307 頁。見楊學爲等主編：《中國考試制度史資料選編》，黃山書社 1992年版，第 813～814 頁。

〔註49〕 《1934 年考試院報告書》，參見謝青、湯德用主編：《中國考試制度史》，黃山書社 1995 年版，第 728 頁。

〔註50〕 《應考人體格檢驗規則》（1931 年 2 月 3 日），《考試院公報》第三期法規，1931年 3 月。

〔註51〕 《應考人體格檢驗證審查規則》（1933 年 3 月 30 日），《中華民國現行法規大全》第 1306～1307 頁，商務印書館 1933 年版。

證圖樣等呈送考選委員會申請審查。規則對專門著作、發明創造的審查標準、審查人資格、審查程序作了詳細規定。〔註52〕

此外，在考試院未依《考試法》行使考試權之前，國民政府公佈的考試法規有《縣長考試暫行條例》《法官初試暫行條例》等。《縣長考試暫行條例》（1930年1月27日公佈）規定，在考試院未依《考試法》行使考試權之前，由國民政府依本條例，委託各省政府在各省舉行縣長考試。暫行條例對應考資格、考試程序、考試科目、成績計算、典襄試委員之派遣，均有明確規定。〔註53〕依據此暫行條例，綏遠省、浙江省、江西省先後於4月7日、4月20日、5月1日，舉行了縣長考試。綏遠省錄取了任光春等25人、浙江省錄取了趙天河等13人、江西省錄取了廖岑瓏等27人。此爲國民政府在《考試法》施行前舉辦的一次重要考試。〔註54〕《法官初試暫行條例》（1930年10月7日公佈）規定，在考試院未舉行高等考試以前，依本條例舉行法官初試。10月19日、11月3日法官初試分別在南京、廣州、北京舉行，計錄取及格人員馮均和等152人。〔註55〕另還有外交部於1928年7月6日公佈的《外交部駐外使領館職員考試簡章》等〔註56〕。

（三）《典試法》及其相關法規的演變

《典試法》及其相關法規，是南京國民政府公佈的一系列有關考試的組織主持、考務管理和具體試務操做法規，主要由《典試法》《襄試法》《監試法》等法規和施行細則組成。

《典試法》的前身是《典試委員會組織法》，公佈於《考試法》頒佈次日（1929年8月2日）。該法規定舉行考試時，須組織典試委員會，掌理擬題、閱卷、面試及成績審查事宜。典試委員會以委員長1人，委員若干人組成，委員長由主考官兼任，委員由考試院長擬請國民政府簡派。各科試題，由典試委員預擬，密呈委員長決定。應試人之考試成績，由典試委員會會議審查

〔註52〕《應考人專門資格審查規則》（1932年1月26日公佈，1937年4月10日考試院修正公佈），《考銓法規集》（第一輯），第88～90頁。

〔註53〕《縣長考試暫行條例》（1930年1月27日），《考試院月報》第2期，1930年。

〔註54〕《考試院月報》第6期，1930年。又張志韓《中國考試監察制度之演變與五權憲法》，（臺）中華叢書編審委員會印，第271頁。參見謝青、湯德用主編：《中國考試制度史》，黃山書社1995年版，第728頁。

〔註55〕《考試院施政編年錄》初稿第一編，第126頁。

〔註56〕《外交部法規彙編》第一集，第77～80頁。

決定〔註57〕。1933 年 2 月 23 日國民政府公佈修正《典試委員會組織法》,明定:典試委員會以典試委員長 1 人,典試委員 3 至 15 人組成;典試委員會議決之事項爲:考試日程之排定、命題標準及評閱標準之決定、擬題及閱卷之分配、應考人各試成績之審查決定、彌封姓名冊之開拆及對號、及格人員之榜示以及其他應行討論事項;典試委員會下設秘書處,負責辦理有關考試的具體事務。〔註58〕

1935 年 7 月 31 日,國民政府正式公佈《典試法》,同時廢止《典試委員會組織法》。《典試法》規定:典試委員會設委員長 1 人,委員 3 至 21 人。高等考試典試委員長特派,委員簡派,普通考試典試委員長及委員均爲簡派。典試委員長得聘任襄試委員若干人,襄理典試事宜。由於單獨設立了試務處,典試委員會不再設秘書處。典試委員會的職權,與《典試委員會組織法》中的規定相同。原秘書處負責的文書撰擬、收文、典守印信、布置試場、繕印試題、監場、統核分數等事務改由試務處負責。〔註59〕

1930 年 12 月 30 日,考試院按照《典試委員會組織法》的規定,公佈了《典試規程》。其主要內容有:

(1)典試人員工作紀律。所有典試人員在接到派任命令或聘任書後,應按期出發。在出發途中及典試期內均不得與人有交際應酬及函電往來情事。典試期內,行「局闈制度」,所有典試人員,均應在試場的內場住宿,考試完畢之前不得外出。

(2)考試事務辦理程序。考前由典試委員會審查應考人員呈驗的文件並榜示資格合格者。各科目考試日期和時間,由典試委員會決定並先期公佈。典試委員在考試日期 24 小時前,加倍擬出各科試題;密呈典試委員長選定後,按報名人數分別印刷,加蓋關防,經監試委員交監場員在考試時分發。監場員負責維持試場秩序、掌管試卷收發,受襄試處主任調遣。應考人按名點唱入場,核對照片後發給試卷。監場員收卷時掣去卷面浮簽,計算試卷本數,經監試委員點驗後彙送典試委員長。典試委員長隨即召集典試委員、襄試委員,議決閱卷標準及方法,按科分派校閱。每一試卷應經襄試委員初閱,典試委員復閱,評定分數,加蓋私章。試卷閱畢後,由典試委員分類封送委員長,然後由典試委員會審查。普通考試和高等考試第一、二試及格試卷,應

〔註57〕《考試院月報》第一期,1930 年。
〔註58〕《中華民國現行法規大全》,商務印書館 1933 年 12 月版,第 231～232 頁。
〔註59〕《典試法》(1935 年 7 月 31 日),《考試院公報》第八期法規,19935 年 8 月。

由典試委員長、委員會同監試委員和襄試處主任拆去彌封，對號填寫姓名，並予以榜示。

（3）第三試進行辦法及成績評定。第三試爲面試和成績審查，由典試委員及襄試委員 3 人以上分組進行。每組均由各委員分別評定分數，將各分數合計平均，即爲應考人應得分數。第三試完畢後，由典試委員長、典試委員會同監試委員召開應考人總成績審查會，將三試分數合計出總平均分數，將及格人員按分數高低予以榜示。〔註60〕

此後，考試院先後於 1931 年 6 月、1933 年 5 月、1935 年 8 月、1936 年 7 月 4 次修正公佈《典試規程》，主要是對局闈制度作出變通規定，取消內外場分闈制，但保持典試、襄試委員在命題和閱卷時仍施局闈；對命題標準細化，傾向於注重工作人員能力的考查等。還對典試委員會的組成及職責等作出變動。

與《典試規程》相配套，考試院還公佈了《試務處處務規程》（1935 年 9 月 5 日）〔註61〕、《命題規則》（1936 年 8 月 18 日）〔註62〕和《閱卷規則》（1935 年 9 月 12 日）〔註63〕，分別詳細規定試務處職責和試務程序，命題原則和規範，閱卷程序、標準與辦法等內容。

此外，考選委員會還公佈有修正《試場規則》（1935 年 9 月 16 日，原公佈日期爲 1933 年 9 月 26 日），規定考生入場程序、應試規則和場內注意事項。〔註64〕1935 年 10 月 17 日又公佈《監場規則》，明確監場主任和監場員的任務、職責。〔註65〕

民國時期對考試的組織管理和監督，有典試、襄試與監試之稱。典試爲主持考試，襄試即襄理考試，監試顧名思義主要是監督檢查考試是否合法合規。爲規範這部分職責，國民政府還分別頒有《襄試法》和《監試法》。

1930 年 11 月 25 日，國民政府公佈《襄試法》，規定舉行普通考試或高等考試時，設立襄試處，辦理應考人報名登記、試場之設備及警衛、考試人員

〔註60〕《典試規程》（1930 年 12 月 30 日），《考試院公報》第一期，1931 年 1 月。
〔註61〕《試務處處務規程》（1935 年 9 月 5 日），《考銓法規集》第一輯，中華書局 1944 年 5 月版，第 83～85 頁。
〔註62〕《命題規則》（1936 年 8 月 18 日），《考銓法規集》第一輯，中華書局 1944 年 5 月版，第 79～80 頁。
〔註63〕《考試院公報》第九期法規，1935 年 9 月。
〔註64〕《考銓法規集》第一輯，中華書局 1944 年 5 月版，第 85～86 頁。
〔註65〕《考銓法規集》第一輯，中華書局 1944 年 5 月版，第 8 頁。

膳宿及供應物之供應、試卷及彌封號冊並其他考試文卷之印刷保管等事項。襄試處設主任一人，秘書一人，科長、科員及辦事員各若干人。試場分內場、外場人員兩部，內場人員由典試委員長指揮，外場人員由襄試處主任指揮。襄試處主任應於考試日遴派職員為監場員，監場員應受監試委員之指揮、監督。襄試處應於考試完畢後 15 日內，將襄理考試情形，連同關係薄冊文件，呈報考試院。前項呈報後，襄試處撤銷。〔註66〕1931 年 6 月 30 日，此《襄試法》又重新修正公佈，內容無大變動。1932 年 12 月，考試院依據上年舉行高等考試之經驗，提議廢止《襄試法》，因為廢止局試制度後，內、外場無須隔絕，一切試務歸典試委員會辦理，襄試處已無設置之必要，〔註67〕故至 1933 年 2 月《考試法》、《典試委員會組織法》、《典試規程》修正公佈時，《襄試法》即行廢止。

《監試法》與《襄試法》同日公佈。規定凡舉行普通考試或高等考試時，考試院應咨請監察院派定監試委員，監試委員應以監察委員或監察使為之。監試委員對於試場內外之隔離、警衛事項，認為不合時，通知襄試處加以改善。內場應於典試人員入場後嚴局，禁絕出入。外場於考試期間亦同。典試委員長和襄試處主任應分別造具內、外場人員名冊，送監試委員。試卷之彌封、彌封號冊之固封保管、試題之交出及發給、試卷之點收及封送、彌封之拆去及對號、應試人之總成績審查事項、及格人之榜示及公佈等事項，應在監試委員監試下進行。內場如有潛通關節及替換、毀損、遺失試卷或其他舞弊情事，由典試委員長負責。外場如有頂替、傳遞、換卷或其他舞弊情事，由襄試處主任負責。監試委員發現有前項舞弊情事時，應提出彈劾案。考試事竣，監試委員應將監試經過情形呈報監察院。〔註68〕

1933 年 2 月 23 日，國民政府公佈修正《監試法》，為配合局試制度之廢止，刪去了有關局闈的內容。原規定的內、外場如有頂替、傳遞、換卷等舞弊情事，應由典試委員長和襄試處主任分別負責的條款，亦同時刪去，因為此類舞弊情事，並非辦理考試人員本身之弊。〔註69〕這顯然是一個比較務實的立法態度。

〔註66〕《襄試法》（1930 年 11 月 25 日），《考試院公報》第 12 期，1930 年 12 月。
〔註67〕陳天錫編：《考試院施政編年錄》初稿第 2 編，第 31 頁。
〔註68〕《監試法》（1930 年 11 月 25 日），《考試院公報》第 12 期，1930 年 12 月。
〔註69〕《修正監試法》（1933 年 2 月 23 日），楊學為等主編：《中國考試制度史資料選編》，黃山書社 1992 年版，第 835 頁。

　　上述考試法規，涵蓋南京國民政府文官考試的方方面面，規定了考試的對象、範圍、類別、方式、程序、管理辦法，以及考試具體操作、監督、檢查等內容，它們與各類單行考試法規和一些補充規定一起，共同構成了一個比較完整的文官考試法規體系，並且經過實踐檢驗後的反覆修正，辦法趨於完善，要求也比較嚴格，措施嚴密而且較爲得力。它們在孫中山考試思想指導下，經過戴季陶等人的不懈努力，眞正在法律上確立了民國考試制度體系，推動了中國考試制度的近代化。

三、文官考試任用的主要辦法

　　爲了統一文官的任用標準，考試院制定了相應的銓敘法規。1933 年 3 月，國民黨政府公佈《公務員任用法》，1935 年 11 月、1937 年 1 月又兩次修正公佈。該法對政務官以外的各級事務官任用資格與程序作出詳細規定。關於任用資格大致分爲四種，即革命功勳、考試及格、經歷和學術著作。其中規定：經高等考試及格或與高等考試相當之特種考試及格者，有資格就任薦任職公務員；經普通考試及格或與普通考試相當之特種考試及格者，有資格就任委任職公務員。簡任職由國民政府交銓敘機關審查合格後任命，薦任職、委任職由該主管長官送銓敘機關審查合格後分別呈薦委任之。考試及格人員得按其考試種類及科別，分發相當審署任用；其對於擬任職務無相當資歷者，得先分發學習。薦任職、委任職公務員，應就分發之考試及格人員盡先任用。任用程序分爲試署與實授。試署滿 1 年成績優良者，始得實授；其成績不良者，由銓敘機關分別情節，延長其試署期或降免之。此外規定，蒙藏委員會委員、僑務委員會委員、各機關秘書長及秘書的任用，可不受各級事務官任用資格的限制。

　　爲具體落實考試及格人員的分發任用，國民政府陸續公佈《高等考試及格人員分發規程》、《公務員補習教育通則》和《普通考試及格人員分發規程》。

　　1933 年的《高等考試及格人員分發規程》規定，銓敘部依據高等考試及格者之考試種類、科別、經歷、學歷，並參酌其志願及考取名次，決定擬分發機關與人數，分別造具清冊，呈由考試院轉呈國民政府分發中央或地方機關任用。其中，考取優等以上者，以薦任職或與之相當的職務分發任用；在沒有薦任或與之相當的職缺時，得先酌派職務，並支薦任俸。中等者，先以高級委任職或與之相當的職務分發任用，遇有薦任缺出，得隨時依法敘補；其曾任委任二級以上職務或實支委任二級以上俸額者，得逕以薦任職或與之

相當的職務分發任用。此外規定，不具備一定任職資歷者，均先由分機關發派相當職務學習。學習期限 3 個月，期滿由被分機關填具學習成績考覈表，連同學習日記送經銓敘部審查。認為成績優良者，予以任用；成績欠佳者，延遲其學習期間。被分機關對於分發人員不能悉數任用時，得轉分所屬機關以相當職務任用，並報銓敘部備案。在 3 種特殊情形下，分發人員得由銓敘部呈考試院轉呈國民政府改分。

1934 年的《普通考試及格人員分發規程》規定，在首都舉行的普通考試，其分發由銓敘部辦理；在各省區舉行者，其分發由各省區銓敘分機關處理。銓敘分機關未成立前，由各省區分發。普通考試及格人員，除法令別有規定外，凡任委任職一年以上或雇員二年以上，提出切實證明文件，經銓敘部或銓敘分機關審查屬實者，分發各機關以委任職任用；其無曾任經歷，或曾任經歷年資不足者，分派各機關學習。學習期限一年。期滿成績列甲等者，以委任職試署；列乙等者減月俸 1/10，並延長其學習期限半年；列丙等者減月俸 2/10，並延長其學習期限一年。以上均以延長二次為限，期滿成績仍列乙等以下者，停止其學習任用。

1938 年 11 月，考試院公佈的《非常時期特種考試條例施行細則》規定，特種考試及格人員於任用前得予以訓練或分派學習；訓練或學習規則由任用機關制定。

上述《公務員任用法》及其他一系列銓敘配套法規的公佈，為考試任用公務員提供了一定的法律保障，有利於國民政府對現任官吏進行統一而規範的管理，提高各級行政機構的工作效率。但是，在實際推行過程中，卻受到國民黨黨派政治及地方割據勢力的掣肘。考試院不得不降低公務員任職資格或下放公務員任用權，使文官考試制度扭曲變形。〔註 70〕

第四節　南京國民政府時期文官考試制度的實施

儘管南京國民政府已經建起了文官考試制度，但是其實施過程異常艱難。這是因為中國近代社會政治、經濟、文化發展遲緩，轉型遲滯，繼承傳統考試文化精義、學習西方資本主義國家文官制度基礎上建立的文官考試制度，以及新創立的由考試院統理考選、銓敘職權的管理體制，與當時中國的

〔註70〕參見劉海峰等：《中國考試發展史》，華中師範大學出版社 2003 年版，第 318～319 頁。

官僚體系直接衝突。有學者總結指出：「考試制度能否推行？一切現任官吏是否必須接受銓敘部的銓敘來確定繼續爲官的資格？本質上是兩種政治的較量。國民政府考試院在它存在的近二十年間，在這場較量中可說成敗參半，考試方法雖得以推行，銓敘制度則不斷妥協，成效極少。」〔註71〕

一、任命人員考試的舉辦情況

任命人員考試，後改稱公務員考試，是考試院成立後舉辦的三類人員（任命人員、公職候選人、專技人員）考試中最主要的一類，也是影響最大的一類。任命人員考試分爲高等考試、普通考試和特種考試三種。

1930 年 11 月，國民黨三屆四中全會令考試院「限期實行各級考試，厲行銓敘甄別之各種法令。」〔註72〕經過緊張籌劃，考試院於 1931 年在南京舉辦首屆高等文官考試，從而揭開國民政府任命人員考試的序幕。此後，考試院及各省多次舉辦高等考試、普通考試及特種考試。

（一）高等考試的實施

高等考試是考試院舉辦的級別較高的考試，旨在選拔薦任級公務員。1931 年 4 月 6 日，考試院公佈首屆高等考試的種類、報名和考試日期。國民政府特派戴季陶任主考官兼典試委員長，簡派考試院秘書長陳大齊等 12 人爲典試委員，以考試院考選委員會委員長邵元沖爲襄試處主任，另由典試委員長聘任襄試委員 41 人；監察院派出 8 名監察委員爲監試委員。爲防止舞弊，實行嚴格的「入闈鎖門制」。

來自全國 16 個省區的 2177 名考生獲准參考。計分普通行政人員、教育行政人員、警察行政人員、財務行政人員以及外交官領事官等 5 類考試。因考場不敷應用，分兩批考試。7 月 15 日首批舉行普通行政人員考試，與試者計 1167 人。8 月 6 日，筆試閱卷結束。由於本屆考試題目偏難，考生成績普遍較低，只得由主考官就第一、第二兩試總平均分在 55 分以上者，酌加至及格分，錄取 100 人參加口試。口試採用答辯式，主要是核對筆迹，詢問學歷、經驗以及筆試科目的主要內容，測驗其知識程度與筆試試卷是否一致。最終實際錄取 100 人，約占應考總人數的 4.56%。其中最優等 2 人，優等 7 人，其餘爲中等。8 月 9 日，正式張榜公佈。

〔註71〕徐矛：《戴季陶與考試院》，《民國春秋》1993 年第 6 期。
〔註72〕榮孟源主編：《中國國民黨歷次代表大會及中央全會資料彙編》上冊，光明日報出版社 1985 年版，第 919 頁。

1933 年 10 月至 11 月，考試院在南京、北平同時舉辦第二屆高等考試。王用賓任典試委員長，仍採用扃試辦法。考試分 7 類，報考者 2630 人，最終錄取 101 人。1935 年 11 月，第三屆高等考試在南京、北平、西安、廣州舉行。此次考試分設第一、第二典試委員會，分別以紐永健、鄒魯任典試委員長，共錄取 274 人。1936 年舉行了一次臨時（第四屆）高等考試，分 6 類，錄取 121 人。1939 年，考試院在重慶等 7 考區舉行第五屆高等考試，分 10 類，錄取 143 人〔註 73〕。此後，按照戰時考試辦法，每年舉行一次或二次高等考試。從 1931 年至 1947 年，考試院共舉行高等考試 14 次，錄取薦任級文官共計 4069 人。〔註 74〕1948 年，國民黨建立「行憲」政府，張伯苓繼任考試院院長。該年舉行高等考試 2 次，共錄取 275 人。〔註 75〕

（二）普通考試的實施

第一屆高等考試結束後，考試院通令，自 1931 年 9 月起 6 個月內，全國劃分 9 個區舉行普通考試（其中蒙古、西藏 2 區暫緩進行），以選拔委任職公務員。這次考試因日本侵佔東北三省及「一・二八」淞滬抗戰而未能如期舉行。爲顧及各省對人才之急需，考試院核准由山西等省獨立舉辦普通考試。1932 年 9 月，山西省舉辦普通行政、教育行政及建設人員普通考試，共錄取 92 人。隨後，綏遠、河北、河南、陝西各省陸續舉行普通考試。1934 年 4 月 20 日至 5 月 20 日，考試院在南京舉辦第一屆首都（全國）普通考試。國民政府簡派陳大齊爲典試委員長，陳有豐爲典試委員會秘書長。考試分爲行政人員等 5 類 14 科（包括陝西省附試行政人員等 3 類），報名應考者 809 人，實際應考者 681 人。經過甄錄試、正試和面試，共錄取 124 人。1936 年舉行第二屆首都普通考試，分爲建設人員考試等 10 類，共錄取 163 人。抗戰期間，普通考試大多在各省舉行。考試院西遷重慶後，多次舉辦首都普通考試。其中 1940 年、1941 年各舉行 2 次，1942 年 3 次，1943 年 4 次。迄止 1947 年，考試院共舉行普通考試 17 次（中央），錄取委任級文官 6738 人。〔註 76〕1948 年後，由於國民黨統治風雨飄搖，普通考試遂停止舉行。

〔註 73〕謝青、湯德用主編：《中國考試制度史》，黃山書社 1995 年版，第 738～740 頁。
〔註 74〕國民政府考試院檔案《各種考試及格總人數報告表》，楊學爲總主編：《中國考試史文獻集成》第七卷（民國），高等教育出版社 2003 年版，第 455 頁。
〔註 75〕劉海峰等：《中國考試發展史》，華中師範大學出版社 2003 年版，第 321 頁。
〔註 76〕國民政府考試院檔案《各種考試及格總人數報告表》，楊學爲總主編：《中國考試史文獻集成》第七卷（民國），高等教育出版社 2003 年版，第 455 頁。

高普考試的實施，社會公認其考試管理嚴格，考風良好。《大公報》在「第一屆高等考試揭曉」的社評中說，「此次考試之特色，爲絕對嚴格」，「據本報南京通信，證明監場嚴厲，弊絕風情，典試各員，入闈月餘，與外界斷絕交通；國府尊重考試權之精神，完全表現。」〔註77〕翻檢當時報紙，發現 1933 年第二次高等考試舉行之前，身爲考試院長的戴季陶還特別在報紙上刊登啓事，聲明考試期間謝絕外界來訪。《戴傳賢啓事》的內容爲：「本屆高等考試傳賢自本月十六日起至正式發榜日止宣告關防在關防期內停止接見賓客及一切公私應酬並停發私人函電以昭愼密而嚴考政特此佈聞。」〔註78〕即使是按照修正的典試規程，試行內場不加局閉後，輿論也認爲「因各典試委員、各襄試委員，志行高尚，操守純潔，實驗結果，頗爲圓滿，未有絲毫流弊」。〔註79〕

（三）特種考試的實施

特種考試是爲應對特殊需要而設立的，旨在選拔相當於薦任級或委任級公務員。抗戰之前，它作爲高等考試與普通考試的一種補充，在選拔公務員中的作用並不明顯。抗戰期間及戰後，考試院委託用人機關辦理特種考試，進一步擴大選拔人才的渠道，特種考試地位日趨重要。各種特種考試也大量增加，計有縣各級幹部人員、財務人員、稅務人員、度量衡檢定人員等 30 餘種。辦理機關也並非一律，有由考選委員會直接辦理的，有專門組成考試委員會舉辦的，也有依法委託任用機關舉辦的。〔註80〕據統計，迄止 1948 年 5 月，經特種考試錄取的公務員多達 155220 人〔註81〕，遠超過同期高等考試與普通考試所錄取公務員數的總和。不過，特種考試自有其特殊的情形和原因，它在抗戰勝利後，更多地被用來安置復員軍人。因爲這 15 萬餘人中，僅復員軍官佐轉業人員考試的錄取人員就達 10 萬人以上。〔註82〕這也正是民國時期文官考試被「黨化軍治」的例證之一。

〔註77〕《大公報》1931 年 8 月 8 日第 2 版。
〔註78〕《中央日報》1933 年 10 月 18 日第 1 版。
〔註79〕楊學爲等主編：《中國考試制度史資料選編》，黃山書社 1992 年版，第 858 頁。
〔註80〕《考試院施政編年錄》初稿第五編，第 122 頁。轉引自謝青、湯德用主編：《中國考試制度史》，黃山書社 1995 年版，第 748 頁。
〔註81〕國民政府考試院檔案《各種考試及格總人數報告表》，楊學爲總主編：《中國考試史文獻集成》第七卷（民國），高等教育出版社 2003 年版，第 455 頁。
〔註82〕參見王奇生主編：《中國考試通史》（卷四），首都師範大學出版社 2004 年版，第 162 頁。

二、專門職業及技術人員考試的實施

1942 年之前，考試院的考選行政業務，均以任命人員考試爲重心；專門職業及技術人員考試雖有法律規定可以設考，卻因法律未作具體規定，考試幾無進展。直到 1942 年 9 月國民政府公佈《專門職業及技術人員考試法》後，專技人員考試才列爲考試院舉辦的三大考試之一，自 1943 年起正式舉辦。

按照有關法律規定，五類依法應領證書之專技人員應參加考試：（1）會計師、律師；（2）農業、工業、礦業技師；（3）醫師、藥師、牙醫師、獸醫師、助產士、護士、藥劑士；（4）河海航行員、引水人員、民航人員；（5）其他依法應領證書之專技人員。考試院分別規定了上述專技人員的考試科目。

《專門職業及技術人員考試法》公佈後，自 1943 年起，每年均舉行一至二次專技人員考試。考試一般分高等考試、普通考試和特種考試三種，有考試也有檢核，考試大多數均附於任命人員之初試中進行。專技人員的檢核由考選委員會組織的各檢核委員會按期辦理。有考試史著作評價其「較爲正規」〔註 83〕。一般地說，高等考試較普通考試資格爲高，而應檢核的資歷又較應試驗（考試）者爲嚴，「試驗須具有相當之學歷或經歷，檢核則兼其服務經驗，期以精密之鑒別拔取學驗兼長之人士」〔註 84〕。考試方式和考試科目也因專業不同而各異。

1948 年 12 月，《專門職業及技術人員考試法》被明令廢止，專技人員考試依照新《考試法》舉辦。迄至 1948 年 5 月，專技人員考試及檢核合格者共45685 人。〔註 85〕其中，絕大部分都是屬於檢核合格，通過試驗即考試方式及格者只有 872 人。檢核只是對應試者原有資格的一種審核和確認，而不是通過考試其知識技能水平予以認定。因此，不宜過高估計民國時期專技人員考試的意義。正如有學者所指出：「南京國民政府所推行的專門職業及技術人員考試，其主要意義並不是體現在通過考試培養和選拔人才（從這個角度看，它所發揮的作用相當有限）；而在於使考試院以審核登記的方式對職技人員進行統一管理，將其納入全國統一的人事體系之中，從而使得職技人員的任用

〔註 83〕 參見謝青、湯德用主編：《中國考試制度史》，黃山書社 1995 年版，第 752 頁。
〔註 84〕 《考試院提交國民黨五屆十一中全會之工作報告》，1943 年，中國第二歷史檔案館藏：國民政府考試院檔案，全宗號三七，案卷號 516。
〔註 85〕 國民政府考試院檔案《各種考試及格總人數報告表》，楊學爲總主編：《中國考試史文獻集成》第七卷（民國），高等教育出版社 2003 年版，第 455 頁。

和管理具有了一定的制度化特徵。」〔註 86〕這也說明，民國的經濟社會發展
雖然要求社會分工趨於細化，社會職業種類也在不斷增多，但分工的多樣化、
門類化和職業化畢竟並不充分，加之教育和職業培訓發展嚴重不足，因此總
體上可以說，社會對職業考試的需求並不旺盛，民國時期職業考試也就無法
快速發展起來。

三、公職候選人考試的推行與廢止

　　公職候選人是指有公職被選舉資格的人員。在孫中山考試思想中，公職
候選人被納入必須經過考試產生的官員範疇之中。對包括議員在內的公職候
選人進行考試，是孫中山的一種獨創。在世界範圍內，只有民國時期的中國
實行過，因此可稱為民國時期最有特色的考試制度之一。

　　雖然早在 1929 年國民政府公佈的《考試法》中，便已規定須經中央考試
銓定資格的範圍包括有候選人員（後改稱公職候選人員），但直到抗戰爆發後
的 1940 年 12 月，有關公職候選人考試的法規才陸續開始建立。計有《縣參
議員及鄉鎮民代表候選人考試暫行條例施行細則》《縣參議員及鄉鎮民代表候
選人檢核辦法》《省縣公職候選人考試法》等法規。其中規定，公職候選人依
等級的不同分為甲、乙兩種，甲種公職候選人考試合格者，可以成為省參議
員或縣參議員候選人；乙種公職候選人考試及格者，可以成為鄉鎮民代表、
鄉鎮長或保長候選人。考試辦法，分為試驗與檢核兩種。試驗以筆試進行，
甲、乙兩種公職候選人所考科目不同。檢核則由考選委員會組成專門委員會
辦理，程序為：先由申請者將其履歷書、保證書、資格證明文件等呈送縣政
府，由縣政府交由專門委員會進行初審，合格者呈送省政府複審；複審合格
者，送交考選委員會檢核；及格者，由考試院公告並發給及格證書。

　　現存資料表明，雖然明定公職候選人的考試方法分為試驗和檢核兩種，
但試驗並未舉行過，因此檢核實際上成為南京國民政府公職候選人考試的唯
一方式。從 1941 年到 1947 年，公職候選人考試進行的七年時間裏，共有及
格人員 2747964 人，數量相當龐大。

　　對公職候選人考試的合理性，歷來存在疑問。因為這種考試實際上剝奪
了公民的選舉與被選舉權，社會上一直有人反對舉行公職候選人考試。1947

〔註 86〕王奇生主編：《中國考試通史》卷四（民國），首都師範大學出版社 2003 年版，
　　第 183～184 頁。

年的憲法公佈時，公職候選人考試被取消，考試院遂令行所屬各會、部及考銓處於是年 5 月 1 日停止公職候選人檢核事宜。至此，這一備受爭議的考試停止辦理。

四、文官考試的分發任用

考試院為推行文官考試制度，除主持和組織各種文官考試之外，還對現任官吏的任職資格進行甄別審查，分發任用考試及格人員。這些措施對於更新各級公務員隊伍產生一定的促進作用，有利於各種人才的選拔和政治民主化，也對防範官場用人腐敗有一定作用。但是，因為受到國民黨獨裁統治影響和地方實力派勢力的破壞，以及傳統觀念的制約，文官考試的推行特別是及格人員的分發任用，並未取得很大的實效，更不可能從根本上扭轉國民黨政府吏治腐敗的局面。

（一）文官考試選拔的人才數量極為有限

前述南京政府時期考試院舉辦的三大類考試及格人員情況，如下表（表3-5）所示：

表 3-5　南京國民政府時期文官考試及格人數統計表

考試類別	任命人員考試			公職候選人考試	專門職業及技術人員考試	檢定考試
	高等考試	普通考試	特種考試			
錄取人數	4069	6738	155220	2747964	45685	3011
小　　計	166027					
總　　計	2962687					

資料來源：中國第二歷史檔案館藏，國民政府考試院檔案，載《中國考試史文獻集成》第七卷（民國），高等教育出版社 2004 年 7 月版，第 455 頁。

上表所列各類考試人數近 300 萬，貌似龐大，但其中占 93%的公職候選人考試錄取人員是以檢核方式銓定候選資格，占 2%的職技人員考試主要以檢核方式銓定從業資格，占 0.1%的檢定考試則為應考資格考試。真正考試及格後可以直接任用、進入國家文官隊伍中的，只有任命人員考試及格人員。而這其中的特種考試情形又極為複雜，其中僅復員軍官佐轉業人員考試的錄取人員就達 10 萬人以上（該項考試 1946 年開始舉行，實為安置復員軍人辦法）。

〔註 87〕因此，眞正直接爲文官隊伍提供和補充人才的是高等考試和普通考試。但這兩項考試及格人數僅 10807 人，占各類考試近 300 萬的及格總人數的 0.3%。假如不考慮考試及格人員分發銓敘的困難，即使這 1 萬餘人全部得到任用，又能占民國文官總數的多大比例？根據李里峰的研究，當時公務人員約 70 餘萬人，考試及格人員僅約占其 1/70。〔註 88〕第一屆高等考試後僅錄取 100 人，《大公報》馬上發表社評表達其失望之情：「今全國中之不肖稅吏，不知有萬千之多，而本屆高等考試所取之財務行政人員，只七人，是誠不足爲點綴之用，何能侈言財務行政之改革乎？」〔註 89〕民國文官考試雖舉行多年，但它爲國家文官隊伍輸送的人才實在有限。

（二）公務員資格甄審阻力重重

1929 年 10 月，國民政府公佈《公務員甄別審查條例》，規定按資格與成績兩類標準對各級官吏進行甄別審查，合格者過渡爲公務員，不合格者予以清退。據此，考試院銓敘部從 1930 年 6 月開始辦理。考試院原擬半年內完成甄審工作，但由於這一舉措觸犯地方割據勢力的利益而遭竭力抵制，不得不延期 5 次，直至 1933 年 6 月才暫告一段落。其間，報送銓敘部甄別審查者共 56361 人，僅占應接受甄審官吏總數的極少部分。在甄審過程中，也出現官官相護、弄虛作假的問題。審查結果，計合格者 3.66 萬餘人，不及格或不予甄別者 1 萬餘人，另有數千人須補報證件或當面考詢。

同時，考試院於 1931 年 1 月成立考試覆核委員會，對該院成立前各省自行舉辦文官考試錄取的官員進行覆核；並宣佈，對於北洋政府所舉辦的各次文官考試及格人員，其文官資格不予承認，也不允其申請覆核。在覆核、審查過程中，考試院迫於地方阻力而不斷讓步。如 1933 年公佈的《修正縣長任用法》，降低了縣長任職資格；1934 年公佈的《各省公務員任用委託審查法》，則將「市政府及省政府所在地以外之各廳局所屬機關的委任人員」的審查任用權，暫時委託給各省辦理，使用人權回歸地方。〔註 90〕凡此種種均降低了

〔註87〕 參見王奇生主編：《中國考試通史》（卷四），首都師範大學出版社 2004 年版，第 162 頁。

〔註88〕 參見李里峰：《民國文官考試制度的運作成效》，《世紀中國》（http://www.cc.org.cn），2002 年 5 月 24 日上載。

〔註89〕 《大公報》1931 年 8 月 8 日。

〔註90〕 竇澤秀、王義：《1929～1937 年國民黨政府推行公務員制度的特點及其歷史反思》，《歷史檔案》1996 年第 4 期。

公務員甄審的成效。〔註91〕

（三）及格人員分發困難、受到排斥

對南京國民政府時期考試及格人員的任用，要有一個實事求是的評價。
總體講，抗戰前比較重視，分發相對順利，也有不少人被破格使用。據統計，
從 1931 年至 1937 年，國民政府考試合格而任用的文官總計有 1791 人，「占
國民政府這幾年以各種資格新任用人員總數的 10%強。」〔註 92〕在職務品級
方面，及格人員絕大部分擔任薦任秘書、科長、專員，個別升任省政府廳長，
出任縣長。1931 年 10 月，此屆高等考試的榜首朱雷章，被銓敘部按照《高等
考試及格人員任用條例》的規定分發到交通部，任技術廳技正。1933 年 2 月，
經于右任提請國民黨中央政治會議通過，擢任監察院監察委員（屬簡任一級
政務官）。據不完全統計，在 1949 年國民黨政府垮臺前，高等考試及格人員
擔任的高級職務有：1 名大使，1 名高等法院的院長；7 名省政府廳長和省轄
市長，2 名行政督察專員，1 名國立大學的法學院院長兼代理校長，10 名國大
代表，5 名立法委員。

但是，「高考人員擔任了上述一系列的要職，並不意味著高考人員已經
不受排擠和歧視。」〔註93〕隨著政治的日趨腐敗和官僚機構的臃腫不堪，抗
戰開始後考試及格人員更加受到排斥，分發愈發困難。這些人往往只能充任
薦任級、委任級文官，1932 年 10 月 13 日，首屆高等考試及格人員留南京代
表金華等人，赴考試院請求維持政府信用。至 1934 年，僅有 8 人「得其所
求之職」〔註94〕。另有分發到監察院審計部任職的胡某，報到後分派無期，
因失望而自殺。第二屆高等考試榜首李學燈，只能分發實習，其家鄉江蘇阜
寧縣長及團體為之鳴不平，要求「依一屆成例，特加顯擢，以宏選政，而勵
來茲」〔註95〕。1946 年 7 月，及格人員馬斌全上書考試院，鑒於「斌全賦開
在家，與吾同處一境者，想不乏人，政府一面既注意考選人才，一面又遺棄
已考選之人才，殊有加意之必要」，建議政府「速即考查考試及格失業人員，

〔註91〕 劉海峰等：《中國考試發展史》，華中師範大學出版社 2003 年版，第 324 頁。
〔註92〕 常洪波：《南京國民政府文官任用制度評析》，《昭烏達蒙族師專學報（漢文哲
　　　　社版）》第 21 卷第 6 期。
〔註93〕 金紹先：《戴季陶與南京國民政府的高等文官制度》，《江蘇文史資料》第 24 輯。
〔註94〕 〔美〕易勞逸著，陳謙平等譯：《流產的革命——1927～1937 年國民黨統治下
　　　　的中國》，中國青年出版社 1992 年版，第 21 頁。
〔註95〕 《中央日報》1934 年 1 月 24 日。

分類編列表冊，分送各機關任用，其收傚之宏，當不減於一次考選也」〔註96〕。
胡適針對考試及格人員分發困難撰寫文章，可謂一針見血地指出了文官考試
的困境：「考試院舉行了兩次考試大典，費了國家一百多萬元的經費，先後
共考試了二百零八人。這二百零八人，聽說至今還有不曾得著位置的。國家
官吏十多萬人，都不由考試而來；獨有這兩百人由正途出身，分部則各部會
沒有餘缺，外放則各省或者不用，所以考試制度至今沒有得到國人的信仰。」
〔註97〕

　　與及格人員分發困難相對照的，是特權與關係網暢行，損害公務員平等
競爭原則。各級官員主要來自直接任命，經考選錄用的人員爲數很少，而大
多數高級官吏，都是通過個人影響和家庭關係任命的。官員之銓敘也擺脫不
了「非親即故，以長官之好惡、親疏爲進退人員之標準」〔註98〕。公務員考
試任用制度所要求的公開、公平、公正選拔人才的基本原則受到嚴重破壞。

第五節　文官考試的考試學分析

　　考試，尤其是社會選拔性考試，通過考試科目的設置表達對考生知識和
能力結構的要求，通過考試內容的確定反映社會對人才在知識和能力深度、
廣度方面的要求。而由於考試對人才培養具有反撥作用，特別是大規模國家
考試，往往導引著人才培養和成長的方向，考試的標準和內容，便成爲考試
的核心。這正是戊戌年梁啓超「公車上書」言科舉之禍從試題入手的原因。
梁啓超寫道：「二十行省童生數百萬，乃皆民之秀也，而試之以割裂搭截枯
窘纖小不通之題，學額極隘，百十不得一，則有窮老盡氣，終身從事於裂割
搭截枯窘纖小侮聖之文，而不暇它及者，是使數百萬之秀民皆爲棄才也。」
〔註99〕科舉創造出的舉國應考的獨特社會心理氛圍，早已把關注重心聚集於
試題之上；而從考試的題量、題型、難度結構等方面，還傳達出其時考試理
論發展和管理水平的訊息。

〔註96〕《考試及格人員馬斌全就考試問題向考試院提出建議》，中國第二歷史檔案館
　　　　藏：國民政府考試院檔案，全宗號三七，案卷號217。
〔註97〕胡適：《公開薦舉議》，《大公報》（天津）1934年3月4日。
〔註98〕《國民參政會紀要》上卷，重慶出版社1987年版，第472頁。
〔註99〕《梁啓超等公車上書請變通科舉摺》（1898年5月）。楊學爲等主編：《中國考
　　　　試制度史資料選編》，黃山書社1992年版，第417頁。

　　由於文官考試和教育考試在民國時期分途而設，並行不悖，管理上分屬不同系統，所以科目與試題在結構和內容方面都表現出不同的特點。就教育考試而言，由於引進了比較完善的課程系統，考試權又在學校，故「教什麼，考什麼」成為確定教育考試科目和內容的原則，考試內容基本上是與各級各類學校課程計劃相一致的。有鑒於此，本節主要就民國時期特別是南京國民政府時期文官考試的標準、內容、考試方法等進行分析。

一、考試科目與標準

　　本書第一章已討論過科舉考試內容演變情況，概括地講，以科舉為代表的中國古代考試的主要內容不外乎經學（家法、貼經、墨義、經疑、經義）與文學（詩賦），並以文學作為表現形式，以經義為核心內容。步入近代以來，以科舉的革廢為轉折點，中國近代考試的內容發生了重大的變化。在新的選拔目標引導下，近代專業教育和多種職業教育逐步取代傳統的以四書五經為主幹的經學教育，社會的主流知識體系，已由傳統儒家知識體系向近代科學知識體系轉變。民國成立後，近代科學文化在新的學校考試制度、文官考試制度推動下，迅速成為考試內容的主體，從而在文化上為中國考試制度在近代的轉型創造了前提條件。

　　南京國民政府時期文官考試在類別上可分為三級，即種、類、科，並「以『種』攝『類』，以『類』攝『科』」。具體講，高等考試、普通考試及特種考試是「種」，高等考試中的普通行政人員、建設人員是「類」，建設人員中的土木工程、建築工程是「科」。對需要測試各類科考生的考試院來說，如何設立科目來測試考生的學識才能，是開考文官考試的首要問題。科舉時代特別是科舉後期，學校附庸於科舉，科舉不考，學校不教，考生不學。國家考試（科舉）的指揮棒作用發揮到極致。科舉廢止，學校廣設，並改授科學知識後，文官考試的應考者，早已以各級各類學校畢業生為主體。因此，考試設考，類、科皆以社會分工、職位設立為原則；而考試科目和內容，則根據學校教育的科目課程和內容來設立。

　　1934 年 11 月舉行的首次全國考銓會議，在會議宣言中曾就上述原則做出明確說明：「國家掄才，必求之學校。所考科目，自應與學校程度銜接。嗣後普考、高考科目及程度，應力求與教育部所訂課程標準或科目綱要相接近，並由考試院於可能範圍內，依考試種類之性質，每科分別選擇主要參考書籍若干

種，定爲若干年內之命題範圍。如此不獨使考試有客觀標準可循，且可指示青年讀書之途徑。」〔註100〕參加了考銓會議的胡適是贊成上述意見的，他特別說明「多數會員覺得這個辦法是比較最客觀的」，並解釋說，「第一，『在可能範圍內』：萬一某種學科沒有好書可以指定，當然不必指定。第二，『依考試種類之性質』：例如考工程師的史地，當然和考外交人員的史地有程度的區別。第三，『每科分別選擇主要參考書若干種』：若干種是不止一種，例如本國史，作者有新舊見解的不同；例如經濟學，也有學派思想的差異，都可以多舉幾種，既可以提倡學生多讀書，又可以提倡學者多著書。第四，『定爲某年至某年度考試命題之範圍』：這一句含有兩個意思，一是預先公佈，使大家預知某年至某年之間的考試命題的範圍；一是規定某些書的有效期間，倘使在此期間內有更好的著作出現，當然可以取得下一時期被選作參考書的地位。」〔註101〕由此可見在考試與教育的銜接上，考試院是頗費心思的，原則也是明確的。即文官考試的選才標準與現代學校培養標準保持一致，縱然考試可以引導教育標準，但主要應從學校教育標準出發，確定自身標準。這對中國文官考試來說是一個巨大的變革，千餘年來都是科舉導引學校，學校成爲科舉考試之附庸；而進入民國後，實現了教與考關係的調整，正確認識了教育對人才培養和選拔的決定性作用。因此，不能不說這是實踐和認識上的一個雙重進步。

在具體配套銜接上，民國文官考試和學校教育之間通過科目、標準、內容相聯繫。在標準設立方面的原則爲：「現代教育發達，但各級學校均有一定的教育內容，亦即其課程，大抵均有一致的標準。而考試乃係配合學制，分爲若干等級，高等考試各類科之試題，應以高等教育爲衡量準則；普通考試則以衡量中等教育之程度爲依歸。」〔註102〕在科目設置方面，文官考試科目既需要與任用配合，又不能與學校教育脫節其原則是：「應試科目必須與類科之性質相合，亦即應與教育內容相結合，同時兼顧任用所須具備之專業知識。這是釐定應試科目之基本原則。」〔註103〕筆者選取中華大學1937年法律學系

〔註100〕《全國考銓會議宣言》（1934年11月5日），中國第二歷史檔案館藏：國民政府考試院檔案，全宗號三七，案卷號514。

〔註101〕胡適：《記全國考銓會議》（1934年11月25日），《獨立評論》第128號，1934年11月。

〔註102〕考試院考銓叢書指導委員會：《中華民國高普考試制度》，臺北正中書局1984年版，第108頁。

〔註103〕考試院考銓叢書指導委員會：《中華民國高普考試制度》，臺北正中書局1984年版，第96頁。

開設課程與高等考試司法官考試規定的考試科目相對照，似可瞭解有關科目設置原則的施行情況（表 3-6）：

表 3-6　私立中華大學法律學系開設課程與高等考試司法官考試科目對照表

| 私立中華大學法律學系開設課程 | 高等考試司法官考試科目 | | 私立中華大學法律學系開設課程 | 高等考試司法官考試科目 |
	必試科目（初試之第一試）	必試科目（初試之第二試）		選試科目（初試之第二試）
國文研習	國文		行政法總論	行政法
黨義（三民主義）	總理遺教		行政法各論	
英文	中國歷史		土地法	土地法
軍事訓練	中國地理		勞動法	勞工法規
	憲法		國際公法	國際公法
法院組織法	法院組織法		戰時國際公法	
民法總論、民法債篇總論		民　法	國際私法	國際私法
民法親屬、民法繼承			犯罪學*、指紋學*	犯罪學
民法物權、民法債篇各論			犯罪搜查學*	
刑法總論、刑法各論		刑　法	監獄學*	監獄學
民事訴訟論		民事訴訟法	法醫學*	
刑事訴訟法		刑事訴訟法	英美法*	
公司法、票據法		商事法規	中國法制史*	
海商法、破產法			羅馬法*、議會規則*	
保險法			法律哲學*	
強制執法法			法律問題研究*	
訴訟實務			刑事政策學*	
			司法統計*、審判心理學*	

注：表中帶*號的為選修課，餘為必修課程。
資料來源：
1. 《高等考試司法官考試規則》（1935 年 8 月 5 日考試院修正公佈），楊學為總主編：《中國考試史文獻集成》第七卷（民國），高等教育出版社 2003 年版，第 345～346 頁。
2. 馬敏、汪文漢主編：《百年校史（1903～2003）》，華中師範大學出版社 2003 年版，第 147～149 頁。

　　從上表對比可知，在法律專業課程中，除「憲法」未開設外，高等考試司法官考試所有科目，中華大學法律學系均已開設，並且課程設計更細緻、全面。從中不難看出文官考試與學校教育在科目、課程內容方面的對應關係。其時，有識者亦十分明瞭兩者的關係，也發出了相關呼籲。國立中央大學為 1934 年全國考銓會議所擬提議就明確提出：「考試科目及其內容，最好重新研究，詳為規定，務求其與大學或專科以上學校課程及各機關對於人材性質之要求與其所設各項職務之需要，彼此間發生密切聯繫。」〔註 104〕

　　在科目和內容設置方面，民國文官考試還強調全才的選才標準。南京政府考試院秘書長陳大齊曾就此作過詳細說明：「欲成一個優秀的公務員，必須一方面具有勝任公務的共同素養，他方面又具有處理專業的特殊知識。亦可說，一個全才的公務員，要既是通才，又是專才，通而不專或專而不通，都不能算是全才。戴先生（季陶）釐定考試科目時，以搜羅全才為目標。故不論是行政人員的考試，或技術人員的考試，都設有共同科目，如國文、三民主義、歷史等，以測驗應考人員是否勝任公務；又設有特殊科目，分門別類以測驗應考人是否有處理某一專業的知識。……共同科目與特殊科目的並重，論者謂為兼採英、美兩國考試制度之長，亦足為考試制度上的一個優點。」〔註 105〕

二、考試內容的更易

　　與科舉考試的內容僅限於四書五經相比，南京國民政府時期的文官考試，跳出了陳腐的經學內容的框框，將近代社會科學知識和自然科學知識列

〔註 104〕《建議確定公務員考選制度並實行抽考現任公務員以刷新政治安定社會促進教育案　國立中央大學提議》，中國第二歷史檔案館藏：《全國考銓會議彙編》，國民政府考試院檔案，全宗號三七，案卷號 514。
〔註 105〕陳大齊：《戴季陶先生與考試》，《戴季陶先生與考銓制度》，臺北正中書局 1984 年版，第 532～538 頁。

爲考試的主幹內容，並注重考察考生的實際能力。但是也並未完全拋棄傳統，而是兼重經典，甚至在國文考試中強調對「四書五經」的理解，並要求使用文言作文。因此又有「新舊雜陳」的特點。

下面是第一屆高等考試普通行政人員考試的十科試題，從中我們可以一窺這一時期文官考試的具體內容：〔註106〕

（一）國文試題（兩題全作，文體不得用白話）

1. 論文：天下之治天下之賢共理之論
2. 公文：擬國民政府通令各省迅速籌備地方自治限期完成令

（二）黨義（四題全作，文言白話隨意）

1. 三民主義：權與能之分別如何
2. 建國大綱：三民主義之順序爲民族民權民生而建國大綱則首民生次民權其理由安在
3. 建國方略：總理之實業計劃其實行時所需之經費應如何籌畫試言其要
4. 中國國民黨重要宣言及決議案：中國國民黨第一次全國代表大會宣言的要點何在

（三）刑法（三題全作，文言白話隨意）

1. 何謂間接正犯試詳論之
2. 預謀殺人與故意殺人其區別如何詳論之
3. 正當防衛在法律上之根據

（四）行政法（三題全作，文言白話隨意）

1. 試從五權制度上說明行政之意義
2. 試論地方自治行政與中央行政之區別及二者相互關係如何
3. 試論執行罰行政罰及懲戒性質之異同

（五）中國近代史（三題全作，文言白話隨意）

1. 中日戰爭之經過及其影響於我國內外之關係如何
2. 戊戌政變之經過及其影響
3. 清代對蒙古西藏如何治理其得失如何試略述之

〔註106〕選自張契靈編：《第一屆高等考試試題》，暨南大學便學書社1932年版，第1～7頁。

（六）經濟學（三題全作，文言白話隨意）

1. 試述現代經濟學以價值論爲重心之理由
2. 何謂獨佔及獨佔價格如何估定
3. 試詳述地租之起源

（七）財政學試題（三題全作，文言白話隨意）

1. 試列舉斯密亞丹 Adam Smith 與瓦格涅 Aololf Wagner 之賦稅原則並說明其意義
2. 公債制度對於社會資本之構造有何影響試詳論之
3. 試述英美現行預算制度之異同並推論我國將來之預算制度與英美孰爲相似

（八）經濟政策（選作二題，文言白話隨意）

1. 民生主義經濟政策與資本主義經濟政策之異點安在試各就所知而條舉之
2. 國家對於何種工業應加以直接保護其保護之方法若何
3. 試述中國農村經濟與農民生活不發達之原因並擬具促進之方法
4. 關中古稱富庶之地又爲文化之中心現在日就衰落天災人禍層出不窮宜如何救濟其治標本之方法如何試各舉所見以對

（九）社會政策（兩題全作，文言白話隨意）

1. 試述勞動保護之種類及其作用
2. 目前各學校畢業之學生能得相當工作者極少其已得工作者成績亦復欠佳同時青年之煩悶日深陷於墮落反動自殺等罪惡者所在多有此實吾民族生存上絕大之危機應如何救濟試條陳之

（十）統計學（兩題全作，文言白話隨意）

1. 何謂中數 Median 如何求得試舉例說明並述其利弊
2. 試就下列物價以二月爲基本作一指數表

月　別 ＼ 物　品		米（每石）	麥粉（每斤）	豬肉（每斤）	柴（每擔）
每月平	二月	10.80 元	1.90 元	.25 元	.65 元
	三月	9.90 元	1.80 元	.26 元	.61 元

均 物 價	四月	9.60 元	1.80 元	.24 元	.55 元
	五月	11.20 元	2.50 元	.23 元	.54 元

　　按照《高等考試普通行政人員考試規則》（1935 年 1 月 8 日公佈），高等考試普通行政人員考試科目，第一試考國文（論文及公文）、黨義兩科；第二試必試科目為憲法（憲法未公佈前考中華民國訓政時期臨時約法）、民法、刑法、行政法、中國近代政治史、經濟學，計 9 科。第二試的選試科目有土地法、各國政治制度、經濟政策、社會政策、統計學、外國文等 9 科，任選 3 科；第三試為面試。由上述科目合計，筆試一共必須考 19 科。〔註 107〕考生考試科目很多，負擔較重。科目多，試題量便減少了。

　　從上列例卷可以看出，這一時期試題具有以下特點：（1）試題題量並不太多，一般每科 2～4 題，覆蓋面十分有限。（2）試題題型幾乎全部為論文式主觀性試題，或問題，或論述，題型很單一。（3）試題內容除國文外，所考的都是現代社會科學知識，涉及多個學科門類，有的設問涉及該門學科的前沿知識和當時研究水平。（4）試題內容與現實聯繫緊密，命題指向重視測驗考生聯繫實際解決問題的能力，如經濟政策、社會政策等科目均直接就現實問題發問。（5）國文考試仍以經義為主要內容。除上列第一屆高等考試普通行政人員國文試題為經義闡述外，同屆財務行政人員考試國文論文有兩道可選（二選一），一是「孔子四較說」，二是「國奢示儉國儉示禮論」。1933 年高等考試普通行政人員考試國文試題是「孟子謂入則無法家拂士，出則無敵國外患者，國恒亡。其理由安在試申論之」。1936 年高等考試國文試題是「德當其位，能當其位、祿當其功議」。〔註 108〕而 1946 年第十六屆高等考試財務類國文試題仍是「孔子謂足食足兵民信之矣；孟子謂築斯城也，鑿斯池也，與民守之，效死而民弗去；試闡其義」。十多年來的國文考試均以經義為主要內容，散發著濃重的儒家經義氣息。並且國文考試一直對文體有要求，不能用白話文而僅能用文言文。這與戴季陶主張的通過國文命題達到「提倡人人讀經」的目的是相吻合的。〔註 109〕

〔註 107〕參見張契靈編：《第一屆高等考試試題》「附錄」，暨南大學便學書社 1932 年 5 月版，第 42～43 頁。
〔註 108〕參見汪振國：《國民黨時期的文官制度與文官考試》，楊學為總主編《中國考試史文獻集成》第七卷（民國），高等教育出版社 2003 年版，第 472～475 頁。
〔註 109〕參見本書第二章「戴季陶的考試思想」。

三、試題的難度

試題的難度是由一系列複雜的因素所決定的，它自身也是一個相當複雜的指標系統，可以反映出考生的實際水平，折射出當時教育發展的水平和人才總體狀況。

試卷難度，有相對難度和絕對難度之分。絕對難度是就試卷在本學科中的水平而言，如數學中乘、除法比加、減法難，語文中文言文比白話文難。相對難度則是指試卷與全體考生的水平而言。我們通常在考試統計學意義上所講的難度，就是相對難度。一種選拔性考試，最重要的指標之一就是相對難度，它要使最優秀的考生從全體考生中顯示出來。一般來說，一道題約有一半人以上至 6 成人以下會做，或平均在 10 分中得到 5.5 分，是最能夠將考生區分出來的，這就是我們常說的最佳難度值 0.55。過難或過易，都不能很好地區分出考生。

從現今能夠得到的首屆文官高等考試一些資料分析，這次考試過難，即相對難度較大；而以我們今天的眼光看來，其絕對難度是偏易的。這中間反映出今天教育發展的進步和整體素質的提升。

首屆高等考試分三試，第一試（國文、黨義）占總平均分數五分之二；第二試（必試加選試的各專門學科）占五分之二；第三試（面試）占五分之一。首先看一看其報名和錄取情況（表 3-7）：

表 3-7　首屆高等考試報考情況表（1931 年）

類別 人數	普通行政 人員	財務行政 人員	教育行政 人員	警察行政 人員	外交領事官	合　計
報名人數	1167	263	148	494	105	2177 〔註 110〕
錄取人數	43	7	24	20	7	101 〔註 111〕
錄取率	3.68%	2.66%	16.22%	4.05%	6.67%	4.67%

資料來源：《第一屆高等考試五種考試各項統計概說》，《考試院公報》第一至六期合刊（1932 年），載楊學爲等主編：《中國考試制度史資料選編》，黃山書社1992 年版，第 846 頁。

〔註 110〕報名者共 2184 人，經典試委員會審查合格准予報名者 2177 人。
〔註 111〕內有兼報者一人，故實際錄取人數爲 100 人。

　　根據典試委員會的統計，第一屆高等考試共開考 91 個科目，「全體總平均成績（Arihmetic average）僅 35.59 分，其去及格點者遠甚。而密集點（Wode）僅為 33.16。中位數（Wedian）為 34.78。成績之不佳，已可概見矣。」該資料對 40 種主要科目成績統計表明，「其平均成績，均不甚佳。50 分以上，55 分未滿者，僅學校管理與法制經濟大意 2 門。餘如刑法為 35 分左右，民法行政法法學通論等僅 30 分左右。至於經濟學財政學低至 20 分左右，其成績之遜，可謂甚矣。更通觀其分佈之狀態，除國際公法，與黨義略為整齊外，餘一皆參差不齊，程度懸殊，於此可見一斑。」〔註 112〕其實，成績參差不齊並不緊要，區分度高的考試原本要求成績離散性強，關鍵是平均分太低，反映出應考考生總體水平不高，故令考試當局嗟嘆。

　　考生總體水平不高，那麼被錄取的這 100 人的成績狀況如何呢？考試院曾拿筆試考試的第一、二試成績予以說明：「本屆考試筆試所取錄者，為第一第二兩試合計平均分數在 55 分以上者，然若就第一第二兩試分別言之，則各試平均分數在 55 分以上者，固居多數，而在 55 分以下者，亦頗不少，第二試中尤多，竟達半數，如 54.99 至 50 分者，第一試 10 人，第二試則為 32 人，49.99 至 45 分者，第一試 1 人，第二試則為 2 人，39.99 至 35 分者，29.99 至 25 分者，第二試各有 1 人，可見本屆高考及格人員，多賴國文黨義之補救，而科學成績之不佳者不乏其人。」〔註 113〕

　　一方面是第一屆高等考試成績不佳，另一方面，未被錄取者又嘖有怨言，認為考試不公，錄取不公。考試院長戴季陶在《第一屆高等考試總報告書序》（1931 年 9 月）中予以正面回答：「此次中央考試未第之諸生，對於考試所發表之不滿言論甚多，總覺自己滿腹才學，可惜試官無識，政府不公，於是委屈了英才，其實在余所知，落第諸生中，未必毫無遺才，然而其見遺之原因，則必由於成績不佳。須知及第之 100 人中，其 60 名均採係由考試院呈准國府加分錄取，而非其應得之及第分數，又許多人總認為第一試分數占全數 2/5，未免過於重視國文黨義，而委屈了科學，殊不知科學成績之不

〔註 112〕 參見《第一屆高等考試五種考試各項統計概說》，《考試院公報》第一至六期合刊（1932 年）。楊學為等主編：《中國考試制度史資料選編》，黃山書社 1992 年版，第 847 頁。

〔註 113〕 《第一屆高等考試五種考試各項統計概說》，《考試院公報》第一至六期合刊（1932 年）。載楊學為等主編：《中國考試制度史資料選編》，黃山書社 1992 年版，第 848 頁。

良，竟出乎意料之外，假使國文與其他各科平列算分，則此次及格人數 5 種合計，不能得 15 人。此種情況，真令人悚然，不獨高等專門學校為然也，凡曾經主持大學之入學考試者，當知中學畢業學生程度之劣，尤其在沿江海以外之地方，真令人不寒而慄。自清末興學，至今 30 餘年，而其結果乃若是，政府之受學生攻擊，校長教員之受學生輕侮，皆是當然應有之結果，無可免也矣。」〔註 114〕戴季陶不僅道出了包括錄取考生在內的考生整體水平不佳的現實，而且指出了原因，即教育水平有待提高。正如他在另一篇文章中所言：「中國現在的的確確是人材缺乏，所以在中國關於人材的問題，一個是選擇人材的問題，還有一個是教養人材的問題。」〔註 115〕教育水平是考試成果之基礎。文官考試的命題者閱卷者均為大學教授，其中很多是代表當時該學科最高學術水平的專家，他們對命題要求和評判眼光可以想見是較高的，也許有偏嚴的傾向；但是應試者總體水平低下，並反映出教育水平不高，則是不爭的事實。

四、試卷的題型

民國時期文官考試筆試的試題題型十分單一。不光是第一屆高等考試的題型單一，而且數屆高等、普通考試的試題都是單一的論文式題目，即給出一或幾道問答式或論述式題目，請考生予以回答和論述。如果全卷均為論文式題目，這種考試方法也常被稱為論文考試。論文考試在中國的歷史源遠流長，漢代的「對策」，就是由皇帝提出一些治國理政的重大問題讓被薦舉者用文字回答，是中國論文考試的最早雛型。科舉創立後，考試方法以命題作文為主，文體有多樣，字數規定亦不同，如銘、贊、論、頌、誓、表、賦等，大範圍仍不出應用性和論述性散文，但唐曾命題作詩賦，到宋王安石又廢除了詩賦考試，採用議論形式，此後一直延續至清末。〔註 116〕可以說，中國古

〔註 114〕 戴季陶：《第一屆高等考試總報告書序》（1931 年 9 月），楊學為總主編：《中國考試史文獻集成》第七卷（民國），高等教育出版社 2003 年版，第 377 頁。

〔註 115〕 戴季陶：《考試制度中教養人材的問題講詞》（1930 年 1 月），《戴季陶先生與考銓制度》，臺北正中書局 1984 年版，第 306 頁。

〔註 116〕 清乾隆二十二年（1757），科舉又在會試時重考詩詞，時間在會試第二天，內容為五言八韻的試帖詩。從乾隆二十四年起，鄉試第二場也加上了試帖詩的考試。參見《欽定大清會典事例》卷 331《禮部·貢舉》，轉引自〔日〕高津孝：《科舉與詩藝——宋代文學與士人社會》，上海古籍出版社 2005 年版，第 99 頁。

代文官考試最主要的考試方法就是論文考試，論文式題目是科舉考試最主要的題型。在試卷題型選擇上，民國文官考試顯示出了明顯的繼承性。

論文考試按作答形式劃分，屬於自由應答式考試。其優勢在於，應試者可以充分利用所學知識，根據自己的理解和認識，自由回答主試者的質問。「這類測試試題的解答，論證、推理、判斷性較強，應試者需有一定的文字表達和推理判斷能力，並經過深思熟慮才能完成測試內容，故可深入考查應試者的文字表達、材料組織、邏輯思維能力及發散性思維能力。」〔註117〕其劣勢在於，一般試題量較小，測試內容覆蓋面窄，評分工作量大，標準不易掌握。

論文考試方法利弊兼有，其他題型也是如此，問題的關鍵在於，選擇題型的目的與原則，必須遵循題型功能的規定性和人的智慧外化規律。因為一種考試方法、一種題型往往只對測試某一方面或幾方面的知識、能力有效，而不是對各方面知識或能力的測試都有效；人的不同方面的素質與智慧，各有其特殊的外化形式，它需要有與之相適應的題型和內容，才能測評出它所含的質與量。對於選拔官員的文官考試來說，論文考試「可以看出被試者的思想是否清晰，才幹是否出眾，經驗學力是否豐富」，而且「施行簡便」，節省人力物力，「尤其是就選拔人才的觀點來衡量他，他實在是一種很好的方法。」〔註118〕從古代科舉考試到當代公務員考試和公開選拔領導幹部考試均保留論文式題目就是一種有力的證明。問題在於，是不是僅以論文考試就能觀察測試出合格的文官，或者說，文官考試不需要其他測試方式和題型？回答顯然是否定的。姑且不論論文考試方法存在評閱方面主觀性過強，影響評卷準確性、客觀公正性的弊端，即使是做到了相對客觀準確，論文考試對人的智慧測試也是不全面的，尤其是其題量少、覆蓋面窄，根本無法既測試出戴季陶主張的通才，又顯示出考生獨具的專才。這種狀況得以延續，如果說中國社會仍處於封閉的科舉時代，尚可解釋，但是，民國文官考試建立和發展時，正是西方在自然科學大力發展的影響下出現了客觀化標準化心理和教育測驗理論的時期，而且這些先進的理論成果已在中國進行了一些試驗，民國文官考試卻毫無反應，無所作為，難怪有人尖銳指出，文官考試「考試之命題及記分仍依古法，其去取之標準離近代科學方法遠甚」，「今時代轉進，而考試方法守舊如斯，實不知埋沒多少英才與阻礙不少科學上之進步」，認為

〔註117〕廖平勝等：《考試學》，華中師範大學出版社 1988 年版，第 188 頁。
〔註118〕吳鼎：《論文考試價值平議》（1945 年），《考政學報》第 2 期，1945 年。

這也是「不易拔取眞才之原因。」〔註119〕

　　爲什麼民國文官考試固守論文考試方法，堅持單一題型，而對考試理論和技術的進步視而不見，不予採借？筆者認爲，這既與中國社會發展尚處於資本主義初始階段的社會需要有關，又有中國考試發展的歷史傳統的原因，還與民國時期文官考試主持者的觀念有關。現具體分析如下：

　　其一，標準測驗施用於官吏考試之中，必須基於一定的社會條件。工業化發展情況下社會分工進一步細化，對各種人才進行細分的需要增強，不僅要求分出各種人才，而且要針對不同的人區分其適合做的工作。民國時期，社會分工雖然進一步細化，新職業不斷增加，但是尚未充分發展，社會事業、職業專門化和人才專門化程度不強，對公務員仍籠統地定位於通才和專才的結合。對這一點，當時一些專家也認識到了，如心理學家潘菽曾提出：「我們要知道外國的測驗方法爲什麼發達於現代而以前卻沒有呢？爲什麼中國的考試制度已行了一二千年而考試方法卻毫無進步呢？這完全是因爲社會情形的關係。『需要爲發明之母』。有了一種需要就會發明一種方法，沒有那種需要決不會有那種方法的產生。在美、德諸國所以各種職業測驗的漸漸發達是因爲社會上事業的專門化和人材的專門化。因爲事業專門化和人材專門化所以有職業測驗的需要，也爲事業專門化和人材專門化然後職業測試才可能。在以前的中國，社會上的事業除了刑名、錢穀外就沒有專門化的事業。所以除了那種籠統的和眞正人材甄別不關痛癢的考試方法外就沒有採用較好的方法的必要，因此較好的方法也不會產生。」〔註120〕

　　其二，中國考試歷史缺乏改革試題、研究考試理論的傳統。科舉考試作爲政治制度長期存在，人們取其公平取才的功能，卻極少注意研究如何優化考試技術以達到公平取才。在長達兩千年的考試實踐中，中國的考試防弊措施越來越嚴密，規則系統越來越完備，但命題技術和水平卻幾乎沒有什麼實質性的發展。有論者分析認爲，考試理論的匱乏是重要原因。「中國發明了考試，卻沒有建立起全面系統的考試理論。……沒有理論足以統一人們的思想，沒有理論指導可以逐步改革（考試）這種多次存廢的全國性實踐活動。」考試被引入西方後，考試理論隨即發展起來，教育測量學、教育統計學，以及

〔註119〕余汝權：《如何健全中國人事行政》，中央政治學校學生畢業論文，1945 年。
　　　　轉引自楊學爲總主編：《中國考試通史》卷四（民國），首都師範大學出版社
　　　　2004 年版，第 253 頁。
〔註120〕潘菽：《實行新考試法的先決條件》，《測驗》第二期（1932 年 7 月 1 日）。

認知心理學等考試理論學科從 19 世紀下半葉起先後建立起來。「在這些理論指導下，西方的考試不斷改革，考試的豐富實踐又進一步推動了理論的發展。正當中國廢除科舉的時候，考試卻在西方獲得了長足的發展，並一直處於世界領先地位。」〔註 121〕

其實，更應探究的是，為什麼中國的考試文化土壤上生長不出考試理論之樹？這恐怕和對科舉制度的認識有關，歸根結蒂是與中國人對考試功能的認識有關。蘇東坡在討論科舉考試內容和方法時曾說過：「自文章而言，則策論為有用，詩賦為無益。自政事言之，則策論、詩賦均為無用。雖知其無用，然自祖宗以來莫之廢者，以為設科取士，不過如此而已。」〔註 122〕雖然認識到策論、詩賦於取士「均為無用」，但蘇軾也未提出新的內容與方法。唐柳宗元也認為，試題的變化並不會改變取士的方向，不要企望試題出現了什麼方面的內容就會選拔到什麼方面的人才。在蘇軾、柳宗元這樣的大家眼中，人才標準頗高，故有此論，也許有一定的道理。但「一定的試題定向標誌著國家對人才的需要重點，也會對全國應試者的自我塑造起一個引導作用。可惜自宋代至明清，國家對人才的需求標準越來越不明確，只靠著一種歷史慣性消極地維持著科舉，為了堵塞種種堵不勝堵的漏洞，考試規則越來越嚴格；為了符合上下古今多方位的意識形態要求，考試內容越來越僵硬。」〔註 123〕長期以「不過如此」的態度對待試題，對待考試技術，使中國考試形成了不注重試題內容和形式研究的傳統。翻覽近年全國各地「公開選拔黨政領導幹部考試」的試題，就會發現同樣是以「策論」為主，就會感到這個「傳統」的強大。何況民國剛剛從前清續變而來，被指為科舉的翻版，當然更易理解。

其三，民國考試主持者的考試觀念也制約了試題研究的發展。戴季陶主政考試院初期，確立了「承中國固有制度之精神，採取各國特長，適應現代需要，以立良美完備之政制」〔註 124〕的考試制度建設方針，並建立編譯局，

〔註 121〕參見楊學為：《中國需要考試學》，漆書青著《現代測量理論在考試中的應用》序言，華中師範大學出版社 2003 年版，第 5 頁。

〔註 122〕蘇軾《上神宗答詔論學校貢舉之法》，《蘇軾文集》卷二五。載楊學為總主編：《中國考試史文獻集成》第三卷（宋），高等教育出版社 2003 年版，第 249 頁。

〔註 123〕參見余秋雨：《十萬進士》，載《山居筆記》，文匯出版社 1998 年版，第 266 頁。

〔註 124〕陳天錫編：《戴季陶先生文存》第 1 卷，臺北中國國民黨中央委員會編印，1959 年，第 168 頁。

翻譯國外考試文獻，還曾派人出洋考察國外考試制度。〔註125〕但作爲一個政治家，戴氏的著眼點和工作重點，更多地集中在宏觀方面，即制度創建、考選人員的任使等。而且戴氏認爲，「考試之目的，在於行政官吏及各種從業員資格之給與；考試之要件，不外學問與經驗之審定，此兩者皆非一次之文字考試，所能確知」〔註126〕這與蘇軾等人的口吻何其相似。故而戴季陶多次呼吁，建立與教育制度的關聯，以千日之長補一日之短，等等，力圖在宏觀上克服考試弊端，但卻很少重視文官考試內容和試題的改革要求。

另外，國外新興考試理論和技術，即當時所謂新法考試傳入中國後，亦有人認爲其實施條件尙不成熟，財力、人才均不足以實施。如有人指出，「論文考試方法是否即可廢除不用，而新法考試是否已臻成熟地步，可以普遍的應用，似皆不無問題。」「新法考試固值得提倡，但新法考試的限制甚多，不能普遍的適應，其技術方面與工具方面還要待我們去努力，皆爲事實」。「新法考試，編造試題動輒千百計，這些題目事先要研究、要編造、要印製，手續至爲繁賾，而且用過一次之後，題目的機密性已失，即不堪再用，所以每舉行一次考試，便要編造一次題目，每編造一次題目，必須花費若干人力，若干財力，若干時間，實在是相當的浪費。」〔註127〕在這裡，我們看到求簡求易的辦考思維模式似乎又在起作用，似乎只要設立考試選人制度，就算是公平了、合理了，而考試本身公平與否、科學與否，縱有人關心，也首先必須建立在省錢、省力、省事的基礎上。

〔註125〕從現存的當時考試院出國考察團考察項目文件看，其對考試部分的考察要求相當詳細，分爲機構、考試種類與舉行方式、應考資格、體檢、科目、試驗方法等項，但主要側重於制度框架和考試組織管理方面，對考試測量理論和方法較少涉及。參見《考試院出國考察團考察項目》，中國第二歷史檔案館藏，國民政府考試院檔案，全宗號三七，案卷號625。

〔註126〕戴季陶：《第一屆高等考試總報告書序》，《戴季陶先生與考銓制度》，臺北正中書局1984年版，第311頁。

〔註127〕參見吳鼎：《論文考試價值平議》，《考政學報》第二期，1945年。